岳飞

立言 著

中国文史出版社

图书在版编目（CIP）数据

岳飞 / 立言著. -- 北京：中国文史出版社，2020.11

ISBN 978-7-5205-2431-5

Ⅰ.①岳… Ⅱ.①立… Ⅲ.①岳飞（1103-1142）-传记 Ⅳ.①K825.2

中国版本图书馆 CIP 数据核字（2020）第 208246 号

责任编辑：金硕

出版发行：**中国文史出版社**

社　　址：北京市海淀区西八里庄路 69 号院　　邮编：100142

电　　话：010-81136606 81136602 81136603 81136605(发行部)

传　　真：010-81136655

印　　装：北京温林源印刷有限公司

经　　销：全国新华书店

开　　本：660×950　1/16

印　　张：19.25

字　　数：260 千字

版　　次：2021 年 1 月北京第 1 版

印　　次：2021 年 1 月第 1 次印刷

定　　价：52.00 元

目录

第一章　大鸟鹏举

公元960年正月，五代后周的殿前点校尉赵匡胤在陈桥发动兵变，黄袍加身，率领军队打回汴京，夺取了后周政权，建立了北宋王朝。

赵匡胤作为开国皇帝，具有雄才大略。先后灭掉了荆南、南汉、南唐，又使吴越的钱弘俶和漳泉的陈洪进相继纳土归附。唯北边的北汉，因为有强大的契丹相助，宋太祖于开宝元年、二年和九年三次北伐均无功而返，直到太平兴国四年（979年），宋太宗赵光义亲率大军进击北汉，终于把十国中的最后一国征服了。

所谓天下大势，合久必分，分久必合。中国自晚唐以后藩镇割据，分崩离析，至今终于又出现了华夏一统的新局面。但北宋的统一与盛唐的雄浑博大，实不可同日而语，北边的契丹和辽国，始终是窥视中原的老虎，而最终结束北宋历史的，竟是起于偏僻一隅，仅用12年时间就经营了整个中国的金太祖完颜阿骨打！

北宋历史，自太祖陈桥黄袍加身，传之太宗赵光义，传之真宗赵恒，传之仁宗赵祯，传之英宗赵曙，传之神宗赵顼，传之哲宗赵煦，直至传之徽宗赵佶，灭顶之灾也就自此开始降临。

宋徽宗赵佶并不是历史上最坏的皇帝，但他所亲信的宰相蔡京、王黼，及其宠幸的宦官童贯、李彦、杨戬、梁师成之流，朋比为奸，结党营私，排斥异己，依法横暴，滥征捐税，货贿公行，时称“六贼”。把个好端端的太平盛世，搅得沸沸扬扬，弄得整个朝野，民不聊生，危机四起。崇宁以来，西夏屡犯边关，杀戮人民，掠夺财物。重和年间京东宋江起义，杀富济贫，屡败官军。京东余党未铲除，江浙方腊又起，东南一隅糜烂。政和五年（1115 年），八荒女真族完颜部崛起，建号大金，定都会宁，有席卷天下之势。宋廷内忧外患，岌岌可危。正好给异族强虏觊觎中原、乘虚而入之机。

国家多事之秋，正是英雄奋起之时。且不说那些王公贵族如何荒淫腐败，老百姓却仍然要吃饭穿衣、生儿育女的。

岳飞出生在北宋河北西路相州府汤阴县一个古老的村庄。相州就是如今的安阳。安阳是中国历史文化名城，中国历史上的七大古都之一，公元前 14 世纪时，商王盘庚把都城迁此，史称殷都。从此，殷便成了安阳的名称，中国人也习惯用殷来代指商朝，相州是安阳北宋时期的称呼，它是北宋朝廷河北西路重要的州府治所。而汤阴县，便是相州府行政区里的一个县。

岳飞故里汤阴县，是个十分古老而又神奇的地方。这里历史悠久，文化厚重。是被联合国地名专家组首批认定的“千年古县”。殷商时期，周文王姬昌被囚禁于汤阴县城之北的羑里城，史记载“文王拘而演周易”；春秋战国时期，神医扁鹊在此悬壶济世，死后被安葬于县境之伏道；加上北宋出现的民族英雄岳飞，因此，汤阴号称“三圣文化之乡”。

距离汤阴县城正东 25 里，有一个古老的村庄，人称永和乡孝悌里岳家庄，即今天的河南省安阳市汤阴县古贤镇南北周流村和菜园镇程岗村一带。村上住着百十户人家，他们傍汤河而居。

岳飞出生在一个并不富裕的家庭。父亲岳和，母亲姚氏，叔叔岳睦，还有一个老爷子——姚氏的父亲姚太翁。这一家几口人生活在一起，手里有并不太多的贫瘠土地，不过好在能够种出点粮食，来满足一家人起码的生存需求。

当家人岳和，是个除了会种田，就剩下老实巴交、闷声不响的典型中国农民。虽然家里并不富裕，但岳和总还是希望有个儿子，来完成他传宗接代的重任。然而，生活的窘迫却让岳和夫妇一直未能成功养育子女。岳和与姚氏一共养育了七个孩子，在岳飞出生之前，岳和也享受过做爹的乐趣，可不幸的是，做爹的美妙感受并没能持续多久。四个从未谋面的兄弟，相继夭折在襁褓中。

为了完成传宗接代的梦想，岳和曾到县城北面的羑里城，找易学先生算过一卦，先生指引他们夫妇除了种地过时光，还要多在当地的庙宇寺院里烧香拜佛，祈求菩萨保佑，或许还能生养个健康的男儿来传宗接代。岳和与姚氏听信这易学先生的话，回来就让姚氏经常在周流村汤河岸边那个开元三教寺里帮工，其间烧香拜佛就成了家常活。说来也巧，一年半载后，姚氏在36岁上终于又怀孕了。第二年就生下了一个健康的男婴——岳飞。

岳飞上面还有一个姐姐，一年之后又生了一个弟弟——岳翻，所幸的是，这三个孩子要比早出生的四个兄长幸运不少，他们都健康地活了下来。岳和、姚氏在这岁月的蹉跎中，最终还是生产下了健康的岳飞，尽管这个男孩来得有点晚，这一年，姚氏已经37岁。

37岁的女人生孩子，在今天的中国也已属高龄产妇，更不用说在那10多岁就结婚生孩子的宋代。要知道，古人30岁就撒手人寰者，大有人在，而20多岁做爷爷奶奶的，也不乏其人。相比之下，姚氏37岁才有了岳飞，确实让这个家庭又惊又喜。很快，这个孩子就有了他的第一个名字“五郎”。这是他排行老五的缘故。“五郎”是孩子的乳名，那么岳飞的大名是如何来的呢？

据说岳飞出生的时候，正好有一只大鸟飞过岳家屋顶上空，并发出嘹亮的鸣叫声。于是岳和便因此，以“飞”作为五郎的大名儿。当然，一只大鸟飞过屋顶，原本是一件挺普通的事儿，然而岳和却能因此给孩子起名“岳飞”，也足以说明这只大鸟的神奇。

史书记载，岳飞出生于宋徽宗崇宁二年（1103 年）二月十五日夜里。北方农历二月的夜晚，天寒地冻的。夜间本就少有动物活动，尤其是在春寒料峭的初春之夜。而此时却有一只大鸟飞临岳家上空，这不能不说是一个奇迹。于是，这么一只失眠的大鸟的鸣叫，引起了岳和的注意。他也因此将五郎的大名取为“飞”。在岳飞长大以后，他又有了一个“字”——鹏举。长久以来，中国人一直强调“名”与“字”互为表里，或者用“字”来解释“名”，或者用“字”来作为“名”的引申。“鹏举”来解释“飞”便是“名”与“字”互为表里的情况。宋代的史书也有称岳飞为“岳鹏”或“鹏”的情况，这样的称呼，大多见于民间稗史和野史，而不多见于官方史书。

关于岳飞出生时大鸟飞临的传说，清朝著名说书人钱彩，在其作品《说岳全传》中的说法流传甚广。钱彩在《说岳全传》中说：岳飞前身是西天如来佛身旁的大鹏金翅明王，因为在法会上将女士蝠啄死，而被如来发配下界转世投胎，变成了岳飞。同一时期下凡的还有另外一些“非人类”，他们一个个都转世投胎成了完颜宗弼（兀术）、秦桧妻子王氏、万俟卨之流。钱彩是说书人，他编纂的故事中讲究风俗民情、因果报应，有了铺垫才能有听众市场。但是，这样的编纂，确实也影响了很多国人对岳飞的认识。岳飞自然不是什么大鹏鸟转世投胎，前世和这些妖魔鬼怪也没什么瓜葛。钱彩的这些评书段子，都不过是从岳飞出生时，那只大鸟的故事，引申出去的民间传说罢了。然而，也正是这些带有神话色彩的传说，丰富了岳飞的形象，同时，也巧妙地躲过了乾隆年间极其严格的文字狱审查，使《说岳全传》成为迄今为止，用文学形式表现岳飞形象和“精忠报国”爱国主义精神的、颇受人民群众欢迎的文学作品。从而使岳飞形象，从史学家的书斋里走了出来，成为人民大众普遍能够欣赏的艺术形象。岳飞能够成为家喻户晓、妇孺皆知的民族英雄，《说岳全传》功不可没。当然，这与钱彩、金丰两人巧妙地运用因果报应的灰色外衣包装岳飞有着极大关系。

关于岳飞名字的历史记载，本是他的孙子岳珂，在介绍其先祖岳飞的传记史料《金陀粹编》《金陀续编》中记载的。关于这只大鸟的突然出现，给说得神乎其神的，似乎岳飞的降临，真如钱彩说的一般，有一种超自然的力量存在。今天，人们在翻阅《二十四史》时，不论哪本，在介绍皇帝时，似乎都有雷同之处。不论是谁，其刚出生之时，必然是与众不同的，如通体金黄、满屋异香、流星坠地、黄龙绕身等等，这类非人类情形都比较突出。后来，历史上重要人物出生时，正史里也会有一些特别记载，记录他们出生时某些奇特的超自然现象。当然，我们知道，这当中大多数记载都是假的。这样记载历史，无非是为了体现中国古代权力天授、天人合一的思想观念。

岳飞的高祖岳涣，北宋初年，作为宋朝的县府衙门小吏令使，举家从山东聊城迁居相州汤阴。曾祖岳成、祖父岳立，直到他父亲岳和，都是以种田为生，老实巴交的庄稼人。岳家人老实本分，尽管自家并不富裕，只是刚够温饱而已。可是，岳家人还是尽自己最大的努力，去帮助别人。岳飞少年时，每逢遇到灾年，岳和就会带领家人，尽力支援路过家乡的灾民。岳家人用野菜拌成稀饭，每天吃两顿，他们将省下来的口粮，给那些需要支援的难民。起初，岳飞很不理解父母为什么要这样做，他曾经抱怨父母，将粮食给了别人，而使家里人饿着肚子。岳和告诉他说，咱们一天吃两顿，虽然不多，也还是会有些饿，可是，相比那些无家可归、无饭可吃的难民，咱们真的是很幸运的了。这些难民需要大家帮助，只有咱们伸出援助之手，难民的生命才有保障。

尽管童年的岳飞当时并不一定能够听懂父亲的教导，但是他还是耳濡目染了父母日行一善的言传身教。

除此之外，岳和还曾经将自家的土地，无偿地送给那些需要帮助的人，让他们种田养活家人。乡亲们若是生活拮据，问岳和借钱借物，而事后仍无力偿还，岳和也从不计较这些。他甚至会把那些欠条直接扔掉。凡此种种，不一而足。岳飞就是在岳家这种淳朴憨厚的家风中，深受熏陶，一点点长大。

第二章　周同为师

岳飞是个农家子弟，从小没接受过像样的教育，这主要还是因为岳家的家庭经济条件不好。毕竟，大宋帝国还没有推广基础性国民教育。老百姓要读书受教育，就只有自己请塾师传授知识，而延请塾师，也需要一笔可观的费用。显然，岳家人是无力支付这样一笔经费的。然而，岳飞还是可以在冬季农闲时，集中学习一些知识文化。大宋帝国，在中国古代帝制历史中，是相当特殊的。帝国对文化的重视，对于读书人的关注和对儒家文化的重视程度，远远超过其他时期。官方的崇尚，也使得帝国的百姓，形成了一种积极求学的心态，这是促使农家子弟，在冬季农闲时，集中突击知识和文化的重要因素；除此之外，农家子弟读书受教育也是为了维护自身利益。为了读懂各种契约上的字句的含义，农家子弟必须读书受教育。只有接受了教育，识了字，他们才能够在与地主签订契约时，不因为那些富人玩弄文字游戏，而损失自己的经济利益。因此，每逢冬季农闲时，几家人就会联合出钱，请一名塾师，来教孩子们读书识字。岳飞就是在这样的环境中，接受了最基础的启蒙教育。

关于岳飞最初接受启蒙教育的故事，历史的、传说的、虚构的等等很多很多。有很多史书或者民间文学作品上记载岳飞喜欢读《孙子兵法》之类兵书；广泛地涉猎各种经史；家里穷，岳飞自己捡来柴火点燃，通宵读书……可是，这些都是真的吗？我觉得这些记载不大可能会发生在岳飞童年和少年时期。这一时期的岳飞，连字都不认识多少，又怎么去读文字佶屈、语义深奥的《孙子兵法》和各种史书呢？

据明清两代的《汤阴县志》记载，岳飞在童年时期接受的比较正式的教育，就是跟随乡豪周同学习射箭之余，兼读了中国儿童启蒙，最基础的《百家姓》《三字经》《千字文》之类。当然，我不是怀疑岳飞后来的文学水平，因为有举世无双的《满江红》词为证。但是，经过认真研究和细心揣摩，岳飞后来之所以能成为文武全才，主要得益于他16岁至19岁，结婚生子后，为养家糊口曾到相州昼锦堂当庄客，因射杀匪首张超，得到韩家主人恩赏，允许他与韩家公子们相处，在彼此接触时，口耳传授，耳濡目染，并乘机海量阅读了三朝宰相府上的珍贵藏书，丰富了岳飞的知识储备，使他养成了喜欢与文人名士交流探讨的好习惯，直到他当了岳家军主帅后，在军队幕府中，大量蓄养文人，并与他们有大量诗词文赋方面的应酬。岳飞的成长，就像我们所知道的，伟人毛泽东虽然只有个初级师范毕业的文凭，但靠着早年在北大当过几年图书管理员，博览群书，终成一代伟人一样。岳飞靠在昼锦堂大量地、广泛地阅读群书，这里边，当然包括兵书和中国古代的许多谋略书籍，充实了岳飞这个出身农家的孩子的思想，使他逐渐成熟起来，其思想和行为方式发生了巨大的变化，终于成长为文武兼备的一代英雄豪杰。这是后话，到后面我们还会详细记述。

乡豪周同是宋徽宗时期，居住在汤阴附近的，远近闻名的弓箭手。史书对周同的记载极少。由于对周同的其他记载实在太少，所以，我们如今已经很难弄清其人的来龙去脉了。不过，倒是钱彩在《说岳全传》里对周同交代得比较清楚：岳飞在王员外的庄园里认识周同，岳飞代小朋友王贵、张宪、汤怀作文，展露了出众的才华，于是周同决定收岳飞为义子，并亲自教岳飞、王贵等学习文化和射箭等武艺。此后，便出现了岳飞枪挑小梁王、娶县令女儿李氏为妻等精彩故事。这些故事都与周同教授岳飞密切相关。

在钱彩的《说岳全传》里，周同被写成了“周侗”。而岳飞之所以能与周侗相遇，则是岳飞出生之后不久，便遇上了内黄县黄河大决堤，黄河淹没了汤阴，岳母姚氏抱着岳飞坐在一口大缸里，在黄河泛滥的波涛上漂流，并最终被内黄县的王员外和庄园里的人救下。因此，岳飞才得与周侗相遇，而成为师生，并认为干亲，成为义父义子。也因此，使岳飞成了生在汤阴长在内黄的一个英雄。

据史学家邓广铭和王曾瑜考证，在北宋崇宁二年，黄河根本就没有在内黄决口的记载，何况是在初春二月，北方仍然极其寒冷、结冰的季节呢？可见钱彩所描述的故事，只是为了抬高岳飞师傅的身价，把周侗写成了《水浒传》里，八十万禁军教头林冲和卢俊义的师傅。这些虚构当然不能当作历史来读，不过，我们不能苛求钱彩，因为他是说书人和小说家，自然要在缺乏史料的英雄成长初年，增加点精彩的故事，以丰富人们的认识，引发大家的兴趣。

其实，据《汤阴县志》记载：周同与岳飞相遇是很偶然的。周同与友人射箭，一连命中三箭，很是得意。正好岳飞路过，看见此番情景，于是请求周同让他也尝试射几支箭试试。在获得允许之后，岳飞连着发箭两支。让周同吃惊的是，岳飞两箭都是从前一发箭镞的最后射入，箭箭命中同一位置，全部在靶心上。

周同对这个突然出现的孩子发生了巨大兴趣，他决定招岳飞为徒弟，并把自己心爱的弓箭送给岳飞。后来，在周同的调教下，岳飞起码具备了左右开弓、箭无虚发、可以使用强弓劲弩的能力。左右开弓和箭无虚发，大家很好理解，那么，什么样的弓弩才能称得上强弓劲弩呢？

岳飞不到 20 岁便可以靠臂力拉开三百斤（接近三石）的强弓，使用接近九百斤（八石，一石为一百一十斤）的腰弩。一个不到 20 岁的少年，在使用弓弩方面达到如此登峰造极的地步，这当然是周同调教的功劳。

与岳飞同时接受周同教育的，还有同乡的王贵、张宪、汤怀三人。他们都比岳飞年龄小一两岁，周同让他们结拜成异姓兄弟，岳飞为长，王贵次之，张宪排行老三，汤怀为最小的四弟。周同告诉他们，将来长大成人后，你们四人也不要分开，一定要听岳飞的话，在一起为报效国家建功立业。

第三章　家前尽孝

一日，周同老先生偶感不适，遂让四个学生各自回家练习，自己要歇息几天。王贵等恰如小鸟出笼一般，飞跑回家去了。只岳飞一人没回家去，与他们三人分手后，又悄悄地回到学馆中照料先生。周同问他，岳飞，你家中有父母和姐弟，为啥还不回家？岳飞说，父母虽然生养了我，应该回去多陪陪他们。但是，师父却把毕生的武功和智慧教给了我，使我有了武功和本领，师父待我恩重如山。我觉得应该多陪陪师父。特别是，我看到你年纪过了七十多岁，已是古稀老人，我看你身体不舒服，也确实需要人照顾。因此，徒儿实在感到左右为难。

周同叹口气道：岳飞，你样样都好，只是遇到抉择关头，便要优柔寡断。须知，男子汉大丈夫，当断不断，必将害人害己也。徒儿切记，忠孝难于两全，遇事全凭果断。假如有两个敌人，同时向你张弓搭箭，刻不容缓之际，是绝不给你左右为难时间的。你只有一支箭，必须立即置一个敌人于死地，至于谁应先予消灭，就全凭运气了。

岳飞见先生以射箭作比，立即问道：师父，人们传说你能左右射，不知是真是假？

周同道：此言不假。可左右射一则非有过人的臂力不可，没五百斤的力气张不开弓；二则此法太过狠毒，再敏捷的对手逃得过第一箭，也逃不过第二箭。老夫怕损了自己的阳寿，因此，此法我谁也没有传授。如今，我已是年过七旬的老人了，我把它传授于你也罢。左右射到你为止，决不可再往下传了。

岳飞听说传授左右射绝技还要折师傅的阳寿，便急忙说：师傅，我不学了，你好好养病吧。怎奈，周同也是个九头牛马拉不回来的犟脾气，非将左右射绝技当场传授给得意门生岳飞不可。遂强撑着身体，将左右射的精义要领一一演示给岳飞。两个时辰下来，周同早已累得浑身发汗气喘吁吁。临了，周同再三嘱咐，此法只能助你冲锋陷阵，但于为人处世，却毫无助益。徒儿切记，千万小心提防，身边有奸贼陷害。

岳飞诚惶诚恐，千恩万谢地去了。回到家中，将在学馆之事说给父母。岳和、姚氏一听先生染病，赶忙与岳飞一起返回学馆。然而，岳飞看到，学馆大门紧闭，屋内一豆灯光下，桌上师傅写的八个大字墨迹未干："勤练臂力，当机立断。"

岳飞见师傅手握笔杆，倒在桌前，立时痛哭起来。父母赶忙帮着把师傅扶起，把脉一看，只见周同先生已经气绝身亡了。遂让岳飞赶快去通知王贵、张宪和汤怀三家，共同为周同老先生置办丧事。

岳飞与父母商量，把师傅周同安葬在自家靠近汤河北岸三教寺边上那块风水宝地里。如今，在汤阴县北周流村南侧的汤河北岸，还埋葬着一代宗师周同老先生的遗骸。《汤阴县志》记载，在县东二十里许的周流村汤河北岸，有周同墓。周同死后，岳飞亲自用枪尖在青石上刻写了师傅的墓碑。而后在墓旁练习射箭，每次都要用周同教他的左右射绝技，连发三箭，而后离去。

为了坚持锻炼臂力，岳飞听从师傅周同的遗训，坚持每天做两件事：一是每天凌晨抱起自家的一头牛犊，绕着三教寺转三圈；二是每天晚上，把自家门前的那棵柳树摇三摇。这两件事坚持五年后，自家的黄牛尽管已经长到了千斤重的大牛，岳飞竟然仍能抱起来转圈。门前的柳树，虽然长成了参天大树，但岳飞双手抱住摇起来，竟如同玩耍一般轻松自如。这就是我们所说的汤阴少年岳飞，在周同的悉心调教下，练成了超群膂力的缘故。

我们知道，岳飞家并不富裕，可是岳飞坚持每逢初一、十五都要去为师傅周同上坟，因为家贫，买不起上供的酒肉祭品，就只好当掉自己的衣物，换取祭品。他自己宁可身体忍受饥寒，也要恪尽孝道。

有一年深秋时节，天渐渐寒冷起来，岳飞在寒冷的北风中，仍穿着单薄的衣衫，父亲岳和对此十分担心，多次问他，岳飞也不正面回答，只推说不冷搪塞过去。父亲岳和担心他，是否染上赌博或其他什么恶习，就暗中跟踪岳飞。果然到了初一这一天岳飞又去典当衣服，并换来酒肉祭品，然后去坟上祭奠师傅。父亲得知缘故，知道了儿子如此忠义，十分感动。他感到有朝一日岳飞得到重用，必是个忠孝之人，一定能成就一番大事业，这才放下心来。

岳飞正是生活在岳家这样一个淳朴的家中，才养成了仁义忠孝的伦理习惯。而这些，无不是父母长期言传身教的结果。

岳飞初一、十五祭奠师傅周同的事，逐渐被王贵等人知道了，随后，他们便跟着岳飞一起来祭奠师傅。王贵、张宪、汤怀家里富裕，置办酒肉祭品，自然由他们承担了。岳飞也不强争。每次祭奠师傅之后，岳飞带头，指导大家练习射箭和枪法。这样，一直坚持了大约三年光景。

这期间，岳飞的外祖父姚太翁，又聘汤阴武术枪棒教练陈广，教导岳飞习练武艺。陈广像周同一样，是汤阴武术枪棒名流，并在乡间开设有武馆。岳飞跟随陈广，不仅学到了精湛的枪击技艺，成为一县无敌的枪手。而且，岳飞他们兄弟四人，与陈广武馆的师兄弟们也打得一片火热，这许多人，后来成了岳家军中的骨干力量。这是后话。

一天，忽有里长来说，县中行下令牌来，令将各村镇武生名录呈送县里，不日就要开设武场考试。岳和与王、张、汤三位员外商量，四位老人都同意岳飞、王贵、张宪、汤怀四兄弟，前往县里去报考武场考试。既然要上县里去参加开场考试，必备的行头是枪棒弓箭、武生衣服和马匹。王贵他们三家自然不成问题，可是岳飞家就成了问题。枪棒弓箭武馆里就有现成的，武生衣服也不在话下，可是要拥有一匹能上得战阵的马匹，却不是岳家经济状况能够承受得了的。为此，岳飞十分犯愁，心中非常苦恼。他只恨自己，平时只顾了练习武功，全不务半点生计，如何来大宗钱物，购置马匹？他心中不乐，便对父母说，爹，娘，孩儿我今年先不去参加县里的武生考试了，今年让王贵他们先去，等明年我再去吧。岳和、姚氏明白岳飞心中所想的是咋回事，就对岳飞说道，你别担心没钱，当年娘出嫁时，你姥姥家曾经陪送了一些金银首饰，咱农家人成天地里家里转，没心思穿戴，明天到集市上把这些首饰卖了，置办匹马回来，风风光光地去县里参加比武，得个好名次，也为咱老岳家，为咱乡里、县里争口气！

岳飞忙道，娘，是孩儿不孝，不能供养您二老，怎能忍心再去变卖您的嫁妆，这万万使不得。

姚氏脸色一变，嗔怒道，胡说，男子汉志在四方，焉可学小女子状？你作为岳家长子，当为弟弟立个榜样。切记你师傅遗训：当机立断！

正说话间，闻得屋外有马嘶鸣声，是张宪牵着匹马来了。张宪对岳飞一家人说，俺爹知道岳飞心高气傲，不肯随便接受别人家的东西。但明后天就要去县城参加武生考试，一时也不能买到合适的马匹，俺爹就说是先借这匹马给岳飞大哥使用。等考试过后，再还回俺家。

这礼送得实在太及时了，这下可解决了困扰岳飞的大问题，简直就是雪中送炭啊。岳飞没理由拒绝，当下拜纳。又听父母之命，去到张家向张老伯当面致谢。不意王贵、汤怀也赶来，询问明天是否结伴同行。依王贵想法，四人结伴同行显得热闹。可汤怀是个细心人，知道岳飞家里经济困难，生活盘缠肯定不丰富，所以就说，明天俺爹与俺一起去，咱们分头行动，到县里校场上会合吧。岳飞与张宪约好，明天一早，村口集合，一同去县里参加考试，路上和考场上也好互相照应。

翌日清晨，岳飞、张宪两人吃过早饭，辞别父母，便起身出门。只两个时辰，便到了汤阴县城。只见校场上，已是人山人海，语声鼎沸。两人一时也找不到王贵和汤怀，想他俩有父辈陪送，不会有什么意外。便找了个洁净的茶棚入座，叫了壶茶，吃起自带的干粮来。其时，但闻一阵如雷般的鼓声，全场寂静下来，由司仪宣读比武次序和规则。俄而，相州知府韩肖胄老爷，骑一匹赤兔马，由众吏卒簇拥着来到校场，汤阴县令李春，忙让座请茶，即有书吏捧上名册。韩老爷对李春道，如今辽国怀虎狼之心，觊觎我中原，各处盗贼也风起云涌，正是国家用人之秋，故特来汤阴县看看，可有少年英俊，堪当将帅之才！

于是，县令李春依着名册，一一点过。这武艺上花样繁多，唯枪与箭两样最显功力。故比武只此两件。比枪是自家舞动，考官也不过看看而已，选 10 个枪法好的，再比射箭。故第一轮下来，早已淘汰大半。而岳飞、王贵他们自然顺利通过。及至比箭，但闻鼓声阵阵，箭飞哧哧，岳飞不觉微微含笑，汤怀便与王贵、张宪商议道，二哥、三哥，大哥的弓箭最棒，今天比箭，咱们三个先射，最后再让大哥射，这样也不至于埋没了咱兄弟每个人的武功。张宪说，就你老四门槛儿精，只恐怕惹恼了县太爷，耽误了大哥前程。王贵道，这倒不会，咱们只把过失揽在自家身上便是了，更何况王老伯与相州的韩老爷还是故交呢。

三人商议停当，便向岳飞说了。岳飞觉得有理，便答应了。此刻，李春县令看看箭靶，中意的武生甚少，颇觉尴尬。不料，韩肖胄老爷却说，贤契放心，好戏还在后边。原来，韩肖胄看枪的时候，已经注意到了岳飞的枪法与功力。说话间，正好叫到岳飞！无人答应，又叫王贵、张宪、汤怀，三人一一应声出场，但见王贵站立在校场中央，犹豫不肯张弓，县令着人来问，王贵道，求老爷将箭垛摆远点。李县令道，已经六十步了，你十四岁的年纪还嫌近？遂令将箭垛放到八十步，张宪说，再远些。又放到一百二十步。汤怀道，摆定二百步整吧。众人看见，不禁啧啧称奇，只是县令李春颇为着恼，喝道，小顽童如此放肆！校场不同儿戏，就摆定二百步。也不问你靶数，但有一支箭射不到二百步，你三人各杖二十。

这时，校场上寂静无声，但闻擂鼓响，不闻弓箭声。这却是周同老先生的独家心得：射箭须得傍住鼓点，声音越小越好，直至无声，方能得出奇不意之效。当鼓声住时，箭已射完。各射九支，却是支支上垛，箭箭中靶。县令李春大喜，唤过三人道，真乃少年英雄，你三人射术如此高超，却是何人传授？不料，一旁韩老爷勃然大怒，喝道：小顽童，竟敢欺我！岳飞如今何在？

这一声喝，吓得三人目瞪口呆，还是张宪先回过神来，禀老爷，岳大哥箭术在俺三人之上，怕他先试，埋没了俺们，故叫他后试。

原来，韩肖胄老爷虽是进士出身，却惯于行旅，见王贵等三人枪法同出一家，料定必是一个师傅传授的。故有此问。当下点出岳飞试箭。

岳飞应声出场，跪道，小人不循大礼，求韩老爷、李老爷恕罪。言罢，即起身张弓搭箭。张宪道，俺大哥可射三百步呢！韩老爷问，当真？

岳飞道，学生的射技稍硬些，二百五十步吧。原来，岳飞不想逞能，将兄弟们比下去。于是，李县令让人把箭垛再后移五十步远。韩老爷也不叫擂鼓，但叫射箭。

射箭而无声，是常人做不到的，但校场千百人的喧哗却也盖过了岳飞的箭声，见箭矢如星飞堕，瞬间已经射完了九支箭。旁边观考的众人发一声喊，齐声哄闹起来。守靶的小校，捧着九支箭连同一块箭靶，上来禀道，这位小相公真乃奇才了，九支箭从同一孔中穿出！

李县令连称惭愧道，本县有这等少年英雄，本县令竟不知道。韩肖胄老爷却是不喜不嗔，向李县令道，这几个孩童的父亲，是本府的故旧，有烦贤契好生照看。言毕，即起驾上马去了。

比武既毕，李县令将王员外、汤员外，并四位小英雄请至家中，便宴款待。席间，问及岳飞有何困难，岳飞说没有困难，张宪抢过话头说，岳大哥没有别的困难，只是缺匹马骑。他骑的这匹马，是俺家借给岳大哥的。

一听这话，岳飞用眼瞪了张宪一眼，低头不语。李县令接过话来说，正好县里从蒙古贩来一批良马，多数已经分拨给宜沟驿站，只有一匹难驯服的野马，还拴在马厩里，你要是能驯服它，就送给你做坐骑吧。

岳飞随即到马厩去相看马匹，只见一匹白色的大马，被几条缰绳拴着，即使如此，仍能看出其狂傲不驯的性格个性，因力大无穷，所以没人敢近它身。几个月拴在这里，没人能驯服得了它。岳飞一见，喜上心头。只见岳飞三步并作两步走上前去，快速解下缰绳，瞅个空当，一把抓住马鬃，猛地蹿上马背。那马发现有人骑上了脊背，连踢带咬，前蹿后蹶，想把岳飞甩下来。可是岳飞在马背上，紧紧扼住马脖子，死不松手。蓦地，那白马一个猛扑，前足倒立，把岳飞甩出五步开外。这下惹恼了岳飞，只见他一骨碌爬起来，朝马腰肋处就是一阵拳头。那烈马吃痛，顿时收敛了许多。岳飞乘其畏惧之时，径自上了笼头马鞍，再次飞身上马，放鞭奔驰。那马四蹄疾奔，一个时辰下来，竟没半点汗水，好似无事一样。喜得岳飞赞不绝口。

第四章　昼锦岁月

随着年龄的增长，宋徽宗政和八年（1118 年），15 岁的岳飞已经成为家里的顶梁柱了，他干活卖力，吃苦耐劳，为人忠厚老实，为乡里称道。且粗通文墨，又射得一手好箭，在乡里也算是文武全才的青年。此时的姚氏已经 52 岁了，52 岁对今天来说，还可以在工作岗位上继续奋斗，可在一千年前的宋代，则已经是高龄了。人生七十古来稀嘛，古代中国人，活到 70 岁的寥寥无几，有不少人 30 岁出头，便早早离开了人世。对于姚氏来说，52 岁的她，还能活多少时日，她自已心里也没有底儿。此时，她最想做的事儿，便是给岳飞找个媳妇成个家，她便可以安心地给岳飞抱抱孩子，安享晚年。

于是，姚氏托人说媒，给岳飞娶了一个刘姓女子为妻。第二年，也就是宋徽宗宣和元年（1119 年），岳飞的第一个儿子岳云便出生了。长孙的出生，给岳家带来了无穷的乐趣，但是，也给岳家带来了经济上的难题。加之两年前相州地区发生洪涝灾害，岳家也蒙受了不小的经济损失。两年的时间，并没让岳家人从这次洪涝灾害中缓过来。眼下，刘氏和岳云相继来到岳家门下，家人吃饭的问题，是必须解决的首要问题。仅仅依靠家人种田所得，是很难维持这么一大家人的生活所需的。岳云的出生，更是加重了经济问题的严峻性。经过百般思量，岳飞决定，去相州韩家庄园昼锦堂打工挣钱，来补贴家用。

相州府安阳县，有一户世代富贵的簪缨之家——韩府，其先祖韩琦，历任宋代仁宗、英宗、神宗三朝宰相，是华宗盛族的奠基人。他的长子韩忠彦，又在宋徽宗初年任过宰相，韩府既是皇亲，又有许多贵戚。在宋皇朝的上层，几乎处处渗透着这个豪门大族的显赫势力。为了显示宋皇朝对韩家的特别恩宠，韩琦和长孙韩治、曾孙韩肖胄先后被皇家任命为相州知府。为炫耀这种衣锦还乡的荣归，韩琦等人分别建昼锦堂、荣归堂、荣事堂。韩肖胄于宣和初年，接替其父，出任相州知府。这时，时局动荡，为招揽人才，在各县开展比武，意在挑选人才，护卫庄园。

汤阴县校场比武，岳飞等人的出色表现，深深地打动了韩肖胄，他回府后不久，便写信给汤阴县令李春，希望李大人能将岳飞等人，送到相州府听命。李春也想借机讨好上司，送给岳飞一匹烈马之后，又将岳飞送到州府听命。

岳飞得到州县衙门传令，准备行装之际，乡邻和岳母姚氏为他张罗出行的物品，送岳飞踏上了去相州的路途。

16 岁的岳飞，出身微贱，家境贫寒。其出众的武功和喜爱读书，立志报国的宏大志向，深深感动了韩肖胄，为了照顾岳飞继续学文习武，培育和网罗人才，韩肖胄让他在自家韩府昼锦堂里，当了一名看护庄园府墅的庄客。白天，闲暇无事，岳飞就在自己的宿处读书，或在院子里练习枪棒弓箭。晚上，与众庄客一起巡查守夜。韩肖胄也给岳飞比其他庄客多一倍的薪酬，让他可以从容地养家糊口，不至于因生活拮据而泯灭志向。这期间，岳飞不时回家与妻子刘氏团聚，年内便又添了个女儿，取名安娘。这段时间，岳飞过着比较平静的庄客生活。

直到有一天，岳飞值班守夜，发现一伙强人，在土匪头领张超带领下，包围了韩府的昼锦堂庄园别墅。岳飞一面大声呼喊，号召全体庄客出来应战，一面凭借自己高超的武技，与众匪徒拼打。他攀上高墙，发现贼首张超正在一处指挥匪众抢夺财物，便引弓搭箭，一支利箭，直贯张超的咽喉，张超当场毙命。几百名匪徒，顿时群龙无首，乱作一团，在乱七八糟之后，立即溃散。岳飞因功受到韩肖胄及其府上所有大小主人们的青睐，一府上下人等对岳飞更加尊敬和器重。此后，韩肖胄想奖赏岳飞，问岳飞想要什么奖赏。此时，岳飞既没有向主人讨要金银财宝，也没有提出别的什么要求，只是很认真地说，我十分羡慕和喜欢府上的藏书，如果能让我随时借取府库里的藏书读读，那我就心满意足了。韩肖胄很爽快地答应了岳飞的这个要求。也就是这个看似平常的要求，却使岳飞这个农家子弟，汤阴县的优秀少年，经过相州府昼锦堂书房里众多藏书的熏陶和磨砺，竟然在10多年后，成长为叱咤风云、为国尽忠的一代民族英雄。

史书上记载，岳飞天资敏悟强记，尤好《左氏春秋》及《孙吴兵法》，或达旦不寐。家贫，不常得烛，昼拾枯薪以自给。然于书不拘泥于章句，一见得要领，辄弃之。为言语文字，初不经意，人取而诵之，则辨是非、析义理若精思而得者。

其实，这种史书记载，是综合性的记述，为了突出英雄的少年，勤学出类拔萃，有意识地把历史上的事实进行了时间先后的错综。岳飞真正的读书生活，不是早年在周同指导下，那时主要是学习弓箭和枪棒等技击术，于文字方面，只是启蒙式的背诵了《百家姓》《三字经》《千字文》。而所谓的读《左氏春秋》《孙吴兵法》，自然是在相州韩府昼锦堂做庄客时期。不过我们也不要苛求于史书记载，它毕竟为我们描述了英雄青少年时代的基本风貌。

岳飞在相州韩府昼锦堂，一箭射杀张超，立了大功，受到韩府主人格外器重和爱戴。韩肖胄除了允许岳飞阅读府上大量的藏书外，还派岳飞作为二公子韩斌的贴身护卫。岳飞从16岁进入韩府，直到19岁回家奔父丧，一直跟随韩家二公子韩斌，出入府内府外，结交相州城内外社会名流和达官贵人，从而养成了喜好饮酒的习惯。如果说是韩府昼锦堂的藏书丰富了岳飞的大脑，使他迅速成长为文武兼备的有用之才，那么跟随二公子韩斌，出入官场酒场，则增长了岳飞的酒量和社交本领，使岳飞较早地接触到了社会各个层面的人物，学到了处理各类事物的方法，这当然也是，作为一个出类拔萃的英雄人物，所必不可少的历练过程。

韩肖胄的二公子韩斌，和岳飞同龄，相貌堂堂，少年风流。身边结交的，不是纨绔子弟，就是州府县衙里的达官贵人，或社会名流。岳飞每日随其参加各种宴会，有时候，一天还要赶数场酒宴，耳濡目染着贵公子的生活，既增长了见识，也增长了酒量。而最重要的是，岳飞武功好，且话语不多，所以深得二公子韩斌喜爱。不管去哪里，他都愿意带上岳飞，一为护卫，二为壮大场面，讲究捧场。久而久之，岳飞锻炼得酒量奇大，以致饮酒成为瘾癖，有时还酗酒打人。后来，因为酗酒打人，曾受过母亲姚氏及高宗皇帝赵构的责备，直到那时，岳飞作为宋朝的一员大将，国家的栋梁柱石，才下决心戒掉了饮酒习惯，并且发誓：直捣黄龙府，与诸君同饮耳！这是后话莫提。

有一次，韩斌在相州城赌坊里遇到了暴徒，岳飞一人放倒了对方 30 多 人。那一战，使韩斌对岳飞佩服得五体投地，更加倚重。私下里，与岳飞的关系更近了一步。也因此，岳飞在韩府里，有了自己居住的一个独立的小院落，并经允许，将夫人刘氏和儿子岳云，接来相州共同居住。使岳云从小就有了较好的成长环境和教育条件。

岳飞在相州期间，家里发生了重大变故，宋徽宗宣和四年，即 1122 年，年过花甲的父亲岳和，因病去世。岳飞回家奔丧。依照汤阴民俗，在家停丧七天后，岳飞披麻戴孝，将父亲的遗体安葬在村东南隅，汤河北岸岳氏祖茔内。汤阴县周流村的岳氏祖茔，位于汤河北岸，北周流村东南隅。这里安葬有，岳氏自北宋初年，来汤阴当小县吏令使后，定居汤阴的发派始祖岳涣，是岳飞的高祖；然后依次是曾祖岳成，祖父岳立，父亲岳和。明朝以后，岳飞的冤案得到彻底平反昭雪，岳飞的上三代先人得到皇家封赏，在汤河南岸修建起岳氏先茔。景泰年间，又得到皇帝的追封，因而，岳飞的曾祖岳成，祖父岳立，父亲岳和的坟墓迁葬于岳氏先茔。可是岳飞的高祖岳涣，却因为皇家只封赏上三代，而留在原地未动。如今，在汤阴县北周流村东南隅，仍然有岳飞高祖岳涣墓存在。由于年代久远，曾几度废弃。近年又得到海内外岳氏后裔的关注，于 2010 年前后，重新对岳涣墓进行了简单的修葺和整理，使之成为一处岳氏后裔凭吊先祖的圣迹。

岳飞是个忠孝之人，对于异姓义父周同，尚能尽孝道，为之守墓三年，何况自己的生身父亲呢？办理完丧事，岳飞回到相州府向韩府请了长假，回到汤阴老家，为父亲守孝。然而，为维持生计，他不得不在相州城里，又找了一份时间相对自由的，维持社会治安的工作——游徼。

这段时间，是岳飞生活上的苦闷时期，父亲去世的悲伤，与失去韩府优厚待遇工作环境的转换，使岳飞异常痛苦。加上家庭经济生活上的压力，岳飞竟在忧愁中养成了酗酒的习惯。岳飞属于北方人，经过在韩府的锻炼，酒量自然不差。然而一个人喝酒，一旦上瘾便会酗酒，而酗酒真的不是什么好事儿。岳飞在一点点地借酒消愁中，染上了酗酒恶习。随着时间推移，岳飞酗酒的恶习越来越严重。有一天，岳飞像往常一样借酒消愁，酗酒度日。不过这次他喝得太多了。借着酒力，岳飞在当班值勤过程中，在闹市中与人老拳相向，将人打伤，几乎致死。这件事影响很坏，最终，让他连那份收入并不太丰厚的游徼工作也丢了。回到家中受到母亲的严厉责备，岳飞向母亲保证说要戒酒。此时，已经到了宣和六年（1124年），相州地区又暴发了水灾。大灾之后，瘟疫蔓延。岳飞在家守孝的期限已过，他便决心要离开家乡去应募从军。

第五章　尽忠报国

宋徽宗宣和元年，即公元1119年。这徽宗是个荒淫腐朽的皇帝，他主持的大宋朝廷排斥正直，狎近奸佞，宠信的是宦官，如蔡京、童贯之流；喜好的是花石，即奇花异卉之类。徽宗偏又笃信道教，不仅在各地遍设道观，竟又置道官二十六等，使其与官吏同俸禄。更设立“造作局”“应奉局”，各处聚敛。闹得民不聊生，怨声载道，揭竿而起者风起云涌。最著名的有南方的方腊起义，北方的宋江起义，把个大宋朝弄得沸沸扬扬。各地流民村寇也各自占山为王，杀人越货。一时间鱼龙混杂，叫人无所适从。

宣和四年（1122年），岳飞在家为父守孝期间，金人已经在北方犯边，岳飞受相州知府韩肖胄委托，在老家汤阴县乡间招募乡勇，一方面抗击盗贼，另一方面为抗击金兵积蓄武装力量。岳飞回到家乡，首先召集张宪、王贵、汤怀等志同道合的朋友，同时也广泛吸收陈广武馆里结识的优秀师兄弟们，如徐庆、王万、李道、董先、王经、姚政等等。招募到30多名武艺出众的好手，组成一个小队，每人骑一匹战马，由岳飞带着经县城西部太行山丘陵地带，一面学习军事，一面沿途招募人员，最后到相州府从军。

这一日，岳飞带着小队人马，路过太行山的余脉飞凤岭时，不巧，又是天黑时分，岳飞吩咐大家小心前进，不得鲁莽行事。王贵自觉此行没有老人小孩随行，没什么可担心的。便道，哥哥们，且喝点酒解乏，若有贼人来，俺自割几个首级去衙门领赏。话音未落，早见前面一条大汉，挡住了去路。这大汉胡子拉碴的，提一对重百十来斤的大锤，大喝道：面前小子，快留下买路钱来！

张宪一惊，见他孤身一人，又莽里莽撞的，便问道：俺们不是商贩，没钱买路。我们不往前走便是了。

那大汉道：胡说！没钱给些酒吃也行！

汤怀一听乐了：强盗也有讨酒喝的？

王贵十分气恼，将一个空酒壶扔了过去。大汉也是好身手，在空中接住酒壶，就往嘴里倒，谁知竟是空的。不觉冲将上来，举锤便打。王贵坐地上举起钩子枪架住铁锤，张宪欲去相帮，却被岳飞喝住。王贵但觉铁锤沉重，遂不敢轻敌。跳起来，两人在平地上好一番厮杀。但见那锤飞枪舞，一如蛟龙戏水；你来我往，更似流火溅金。一个是愈打愈凶，一个是越拼越狠。战至一百个回合，犹不见胜负。只听那大汉叫道：气杀我也，竟打不过一个小顽童！王贵也不示弱，嚷道：恼杀我也，竟打不过一条老毛虫！

两个人打打骂骂，岳飞在一旁已经看了多时，马上伸出丈八银缠枪来一架，但听哐啷一声，将钩子枪与铁锤一起架开。向大汉道：英雄且慢，看你也不似个行剪之人，却是何方人士？缘何至此？

大汉道：俺行不更名，坐不改姓，汝州鲁山牛皋是也。

岳飞问道：你是汝州人，何以在此讨要买路钱？

牛皋道：不瞒诸位，俺本在军中当弓箭手，只因战斗中吃了金人的大亏，听说汤阴周同的神臂弓能左右射，特来拜师，不想盘缠用尽，只好劫路抢些财物当拜师礼，谁料，俺武艺不精，竟然打不过一个小小顽童。

汤怀说：牛皋，你可知俺们是谁的徒弟？

牛皋说：罢了，管你们是谁的徒弟，俺打不赢你们，只好放你们过去，俺再扮戏劫别人吧。

岳飞道：英雄，我们弟兄四人，正是周同师傅的徒弟呀！可怜先师，已经于前年去世了。我们就是他的关门弟子啊！

牛皋一听周同已经死去，悲痛得放声大哭起来。岳飞等人拦了半天，他才止住哭声。却又跪在地上，要拜岳飞他们四人为师。

岳飞马上将他搀起，最后岳飞又提议，五个人结拜成异姓兄弟。

牛皋坚持一定要到周同师傅的坟头上，去祭奠一番。岳飞他们只好一同回到家乡周流，在周同师傅坟前摆上祭品，弟兄五人一起磕头行礼，聊尽哀痛。同时，他们弟兄五人，正好利用在师傅坟前明志的机会，点燃香烛，再次叩拜结义，而后方离开坟地。

回到家中，岳飞把途中遇到前来拜师的牛皋，并与之结拜成异姓兄弟之事，通告给母亲姚氏，岳母将牛皋上下打量一番，对其十分喜爱，遂由牛皋再拜见义母姚氏。从此，牛皋成为岳飞最忠实的朋友和伙伴，直到生命结束时。这是后话，暂且不提。

岳飞、张宪、王贵、汤怀等即将离开家乡，辞别家中亲人，前去相州从军。牛皋没有亲人在此，就随岳飞一起，向母亲姚氏和夫人刘氏辞别。刘氏自然不愿让岳飞离去，何况还有两个孩子绕膝。母亲姚氏也是心中不忍，但毕竟是识大体的，焉有好男儿老死乡里之理？但顾虑岳飞忠怀激烈，议论持正，不轻服人，如今又天下纷乱，枭雄割据一方者比比皆是，老母亲唯恐岳飞做错了事，遂道：

五郎飞儿，吾岳家自从先祖岳涣迁居汤阴以来，百余年间生于汤阴，长于汤阴，为人处世不可有负汤阴父老乡亲、皇天后土。譬如前一时，你在率人马剿灭陶俊贼人时，纵容部下滥杀无辜，罪孽深重！应该严惩首恶，宽待胁从，古之常理，周同老先生所教，岂可轻忘？吾儿切记，为男儿于国家必忠，于父母必孝，于兄弟必义，于部下必仁，于敌必勇而有智！

岳飞闻言，忙跪下道：娘，儿子在外，必遵母训！

岳母却道：你一人在外，为娘不在身边，怎知你遵也不遵？

这…… 岳飞一时无言以对。

飞儿，你脱下衣衫。岳母一脸认真地说。

娘，你这是要做啥？岳飞不解地问。

你脱也不脱?！岳母的脸色更加严肃起来。

岳飞只得脱下上衣，跪在地上。岳母又对儿媳刘氏说：取钢针、墨水和醋汁来！为娘要在飞儿背上刺下几个字来，让飞儿终生铭记。

岳飞一听母亲要为自己背上刺字，稍加思索，便说道：那就刺“尽忠报国”四个字吧！岳母点头首肯。岳飞随即挥毫濡墨，片刻间写就“尽忠报国”四个大字。

岳母手持钢针，在岳飞背上刺起字来，只见她越刺越快，钢针过处，一滴滴鲜红的血液，从岳飞的脊背上涌了出来。半个时辰工夫，岳母刺字已毕，然后用醋汁涂上去，一会儿工夫，岳飞背上红里泛青色的四个大字“尽忠报国”已经赫然在目。只见岳飞的头上也痛得浸满了汗珠。但他却咬着牙坚持，一声也不喊叫。

临了，岳母说道：记住今日的痛楚，记住为娘这一片苦心。从今往后，任你到天涯海角，为娘的总是放心！

岳母刺字的经典故事，成为激励岳飞，成长为忠孝两全的民族英雄的精神动力之源。在中国古代教育史上，具有相当重要的地位。岳飞背刺“尽忠报国”，激励他终生忠心报国。这铭文，既刺于背上，更铭刻在心间，永铸在胸膛。正是在这四个大字的精神感召下，岳飞即使含冤忍辱，被奸贼谗害直至为国捐躯，仍忠心不二，始终以国家和民族的最高利益为重，临终以“天日昭昭”相回应。为此，岳母也被尊为中国四大贤母之一。岳母刺字被千秋万代视为教子有方的典范。

这一年，是宋徽宗宣和六年，即1124年，时年岳飞21岁。

第六章　张所宗泽

岳飞一生有两个恩人，一个是河北招抚使张所，一个是东京留守宗泽。岳飞之所以能成为威风凛凛的大将军，成为南宋中兴的顶梁柱石，与这两个人的知遇之恩密切相关。

话说宋徽宗宣和六年，21 岁的岳飞离开家乡，先到相州向韩肖胄报道，听从调遣。韩肖胄得知自己的故旧张所被任命为河北招抚使，正在招募战士，便写信推荐岳飞，带着他从汤阴招募的 30 人的小队，前去应募。岳飞在张所的招抚处，很快谋得了一个小队长的职务。他经常带领这 30 人的小分队，担任“硬探”任务，用今天的话说，那就是武装侦察兵。携带武器，随机出动，到大辽敌国的老窝里侦察敌情，遇到小股敌人，即消灭之。

岳飞带领 30 名子弟兵，随张所的招抚司南征北战，几年间不知立下多少战功。其间，除了几次前往北方的“硬探”任务外，其主要任务仍是为民除害，扫平草寇。岳飞命令部下不可妄杀，故而所取首级远不如同行。按照宋军章程论功行赏，自然没有其他部队的多。一次，康王赵构受皇帝委派，出使北方的大金国，途经河北张所的招抚司，张所便把保护和护送康王的重任交给岳飞。岳飞因张所举荐，率兵护驾，遂得见康王，并与之一同出使。这次出使金国，使岳飞对北方的金国及其军队有了一些浅显的了解。

从金国护驾出使归来，岳飞又接受了剿灭山贼吉倩的任务。岳飞一听“吉倩”这两个字，立即想起这正是先前曾与之交过手的山贼。当即集合队伍，领命而去。第二天午时，岳飞瞒了部将，单骑直抵山贼敌营。大喝一声：吉倩出来，俺岳飞有话与你讲说。

吉倩闻报，急忙上马来到营寨门前双手一拱道：岳将军别来无恙？

岳飞道：山间好自在逍遥啊！是否比神仙都快活？肯接我进寨吃酒吗？俺对你自有话说。

席间，岳飞单刀直入道：你我皆是相州人，岂可为害乡里百姓？况好男儿当为国出力，立功疆场，跻位公侯，光耀祖宗，百世流芳。怎能藏身草莽山寨，干些偷鸡摸狗的勾当？然则人各有志，兄弟听我一言，明日午时即率众来降；若不然，后日午时我与你单挑独斗。我败，则随你落草，听从发落；你败，则遣散喽啰，衙门领死。免得许多无辜枉死沟壑。何去何从，吉兄弟你仔细斟酌。

军营中不见了岳飞，急坏了牛皋。他也不告诉众兄弟，提两把铁锤，带三个随从，莽里莽撞地冲上山来，正遇着岳飞，忙叫道：急煞我也，大哥，康王和张招抚既要讨平山贼，俺两个一齐上去，杀光了他们回去领功可好！

岳飞大声呵斥道：兄弟，少啰嗦，我们先回去！

翌日午时，校场上岳飞率人坐定等候，便见西边有队伍开来，不早不迟，恰好午时。吉倩赤裸上身，背侧负荆条，骑一匹黑马，飞身来到岳飞座前，一拜到地，道：感公大义，亦谢将军不杀之恩。今吉倩率众318名，降于座前。从此愿为犬马，以供驱驰。

岳飞急忙上前扶起，道：吉兄弟深明大义，从此你我即是兄弟，同生共死，报效国家。

这边岳飞受降，那边康王和张所早已知晓，心中叹服之余，上报朝廷，岳飞很快被提升为秉义郎，成为能够指挥300人的下级军官。从此脱离了下层军士的生活，进入军队的指挥谋略层。岳飞是个知恩图报的忠厚人，他对张所的提拔和重用十分感激，终生不忘。后因奸臣排挤，张所随李纲罢相也被罢官，在被贬途中客死他乡。直到后来，岳飞升任岳家军统帅，号令数十万大军时，也没有忘记张所的知遇之恩。千方百计寻访到张所的儿子张宗本，并用自己儿子岳云的战功，向朝廷为张宗本申请了一个文职官员的职位。这是后话，暂且不提。

张所遇害之后，岳飞跟随康王赵构的勤王部队王彦所部，来到新乡一带作战，由于在战略思想上与王彦发生了争吵，王彦因受到各种条件限制，对新乡的战阵只守不攻，岳飞感到屈居王彦之下，无所作为，便率领自己的800多名战士，脱离了王彦的队伍，独自承担起攻打新乡城的艰巨任务。凑巧的是，岳飞的800士兵，居然侥幸取得了攻打新乡的胜利。这时，岳飞也认识到了自己擅自脱离主将部队的错误，求王彦原谅自己，并向王彦要求归队。王彦虽然佩服岳飞的勇敢，但却不能容忍岳飞违抗自己的军令。因此，岳飞又受到王彦的排挤。王彦在不允许岳飞归入自己部队的同时，又考虑到，岳飞确实是个非常优秀的军事人才，也不忍心彻底断送岳飞的前程，便向在河北磁州前线的宋朝元帅宗泽推荐了岳飞。岳飞离开王彦，带着悔愧的心情，手持王彦的推荐信，前往磁州投奔宗泽，最后归入元帅宗泽麾下，成长为宋朝军队中的一员骁勇战将。

战场上，岳飞率众宋兵士英勇厮杀，深得元帅宗泽的青睐。宗泽视岳飞如自己的亲生儿子一般，这让在经历了王彦冷遇之后的岳飞十分感激，遂有了一种当年在张所属下任意发挥的感觉。又一种知遇之恩在岳飞心头泛起。他感到自己真是幸福之人，两个最优秀的上司，心胸都是如此宽广，对他岳飞都有知遇之恩，他下定决心，一定要报答恩人的知遇之恩和深情厚谊。

宗泽是北宋末年朝廷上的名将，浙江义乌人。早年进士出身，文韬武略皆备。只因与奸相童贯不和，长期受朝廷冷落。如今金人南侵，徽宗方知奸人误国，遂贬了童贯、蔡京，起用宗泽，任命其为副元帅，挂帅出征，镇守北方重镇磁州。然而，大宋朝已是积重难返，金人大军南下，直指开封。徽宗弃了皇位，把一个烂摊子交给儿子赵桓，便自称道君皇帝，随着几个误国奸臣向南逃跑了。赵桓于国家危难之际接任皇位，急召老帅宗泽进军东京开封城勤王。宗泽到了开封时，金人已经将开封围得水泄不通。宗泽即使有三头六臂，也回天无力。

岳飞想道：我自从告别慈母、妻儿，重新走上抗金复国的战场，一路征战，历经数阵。虽然我尚不能统率大军，去发动大的战役，以驱逐歼灭敌军主力，但是我的小部队却是真正的精锐之师。我们所到之处，无不竭尽忠勇之力痛击敌人。在我们的面前，那些看起来强大无比的敌人，其实并没有什么了不起的，他们常被我们打败。我所忧虑的是，我们兵少将寡，尚不能形成一股足够强大的力量，去抵御强敌。我们即使再怎么勇猛善战，也无法彻底扭转战局。现在局势是在向着对我们越来越不利的方向急剧发展。可恶的金兵，已经避开了宗留守严密防御的开封都城，直接从徐州、泗州，向新皇帝所在的扬州进攻。听说皇帝又将主张坚决抵抗的宰相李纲罢免，而任用了黄潜善、汪伯彦为相，而黄、汪，明显是主张放弃江北国土，退守江南的。开封城虽有宗留守虎踞城中，但是宗留守毕竟年事已高。无尽的忧虑像泰山上的巨石，压在岳飞的心上，谁能够理解他这一份忧国忧民的忧肚愁肠？

身边亲兵报告：岳将军，宗留守来了。

宗泽及随从众人来到岳飞面前。

宗泽道：岳将军，你在想什么？

岳飞：元帅，岳飞正在思考解救开封的对策。

宗泽道：岳将军，我素知你忠勇善战，我十分欣赏你的勇力与智谋，作为一个将军，既具有强大的勇力，又具有深邃的智谋，是非常难得的。现在，金兵在河北聚集，要再次南犯。他们已经引兵到黄河北岸，一部分进犯胙城，另一部分已伺机南渡，西犯汜水。我命令你带领精骑五百，前去击敌，只许胜利，不许失败。违令者斩！

岳飞道：元帅放心，岳飞一定奋力进击，决不有辱使命。

宗泽道：好，岳将军，本帅已经年迈，犹在为国奋战。你们年轻人自当更加蹈厉奋战，才能够为国为民立功，扬名于当世，传播真正的美名于后代。

岳飞：岳飞谨听元帅教诲。

宗泽率随众离开后，岳飞又想道：宗泽真是一位心怀壮志的元帅呀，真是一位伟大荣耀的老人！愿上天保佑您老人家，吉祥平安。我岳飞以身许国，不会辜负您这样一心为国为民、可敬的前辈之希望。士兵们，奋力杀敌为国立功的时候到了，让我们上马，高高扬起我们的战刀。让我们的锋锐的战刀，喷射出仇恨的强烈火光，斩杀我们的仇敌邪恶的生命。他们之所以邪恶，是因为他们侵掠了我们的国土，杀害了我们的人民，夺占了我们的财富，奸淫了我们的妇女。让我们的强烈的仇恨心情，化作巨大的勇力，去击败敌人，消灭敌人。前进！进攻！进攻！进攻！

岳飞率众呐喊：将士们，一场激烈无比的搏杀结束了。我们的战刀枪矛沾满了敌人漆黑的血液，敌人的尸体遍布战场，像是被雄狮咬死的群狼。我们的兄弟，也有的不幸倒在了他们浴血奋战的地方。在那里，他们向大地交付出他们宝贵的生命，为的是这大地上的人民能够不受虎狼之师的蹂躏。

呐喊之后，岳飞率众将士冲锋陷阵，与金兵展开了生死较量。开封城在宗泽和岳飞的坚强保卫之下，终于得到了有效保护。金军即使再强大的攻势，在宗泽和岳飞的铁军面前，也只能望而却步。最后，随着天气转暖，金兵中疫病发作，金兵不得不暂时退兵，大军北去，开封城得以解围。

第七章　靖康国难

话说宋徽宗赵佶于强敌围城之际，自称道君皇帝，传位于太子赵桓，不顾众大臣反对，抛了宗庙社稷“东幸”去了。当时实在是出于无奈，如今敌军退去，徽宗却又想回汴京，这样不免让钦宗为难。徽宗在位日久，好事不多，坏事不少。大臣们如李纲、宗泽等竭力赞同太子继位。所谓“今大敌入侵，安危存亡，在呼吸之间，犹守常礼乎？名分不正而当大权，何以号召天下？期成功于万一哉？若假皇太子以位号，使为陛下守宗社，收将士心，以死御敌，天下可保”。

钦宗嗣位，一朝君子一朝臣，父皇所宠用的蔡京、蔡攸、童贯、高俅、卢宗元等，以奸佞著称，都在徽宗左右，御史大夫陈东，奏请钦宗诛杀蔡、童等五人，幸亏李纲担心，杀此五人会引起激变，又有损父子之情，奏请太上皇黜退五人。此举甚为缓和，但徽宗已是老大不快，遂下诏书，责问钦宗。也有人奏请迎还太上皇，尽诛太上皇左右。钦宗却又不敢。于是，只得又遣李纲赶赴行在。

实际上徽宗见危难已过，颇后悔禅位太子，仅做个有名无实的太上皇。此刻，倒真希望儿子赵桓有个闪失，好再夺回皇位。但名不正言不顺，何况钦宗如今大权在握，文臣武将悉在京城，一时倒也想不出个好主意来。恰在此时，李纲来了。

李纲奏道：皇帝日夜思慕太上皇，恐有不测，十分忧心。皇帝仁孝，恐有不当太上皇意者，每每得上皇诘问之诏，则忧惧不食。臣以为，譬如家长外出而强寇至，子弟之最长者，不得不便宜行事。家长但当以其能保全家园而慰劳他，如果一味追究细节，则为子弟者何所逃其责任？上皇于危难之际传位于皇帝，为宗庙社稷计，堪称非凡举措。今皇帝遣臣奉迎上皇入京，臣以为上皇宜抚慰皇帝而不必究问细故。

李纲这番话有理有节，也点着了赵佶的短处。徽宗一时无话，只好打消了复位的意思，遂取出随身所携带之玉带、金鱼、象简等赐予李纲。又道：卿能辅助皇帝，捍卫宗社有大功，又能调和父子之间使无阻隔，当大书于青史，名垂万世千秋。

不说汴京城里王公大臣正忙于国号名位等事，却说大金国主为大将粘罕、斡离不损兵折将，大失国威，十分恼火。遂另拜兀术为大元帅，反置二皇兄于其麾下。这兀术，是金太祖阿骨打的四太子，其才艺学识远非二兄可比，翩翩一书生模样，最是仰慕中原文化，文至于孔子、孟子，武至于孙膑、吴起，皆有涉猎。更兼天性雄杰，敬忠直而恶奸佞。有叛降的恶贼，说不定一刀砍了。有不屈的英雄，反倒敬他三分。兀术僚属，亦有个足智多谋的军师，唤作哈迷蚩，深为兀术器重。靖康元年八月，兀术率大军 30 万侵宋，分作两路，由两位皇兄各领一路，再犯河朔。粘罕军发自云中，斡离不发自徐州，一路南侵，势如破竹。九月，攻陷宋朝北方重镇太原，十月陷真定、汾州、平阳等地。

其时，宋朝的副元帅宗泽，率领岳飞等万余众驻守磁州。每逢战事，磁州都是必争之地。金军前次南侵，磁州得而复失，失而复得，早被金人掳掠一空，人民或远徙他方，或入山为寇，满城断砖残瓦。宗泽一到，即全力修缮城墙。岳飞一边严令王贵、张宪等操练军士，一边自带吉倩，去劝说各山寨义军归顺朝廷，同御外侮，旬月之间得两万多义兵。一时，军心大振，唯军粮难办。宗泽遂以高价，于各处购进粮草，积粮数万石。宗泽仍以为不够，将自己全部俸禄用以购粮，岳飞等自然也是倾其所有。官军既有此义举，人民更赤胆忠心。各地群众无偿献粮，踊跃从军。宗泽大喜。

岳飞向宗泽建议道：元帅，金军此来，非争一城一地，志在汴京。前次吃亏，必欲报仇。况主帅兀术远胜粘罕、斡离不。窃以为我们虽守得住磁州，却挡不住金军多路进军，不如邀请邢台、大名、赵州、相州四州府，各养精兵数万，敌至一郡，则四郡相援。敌军久攻不下，必将军心动摇。宗泽听后，点头称是。当即火速上疏，奏请钦宗。依照岳飞的设想，若五郡联防，恰似在汴京开封正北竖起了一道坚固的铜墙铁壁。可惜钦宗不用此策。

兀术何等聪明，得知宋朝皇帝赵桓，不用宗泽岳飞五郡联防之策，大喜。他立即指挥大军，急攻保定，不克，又转攻真定。军师哈迷蚩献计：宜以镇城法困之。兀术赞道：军师之计，正合吾意。便在真定城外，东南西北四方，各筑一高出城墙许多的土丘，居高临下，击石施箭，待城中乱时，复遣健卒填塞护城河，将城门放火烧成灰烬。其时粘罕为先锋，先入城下屠城，兀术正欲阻止，军师哈迷蚩道：遂大皇兄意愿吧，非此无以令中国胆寒。

真定既陷，河北震惊。宗泽令岳飞留守，亲领兵马来救，无奈为时已晚，而且寡不敌众。粘罕则乘势直逼磁州城下。

粘罕这一下子正中岳飞下怀。岳飞一面令汤怀南下，赴京城告急，一面召集全城人民，告道：真定已经陷落金人之手，贼寇屠城，若城破，则军民绝无生还之理。今磁州城，务必全民皆兵，妇女老弱，运粮烧饭看护伤兵，壮丁各赴城门，以待派遣，各将士必严守岗位，唯号令是从，闻鼓则进，闻金则退，有妄动者斩！号令已毕，分遣王贵、张宪、牛皋、吉倩四员大将各守城门，吩咐道：无论敌军如何叫阵，俺只是不应，妄出城者斩！

却说粘罕大军，团团围住磁州城，日日于阵前叫骂，岳飞只是不理。一日粘罕想出一计，叫牙将用稻草扎个人像，写上岳飞的名字，又替它穿上女子衣装，竖于阵前骂道：好个岳飞，如女儿模样，称什么将军？令军士将稻草人剁个稀烂。

岳飞岂会中这激将法？不料城内一员大将却气不过，喊一声：气杀我也！急令打开城门，率数十骑冲出北城门去了。此人正是牛皋。

牛皋一去，急坏了岳飞，匆匆赶到北城门。但见牛皋挥舞两个铁锤，恰如流星一般，上下飞舞，不几回合，阵前金将臂上中了一锤，忍痛不住，坠下马来，牛皋纵马而上。可怜番酋，成了马蹄下的肉泥。一时，金营中又有两员大将来战，牛皋武艺本非极高，全凭一股勇气，此刻却是双拳难敌四手，战至四五十回合，眼看招架不住，不免惊慌，败下阵来，口里喊着：孩儿们，上！十几骑亲兵闻令而进，勉强敌住两员金将。

岳飞令吉倩助战，后边随着十数骑健卒。粘罕见状，心中大喜，只道岳飞中计，忙令两员千总道：你二人各领一千人马乘乱掩杀过去，守住城门，大军随后而进。

牛皋见吉倩助战，复又回马杀来。吉倩一把大刀分砍两边，发一声喊，两颗人头早已滚落地上。牛皋仍欲率众前冲，吉倩喝道：岳将军有令，不得恋战！牛皋无奈，只得率众回城，独吉倩一人单骑殿后。金军两千总急急擂鼓进兵，城上岳飞早已有备，一声炮响，城上万箭齐发，一时间箭镞巨石如雨如风而下，将金人打得鬼哭狼嚎。这边粘罕亦令放箭，吉倩才到城门口，左臂中了一箭。

岳飞检点兵马，损了二十五骑，都是岳家庄及宗泽所赠精兵。不觉大怒，下令升帐，喝道：将牛皋绑上来！

牛皋自知理亏，早自己上了绑，入帅帐跪下请罪。

岳飞道：牛皋，你知罪吗？

牛皋应道：末将知罪！

岳飞道：你不听号令，擅自出阵，损兵折将，又累吉将军伤了左臂。军令：妄动者斩！岳飞喝道：左右，拉出去斩首！

吉倩见状，急为之求情：岳将军息怒，牛大哥虽说有过，毕竟也斩了十余名金兵，或可功过相抵。

岳飞道：有功行赏，有过则罚。功过焉能相抵？拉下去斩首示众！

岳飞不徇私情，这边却急坏了汤怀。原来岳飞几位拜把子兄弟中，牛皋最粗，汤怀最乖巧，两人刚柔相济，最为要好。汤怀道：岳大哥，牛兄弟也是一员猛将，未接战而先斩大将，恐于军不利。

牛皋也嚷道：俺牛皋自然服罪，只不要大哥的刀砍我的头颅，不如大哥放我一人出去，杀几个番寇垫底，方才合算。岳飞一听，也觉得有理，又有众位将领为之求情，遂道：也罢，且留你一命，待你取一贼首级来补过。又下令道：不责不足以服众，拉下去，重打一百。

可怜牛皋不听号令，虽由众兄弟求情捡回一条性命，屁股蛋子却被打了个皮开肉绽。

且说完颜兀术那里，军师哈迷蚩道：主公，大皇兄勇而无谋，恐非岳飞对手，愚以为宗泽、岳飞是一块难啃的硬骨头。幸喜他人马不多，俺们也不争这一城一池。主公可从大皇兄处抽出一半人马，岳飞不战，大皇兄也休攻，各自相持。主公自领大军渡河南下，直抵汴京。

兀术道：军师果然高见。遂派人从粘罕处拨出两万人马，又嘱咐粘罕道：不可轻易与宋军硬拼，等待小弟破了汴京回来，一纸诏书即可飞虎出征宗泽、岳飞。吩咐已毕，率大军渡河南下，一路上再无强敌阻拦。靖康元年十一月，兀术军驻汴京东门外刘家寺，斡离不军驻南门外青城，另有金国三太子达懒军数万驻西门外数十里处。一时国都告急，京城戒严。

大凡昏庸无能的皇帝，皆喜为城下之盟。此遭被金国二十万大军团团围住，徽宗是断然逃不出去了。钦宗也是束手无策，只得命刑部尚书王云出使斡离不军，御史中丞秦桧出使兀术军，吏部侍郎李若水出使达懒军，欲与金人求和。无奈今非昔比，去年各路勤王之师云集城下，金人不战自退，此番却是千军万马围住一座孤城，宋军主力原来都去南边“剿匪”去了。

金国命宋朝一亲王诣阵前谢罪为质，并求宋国之金帛、文物，割地更不在话下。不几日，三使回报，金人又遣健卒将蔡京、童贯、李敏、李纲、宗泽等朝廷重臣的家属悉数掳去。哈迷蚩献策，兀术又遣人来，谓金国与宋国以河为界，黄河以北归金国，南边仍属宋国，唯宋国所有亲王，悉数遣金，以为人质。兀术的意思，徽宗、钦宗死后，当由人质中的一位亲王嗣位，如此必对金国言听计从。只要能保住性命和皇位，钦宗对金人的要求一一照办。无奈哈迷蚩又献奇策道：主公，中国太大，金人太少，得土地也没啥大意思，不如干脆灭了宋国，另立一个异姓皇帝，来个以汉治汉，俺再把徽、钦二帝生擒了去养着，可以令中国皇帝魂不守舍。有事时，俺只说将老皇帝放回，他岂敢不依？

兀术闻言大喜道：真是英雄所见略同，军师高见，与我想的一个样。今天就全照你说的办。于是兀术一边扣下各亲王为质，与宋使谈判，一边领兵急攻京城南熏、陈水、固子、万胜、西水、封丘等等十一处外城门，先以火烧坏城门，复以大军冲杀。守城将士眼见大势已去，望风溃逃。二日后，兀术即抵汴京城东水门。王云、秦桧、李若水等尚未谈判停当，金军已将汴京拿下了。

金将斡离不更是别出心裁，命大军把皇宫围得水泄不通，复令李若水入报，要钦宗出宫去金军中道贺，不然则下令屠城。钦宗虽然懦弱，毕竟尚有爱民之心，不得已身入金军营中。达懒闻二皇兄有此奇计，亦仿效之。令秦桧入报，要徽宗到他军中道贺。徽宗心下不肯，秦桧道：陛下，事已至此，不得已只好走一遭。李若水破口大骂秦桧奸贼道：免此羞辱，一死而已！秦桧驳道：留得青山在，不怕没柴烧。天欲灭大宋，吾夺之何？况李侍郎置城内百姓性命于何地？

罢了，罢了！李若水撕心裂肺，号啕痛哭道：俺李若水肝脑涂地，也陪太上皇去走一遭。

秦桧笑道：就你忠君？俺秦桧也去走这一遭！

皇宫里一片混乱。众宫女欲逃，又哪里逃得出去。王公大臣有欲坚守死节的，也有欲逃的，可逃出宫去，还是落入金人之手。二帝才入金军帐中，兀术又令军吏到来，尽取诸王孙姓名及宗谱册簿。可恨开封府尹徐秉哲早已降了金人，下令全城军民，每十户结保，不许藏匿一个皇孙朝臣，有违令者，牵连联保，十户俱斩。可怜宋太祖赵匡胤的后裔，如今在金人手中，竟没一个漏网的。

1126 年金王朝大举兴兵入侵宋朝，金兵势如洪水涌来，宋兵溃散，京城已破。

一难民边跑边喊：快跑呵，快跑呵，再不跑可一定就没命啦！他亲眼看到了那些该死的金兵金将有多么凶狠！金兵一路杀来，毫不留情。凡是撞到金兵们眼前的、手下的，大都被他们的刀剑夺去了性命。有肚腹被捅穿了的，有被巨大的铁锤砸坏了脑袋的。那些侥幸逃过死神黑手抓捕的人，却又大都失去了健康。要么是手臂被折断，就像在大风中利斧砍下断了的树枝一样；他们要么就是被锋利的枪矛戳瞎了眼睛，以致他们再也不能用眼睛帮助他们过愉快的生活。

一路上，不少退下来的宋军伤兵，拄着拐杖艰难地往前行进着。一面走，一面嚷嚷着，议论着，甚至发着牢骚：我们的队伍简直是不堪一击，有的甚至还未受打击，就望风而逃。我们懦弱无能的皇上，组织不起强大的军队与来犯的敌人作战，就只好任凭金兵们长驱直入，直捣我们大宋朝的心脏——汴京。眼看着原来繁花似锦的京城，转眼间就被敌人攻破了，城里的人们已经在纷纷外逃，像是一群被棍打棒揍的鸡鸭。老百姓们扶老携幼结伙逃亡，一副再狼狈不过的样子。

这一群人可不是逃兵，而是伤兵。他们也曾是一群十分勇敢的战士，这可不是吹牛。就在几天之前，金兵来时，他们几个平时要好的伙伴，一起拼死向前，痛击敌人。虽然宋军没多少战斗力，但是一些士兵还是很勇敢的。他们手持长枪，呐喊着冲向敌方的士兵。双方撞在了一起。看起来是宋军战士的力量大些，而且，我们的长枪，也比那些个倒霉的敌人刺得准些。总之，是他们倒在了我们的枪下。我们就这样杀死了好多敌人，可是，正在我们为取得的胜利而大大高兴时，敌人再次蜂拥而至，他们的骑兵到了。他们骑在高高的、善于奔跑跳跃的战马身上，向我们凶狠地劈杀。我们实在是感到无能为力，我们还未能使上劲儿，就中了敌人的刀枪。记得是那个一脸大胡子的敌将，将一杆很粗的长矛，刺入了我们战士的大腿之中，当时惊骇得甚至忘记了疼痛。我们以为自己一定是要死了。总之，我们都昏了过去。当我们醒来的时候，我们才知道原来我们还没有死，而且让人高兴的是敌人已经退走了。于是我们相互包扎好伤口，一步一步走到了这里。我们该往哪里走呢？我们现在这个样子，是不能再去厮杀的了，除非我们能尽快地治好枪伤。但愿我们能尽快地治愈枪伤，再重新走向战场。我们更愿能有一个英明尚武的皇帝，再加上一群神勇智慧的将领，好带领我们把仗打好。作为士兵，我们可不比任何英勇的士兵差。我们吃败仗，可不是我们的原因。

众金兵簇拥着金国勇将兀术走来。

兀术十分傲慢地说道：我是大金国太祖皇帝完颜文的四太子，

在现今太宗皇帝麾下任元帅之职。我大金国自我太祖皇帝起兵抗辽以来，屡获胜绩，终于在天会三年二月，擒获辽朝天祚帝，灭了我国的死敌大辽。我大金国的国势日益强盛，就像一个强悍的巨人令我们的对手望而生畏。现在，我大金又起大军，向宋朝发起致命的攻击。我们深知宋朝的皇帝懦弱无能，宋朝的官员腐败堕落，毫无斗志。于是，我们在灭辽之后，随即向宋朝发起攻击。我们一路南来，两路大军势如破竹，攻城略地，颇多收获。自去年十月以来，我们先后两次围攻宋朝的京城。第一次让他们侥幸逃脱了灭亡的命运，今天情况就不同了。腐朽的宋朝皇帝昏愦无比，听信奸臣之言，不做认真的战备，开封京城的防务形同虚设。我与两个王兄率领十数万大军，并没有费多少力气，就攻下了这座举世闻名的京城。以我看来，这样易于攻破的城市，就好像用靴尖都能够踢倒的样子。大宋朝如此地不堪一击，既让我们感到吃惊，也在我们的意料之中。士兵们，给我乘胜追击，彻底扫荡残敌。等处理好这里的一切事务之后，我们就可以打着得胜的旌旗凯旋了。士兵们，把宋朝的那两个该死的皇帝带到我这里来，我要狠狠地教训教训他们。

金兵带着宋皇帝徽宗、钦宗来到兀术面前。兀术道：你们就是大宋朝那两个不要脸的皇帝吗？

徽宗道：我们是宋朝的皇帝，（指钦宗）他是我的儿子，我是他的老子。我们是宋朝的皇帝，但我们不是不要脸的皇帝。你为什么要这样地侮辱我们？

兀术道：你们是我们的俘虏，我当然要教训教训你们。我说你们不要脸，你们就是不要脸。难道你们是要脸的人吗？如果是要脸的皇帝，怎么会败得这样的凄惨？你们是既无耻又懦弱，既腐败又无能。懦弱无能的人，不配享有好的命运，无论他是一个皇帝，还是一个平民。

徽宗道：你说得不错，我们是失败了。我们失败，必然有我们失败的理由。或许我们父子都有值得反省的地方。但是，说这一切又有什么用呢？现在我们是你们的俘虏，你们早已不把我们当作国君看待了。即使我们哀求你们，也是无济于事，我们也只好听任你们的处置了。就像是两只被关进了笼子的兔子，又能希望有什么样的好命运呢？或许我们将连兔子也不如，因为，我们预料我们将来的生活，可能比笼中的兔子生活得更坏。可是，我们也没有什么办法来改变这一切呀。

钦宗道：父亲，不要再说了，无论我们说什么都没有用的。

兀术不无讥讽地说：你们倒是有自知之明啊。你们已经明白了自己的处境，这很好，这将有助于你们去面对未来。自然，你们的未来是很不美妙的。我们已经接到了我国皇帝的命令，我们圣明的太宗皇帝命令我们，把你们送到五国城去，我们在那儿，给你们安排了一个地方，让你们居住。那是一个小小的宫殿，只有几尺那么大的地方。你们将被安排在那个地方，从那个地方的上方，你们可以看到我们北方蔚蓝色的浩渺天空。徽宗皇帝可以在那儿作一些诗歌，也可以在那儿的地上用树枝画一些画儿。你的画儿不是画得很好吗？我可看到过你画的那些鸟儿，一个个好像富有生命似的。我看到它们站在树枝上的样子，感到它们一定会立即飞走似的，如果它们想飞的话。

徽宗道：大金国的元帅，你不要再说下去了。如果你再这么说下去的话，我们可都要羞愧而死了。我们将不知道把我们的脸面放到哪里去，因为我们不能再以我们的面孔面对世人。我们沉溺于可耻的欢乐太深太久，以致荒废了国政，结果一害了国家与人民，二害了我们自己。如果时光能够倒流，一切可以重来，或许你便不能像这样对我们说话。迟了，迟了，无穷的悔恨，来自无可挽回的世界、无可挽回的人生。

钦宗道：父亲，我们还有什么可说的呢？我们说得越多，我们所蒙受的耻辱便越多，在胜利者面前，失败者能够得到的，只是耻辱。我们走吧，让我们向着那不可知的命运之途，开进吧，无论前面有什么不幸在等待着我们，我们也只好忍受，因为我们不能回避。当痛苦向我们压来，而我们竟不能回避，我们的痛苦呵，不是更要增加许多吗？从此后，我们将会眼泪不断，我们的眼睛，只会运用它迎风哭泣的功能，而其他的功能将会渐渐丧失。多么悲惨的事情呵，我们两个是大宋的皇帝，竟落到了这样的一个境地，这是我们无论如何也想不到的。但是，我们知道我们是咎由自取。沉默吧，不要再说下去了，如果实在想说的话，那就在自己大脑里面说吧，说给自己听。

徽宗道：我的儿，父亲把王位让给你，并不是要让你受如此侮辱，吃如此大苦。

钦宗道：父子一体，同甘共苦，只是现在只有苦而没有甘了。

兀术对兵士们说：把他们带走，这是两个无用的废物。让他们哭去吧。他们应当哭泣。失掉了社稷江山的人，只配被扔到阴暗的角落里哭泣。我们要带走宋朝京城里的所有宝贝，包括他们的金银珠宝，还有他们的绢帛丝绸，以及书籍图画、乐器古玩等等，还有他们美艳的宫女艺伎。总之，为我们所掳获的一切有价值的东西，我们都要带走。我们将把一座空城留给他们，叫我们所选定的奴才张邦昌，来暂做管理。等到秋天到来的时候，我们大金国的铁蹄，将更加猛烈地向南席卷，就像是隆冬季节从北方刮来的狂野寒风。我们要摇动宋朝的江山根基，夺取我们所要的一切：土地与其他财富，劳力与性奴。

兀术带着徽宗、钦宗二位大宋皇帝，率领众金兵匆匆向北方席卷而去。

话说钦宗由李若水陪着，来到斡离不军帐之中。斡离不与粘罕一般凶狠暴戾，见钦宗进来，自然打算痛痛快快地羞辱他一番，当下沉着脸喝道：亡国之君见大国主帅，怎敢不跪？

可怜钦宗受惯了他人的跪拜，自家却怎么也跪不惯的。只是今遭，既作他人阶下之囚，更有两边如狼似虎的侍卫刀手，一个个满脸横肉杀气腾腾的，不由腿弯处一软却欲跪下去。李若水见状，挣脱侍卫束缚，抢上一步扶住钦宗，向斡离不一揖道：小国之君，理当大国之侯，故本国陛下与大王名位相当，自然不跪。

斡离不怒道：胡说！你家皇帝老儿昏庸无道，近奸佞而远忠正，纵情声色，骄奢淫逸，弃江山社稷，抛朝臣百姓于不顾，如此无耻之徒，焉可与本帅平起平坐？

钦宗见情形不妙，遂道：大王息怒，小国之君，理当恭迎大国将士光顾，只是境内盗贼蜂起，人情大乱，无重礼宝物相赠，小君甚是不安，今当恭请大王入京，垂顾鄙国。

斡离不冷笑一声道：恭请？不是俺大金兵强马壮，你能让俺进京？如今却不与你啰嗦，且写一封书信，将你宫中皇后妃子妇官等等，统统取来。

钦宗闻言狠狠心道：小君与你去北国便了，至于宫中女流，却是万万去不得的。

哈哈——斡离不大笑：你去又有何用？俺帐下几万有功将士，自然需用中原的女人来慰劳慰劳！

李若水忍不住厉声怒斥：为人当有廉耻之心，若将军这般抢人财物，奸人妻女，也算得是上国之旅？

好一张利嘴！斡离不骂道，小的们，给我拉下去痛打，直至讨饶为止。

李侍郎已是六十多岁的人了，平生哪里受过这等毒打？却强忍痛楚，死不求饶。在噼里啪啦的棍击声中，钦宗一双颤抖不已的手，写下了命皇后妃子女官前来金营的诏令。但见信纸着墨处，点点泪痕将字迹浸得模糊不清。斡离不一看，痛斥道：皇帝也写这么丑的字？还不如我一介武夫，你得重新写过。

钦宗无奈，只得再写一遍。斡离不欢天喜地，着军吏持书信去带宫人。且道：叫徐秉哲主事，少一个便杀他的狗头。

那边徽宗的待遇比钦宗略好。一则达懒颇为看重陪同太上皇前来的新科状元秦桧；二则徽宗比钦宗老了许多，太上皇毕竟也比皇帝稍有不同。何况四太子兀术早有吩咐，对宋主要好生看待，勿使他轻易寻死，倒白丢了一个人质。达懒遂将徽宗、秦桧分别拘押。徽宗那儿，竟还有两名番女侍候，自个却常去秦桧房中闲聊。只觉这秦桧相貌堂堂，文质彬彬，满腹经纶，出口成章。

达懒向秦桧道：俺金国先皇帝与宋国从来结好。国中将士前仆后继，从契丹手中夺来燕云十六州送还你宋国。无奈道君皇帝不识大体，收留本国叛将张觉，方惹起我国皇上雷霆之怒。

秦桧道：将军所言极是，鄙国确有不妥之处。然两国相争，兵戎迭起，非万民之福。君子动口不动手，凡事皆可磋商而定。

达懒道：秦御史此言差矣。俗话说三十年河东，三十年河西。所谓此一时，彼一时嘛！譬如老者与壮汉，同吃一个馒头，他二人如何切这馒头？

秦桧道：一刀切在中间也可以，壮汉多点，老者少点，此事容易了结。

达懒不觉笑道：那么，依秦御史之见，这一刀是切在黄河呢，还是切在长江？

秦桧一时语塞。

达懒又道：是否要看壮汉是何等样的壮硕，老者是何等样的老弱，以此确定长江还是黄河？

秦桧更觉汗颜。达懒却是大喜。心想，人说中原多奇才，我看不过如此而已。他乃宋国新科状元，此刻不也在我的手下？正自得意，忽闻吏卒来报：主帅，四太子到。

兀术与其他两位皇兄相比，与达懒更亲近些。两人都是喜文的，只有一点不同，那就是，达懒最爱招降纳叛，总以为疆场之功，不如口舌之劳。兀术却不以为然，常劝达懒道：他能叛主降你，也能卖你投敌。山东齐王刘豫，本是宋朝殿中侍御史，因嫌官小，愤而降金。兀术本欲一刀杀了，达懒却饶他一命，又令他统率京东、京西、淮南等路，以保南侵金兵无后顾之忧。

此刻，兀术与达懒闲话，听说了秦桧的事，不免觉得达懒也有用人的道理，就说：就将秦桧给了我吧，拙弟也想会会此人。俄而，兀术告别三皇兄，自去斡离不帐中看望。其时，李侍郎仍在受刑。兀术忙将军士喝住，询问端的。

斡离不大笑而出：四弟，这厮口出狂言，倒是个倔强的货色，打了二百多杖，竟不肯求饶。我看打死算了。

二皇兄不可鲁莽。兀术道，如此忠义之士，若为我用有何不好？待我劝一劝他。

斡离不道：俺看是没用的。四弟不嫌烦，但劝无妨，我先喝酒去了。

兀术向李若水道：李侍郎三思，这又何苦？想你宋国宗庙已颓，社稷将倾，都是主上昏庸的结果，你还要为他死节？

好个李若水，被打二百余杖，遍体鳞伤，皮开肉绽，仍是气节昂扬，回道：为国为君，虽死何憾！纵然国破，也让你等金寇，晓得中原士大夫节烈！

听李若水骂他“金寇”，兀术颇为恼火，强忍一忍，又道：蔡京、高俅、白时中、汪伯彦，还有山东刘豫，难道不是中原士大夫？

李若水啐一口，骂道：全是些不齿的败类！虽有一时富贵，难免千古遗臭，怎比俺爱国忠君，流芳百世？

旁边一牙将插嘴道：你若死了，一堆烂肉，却说什么流芳百世？

李若水道：你这边鄙番寇，怎知礼义廉耻？

无论兀术如何道貌岸然，再也忍不住了，喝道：大胆囚徒，礼义廉耻，能保家？能卫国吗？军士，给我掌嘴！

两名军士将李若水左右架住，中间一名健卒，左右开弓，直打得李若水昏厥过去。军士又用冷水将他浇醒，复问：你到底降也不降？

李若水将一口血水吐在军士脸上，骂道：呸！一副头颅不费措置。只可叹大好河山徒然破碎，更叹那君王后妃形同奴隶！

军士又是一巴掌：你不降，我偏要你降！你欲死，我偏不让你死！说毕，又是一顿棍棒。

李若水几番晕厥，心知今日便是毕命之期，遂大声道：乾坤翻覆，此难难避。我李若水沐浴皇恩，深荷国养，生不能效命沙场，死也作厉鬼杀你番贼！言讫，用尽平生之力，一头向柱上撞去。

李若水一死，兀术气也消了，连称：可惜，可惜！当初破辽，有多少英雄好汉。如今南朝，仅李侍郎一人而已。

其实，宋朝并非仅李若水一人殉国。如观文殿大学士唐恪饮药而亡，中书舍人高振投柱赴死，真定刘宣抚自缢于金军，宦官者黄经国蹈火自杀，至于将帅军士，死于京城攻守之战中的，更是数不胜数了。

按说，金人掳了徽、钦二帝及宗室女官，也该走了。然而，兀术意犹未尽。杀人虽不必滥杀，金帛则不嫌太多。下令宋朝户部尚书梅执礼、侍郎陈知质、刑部侍郎程振、给事中安抚即于城中刮银二十万两。无奈国破、城陷、民亡，何来白银二十万两？此四人交不足所谓“赎银”，即于军中斩首。

此时，兀术还另有一招。

靖康二年（1127年）二月初九，兀术于汴京城内各大路口张贴告示：

元帅府近以宋主降表至，今回圣旨：先皇帝太祖有大恩于宋，而宋人悖德，藏匿叛贼张觉，又不如数输币。追寻旧书，大违斯约：子孙不诏，社稷倾危；父子背盟，上下离德。今既伏罪，宜从旧约。盖宋之旧疆，亦颇广阔，既已为我有，理宜混一。但念出师仅为伐不义，不为贪土地。故宜别择贤人，立为蕃屏，以王兹土。今命宋国宰执，文武百官，在京世僚共偕旧主及后妃、儿女、亲戚、王公、公主之属随军出京。闻前宋大臣张邦昌者，忠孝有节，仁慈敦厚，上体天心，下从民意，当依圣旨，备礼册命。常厥德，保厥位，谨自勉，勿忽圣命。有违此旨者，尽斩城中人！

一道诏书，把北宋遗老气个半死。无奈，最后一句，唬煞众人。金寇是什么都做得出来的，众人也只得认了张邦昌这个新皇帝。

如今，《宋史》将张邦昌记入大奸臣行列。张邦昌其实未必乐意做这个皇帝。金兵一退，他即遣人北访二帝，复又多方寻找徽宗的儿子康王赵构，自称从权济事，即可归宝避位，等等。数日后，遣户部尚书谢克家，亲送“太宗受命之宝”传国玉玺，至济州元帅府中。此是后话，按下不表。

靖康二年四月初一，金军虏徽、钦二帝及皇后、皇太子北归。京城中，凡法驾、卤簿、车辂、冠服、礼器、法物、大乐、教坊乐器、祭品、八宝、九鼎、圭璧、浑天仪、铜人、刻漏、古器、景灵宫供器、太清楼秘阁三馆藏书、天下州府图及官吏、内人、内侍、技艺、工匠、倡优，以至府库蓄积民家细软，无不席卷一空，载运北上。

第八章　越职言事

宗泽率数千万人马救真定，因寡不敌众，暂且退军。真定既陷，磁州城被围，宗泽一时打不进去，只得在正南门外30余里处扎下营盘。兀术率主力南渡而去，只留下粘罕一个看住磁州。岳飞里应外合，击破粘罕再作打算。

却说岳飞，紧守城门，各处巡查。百姓闻说金人屠城真定，老少不留，无不切齿愤慨，有必死之志，真个铜墙铁壁，众志成城！不意粘罕撤了重围，后退数里，只在东南西北四个城门外扎下营盘，也不挑战，也不叫阵。岳飞正自疑虑，张宪道：大哥，金兵日渐减少，又裹足不前，或许撤兵北逃了。

岳飞道：二弟，我也正想此事，但料金人既未得大便宜，必不肯轻易退兵。或许俺中了他的金蝉脱壳之计。如今宗元帅大军在外，千万要取得联系。当下向军中道：何人领兵杀出重围，寻找宗元帅去？

牛皋道：俺去，正好可赎前过。

岳飞道：俺不派你，更有何人？

于是，王贵领命，率数十骑精锐冲出南门，一路杀去。金兵遣百来号人迎战。王贵谨遵将领，不与厮杀，用弓箭射住阵脚，急驰而过。行十余里，见前方有一拨人马，王贵叫声不好，便欲冲杀。那边为首一人眼快，叫道：王将军且慢，俺宗元帅麾下王浚是也。王浚本也河北义兵，为元帅收降，以充麾下牙将。两拨人马会合，同见宗元帅。王贵道：禀元帅，岳将军见敌军包围渐松，恐有他图，令小将寻找元帅，讨个主意。

宗泽赞道：岳飞果然大智。敌军大兵早已渡河南下，攻打京城去了。如今须先将粘罕军杀败了，方可勒兵勤王。当下，宗泽吩咐王贵火速回城，约定翌日内外夹击，攻杀粘罕。

岳飞得报，大喜。遂令牛皋：你前吃了稻草人的亏，如今令你将稻草人还他。只引得粘罕军出阵，余将不问，只许你败，不许你胜。

牛皋大喜：这一百大板，如今可还报了。俺一铁锤将粘罕打死不就结了，如何还要佯败?

岳飞也不理他，叫过张宪、吉倩，一番耳语，令其各领数百弓箭手做先锋，众人得令，洞开城门，引兵出战。

牛皋到得阵前，破口大骂：俺牛老爷打仗来了，聪明的速速归降，不服的快来受死。

粘罕只为四皇弟兀术的吩咐，多日枯守不战，将一股怒气强压心中。只道主帅就服岳飞一个，若能割了他的首级，虽无缘染指大宋京城，也算立了大功。今闻说宋军叫阵，正中下怀。不料军师哈迷蚩劝道：将军且慢，岳飞诡计多端，岳家军训练有素，不比一般宋兵。况如今，宗泽不知所在，吾军人数不占优势。

粘罕道：军师所言不差，只如今的这般窝囊，真真气杀我也!

哈迷蚩道：将军勿躁，待大军取了宋家都城北归时，再拿宗、岳性命不迟。

牛皋见金兵不敢出战，当下也捆了个稻草人，穿上女人衣服，写上“金贼粘罕”四字，抬到阵前喊他：我道粘罕是个英雄，竟也学作女子姿态！待生擒了来，做个小妾也罢，天天入他，日日打他，好不快活！说毕，一锤将个稻草人头砸个稀烂。

这边早气坏了金营一员大将，叫作白日大王的，当下也不禀报粘罕，一人拍马来战，却哪里是牛皋的对手，战不数合，被牛皋一锤打下马来。金营中又有两员大将，双战牛皋，战了数合，牛皋不敌，张宪在侧发了两支冷箭助他，又被牛皋一锤一个，双双坠马。

牛皋连战三将，粘罕再也忍不住，挟一把飞天戟，骑一匹乌骓马，杀将出来。牛皋佯作敌不住，不数回合败下阵来，回马便逃。粘罕遂挥兵冲将上去。忽听城上一声炮响，箭矢石块，乌云般压将下来，金兵顿时慌了手脚。又听一声炮响，城门洞开，宋兵如潮水般涌来。岳飞一马当先，接住粘罕。粘罕无心恋战，拍马便走。众喽啰见主帅逃跑，顿时大溃，四散逃命。粘罕仅有数百骑亲兵卫护，奔回营房，猛抬头，营寨中竟全是"宗"字旗。原来这营盘，已被宗元帅夺了。宗泽亲举长矛来战粘罕，毕竟是读书人出身，不似粘罕，使惯了弓箭刀枪，交战数合，眼看危急，岳飞率牛皋、吉倩、张宪、汤怀四员大将杀到，齐战粘罕，粘罕不得已，落荒而逃。岳飞遂命牛皋等追击，却又向吉倩道：取粘罕首级，为第一大功，却易如囊中取物，此功请诸兄弟让给牛皋，以便将功补过。原来，岳飞军令如山，牛皋的性命尚系于粘罕之首。

这边宗元帅、岳飞等清扫战场，斩敌数千首级，所得敌军车骑辎重、银钱粮草不计其数。不一刻，牛皋持粘罕首级，其余人各持数十首级来报功。宗泽大喜，且令军政司记下，一时也不及行赏，收拾兵马，留一半坚守磁州，其余出发。

宗元帅引着兵马径往南行，路闻乡里农人道：金兵掳二帝北去，京城已空，一时也不肯相信，仍欲渡河，截住敌人归路。忽然，天下兵马大元帅康王赵构谍报至，报知二帝确已北迁。宗元帅闻讯，北望而号啕痛哭道：为朝臣而不免圣上羞辱，罪该万死！言讫，即欲拔刀自刭。岳飞慌忙阻住，且道：元帅赴死，何人可迎还二圣？宗泽方才罢休。

宗泽虽欲迎还二帝，无奈兵少将寡，勤王之师无一至者。况又有大元帅府从济州发来命令，令他至大名府城南下寨。

却说宋朝宗室数千人，俱被完颜兀术掳去，只有康王赵构，因出使金国而漏网。前宋朝宰相张邦昌，虽僭位楚帝，其实不敢久居此位，遂遣使至济州寻得康王，意欲归宝避位。时又有李纲、宗泽上书，请尽早正位，兴复社稷。康王再三推辞，涕泣不受。门下侍郎吕好问道：帝不自立，恐有不当立而立者。康王遂痛哭跪受。靖康二年五月，康王登坛受命，遥谢二帝，即帝位于府治，改元建炎。是年，为1127年。

此刻，康王虽然即位，却也不是个滋味。他是徽宗第九子，不是金人南侵，轮不到他当皇帝。既做皇帝，这半壁江山疮痍满目，民不聊生，难享太平。何况金寇生擒二帝而去，如不久便将二帝放回了，他赵构又当置父兄二帝于何地？赵构也实在是好运气，他本当在靖康元年赴金军为质，多亏府中黄潜善、汪伯彦死活不放，硬是抗旨不行。

如今，高宗赵构，自然要做出一番好皇帝的模样来。降旨天下大赦，张邦昌及京城中曾降金国者，一概不问；许中外臣僚上言民间疾苦；蔡京、童贯等子孙，概不叙用；罢百官上寿；溃兵、群盗咸许自新；臣僚因战乱去官者，限一月还任。

但高宗心中实在是惧怕金人，都城离金军越远越好。高宗所宠信的黄潜善、汪伯彦，力主南迁。因此，高宗在应天府河南商丘即位后，不肯还都汴梁，但命宗泽为汴京留守，以为屏卫，自己引车驾南下。

这下气坏了宗留守麾下的岳飞，他自幼受先生所教，家母所训，保家卫国，岂可拱手让于敌寇？遂于军中上书高宗，洋洋洒洒，锋芒毕露：

陛下已登大宝，黎元有归，社稷有主，已足以伐虏人之谋。而勤王御营之师日集，兵势渐盛。彼方谓吾素弱，未必能敌，正宜乘其怠而击之。

而李纲、黄潜善、汪伯彦辈，不能承陛下之意，恢复故疆，迎还二圣，奉车驾日益南。又令长安、维扬、襄阳准备巡幸。有苟安之渐，无远大之略，恐不足以系中原之望。虽使将帅之臣，勠力于外，终亡成功。

为今之计，莫若请车驾还京，罢三州巡幸之诏，乘二圣蒙尘未久，虏穴未固之际，亲帅六军，迤逦北渡，则天威所临，将帅一心，士卒作气，中原之地，指期可复。

当时，岳飞还是一名军衔较低的基层军官，对朝廷内部的斗争，并不十分清楚。为此，上书中将主战派李纲与投降派黄、汪之流混为一谈。自然，岳飞的上书，惹恼了当时在朝廷掌权的黄、汪二人，他们不仅扣下了岳飞的上书，而且以“越职狂言”罪，解除了岳飞军职，岳飞因此解甲归故里。

却说朝廷因李纲推荐，任命宗泽为开封知府，兼东京留守。宗泽到任即日夜勤勉，经划军旅大事。京城四壁，濠河楼橹，与守御器具，无不精心修葺。复造大型战车一千二百辆，每辆可载55人，此车可进可退，左右曲折周旋，应用自如。又与沿河十六县州军一一联络起来，作联珠寨，以俟金兵来犯。一面又遣王贵、牛皋等人去河北联络诸山寨义军，人数亦在五六十万之上。可说万事俱备，唯憾朝廷因上书言事免了岳飞的军职，使他如失去了左膀右臂一般难受。故冒险上奏皇上，欲求岳飞复职。谁料想高宗此时无意渡河北进，更无意还都汴京，反倒继续南逃。因此，宗泽积愤成疾，背上疽疮暴发，危在旦夕之际，仍然向皇上奏请岳飞复职事宜。高宗碍于宗泽情面，加上开封城防迫在眉睫，便准许岳飞回军复职。

一日，岳飞正在家中赋闲，忽然接到军中急件。拆开一看，原来是朝廷准许自己复职回军的公函，还附有张宪等人发来的宗泽元帅病危的书信。岳飞遂整理行装立即出发回到军营。刚进军营，就有亲兵前来报告：岳将军，宗留守病危，正要唤将军前去。

岳飞大惊：什么？宗留守病危？大树将倾！快快随我前去。遂匆匆而去。

来到宗元帅府。只见宗泽躺在床上，众将随伺跟前。岳飞上前，握住宗泽的手，道：元帅，岳飞来了。你怎么啦？

宗泽有气无力地说：岳将军，你受委屈了。众位将军，我宗泽年已七十，古人云：人生七十古来稀，我已活过了大多数人不一定能够活到的这个年纪。我本没有什么感到不满意的。如果不是可恨的金兵起兵来攻我国我朝，我或许可以在家中颐养天年，以待去时。可是，现在一切都变了。金兵已经在去年攻破了我国的国都，掳走了我国的皇帝。我们的国家，已变得山河破碎，人民惨遭涂炭，苦不堪言。我以一己衰残之身，拼力保卫国家，虽还能在此固守，只可惜，不能发动强大攻势，彻底击败敌人，夺回我国的被占国土，迎回我国的皇帝。我的壮心未已呵！杜甫诗云：“出师未捷身先死，长使英雄泪满襟。”我知道，我将不久于人世。我已注定了，不能含笑离开这个悲惨的人世。可我满腔满怀的愤怒之火，永不能熄灭。国仇不报，国土不复，我永不能瞑目。各位将军，我是再也不能上阵杀敌了，我只愿诸位将军，一切以国家、人民的利益为行事准则。摒弃所有的歧见、异议，勇敢而又慎重地行事。努力创造条件，壮大我们的力量，争取早日过河。过河，过河！我们为什么不能越过那条大河呢？我国河东、河北的人民，都在盼望着我们过河呢。众位将军，过河，过河……话音未止，宗泽已经气绝身亡。

岳飞面向众将官们道：众位将军，我们尊敬的元帅已死，哀悼之心油然升起。元帅永不磨灭的雄心壮志，将长久地激励我们，奋勇争先，让我们继承元帅的遗志，努力去实现恢复河山的目标。

按照中原人的习俗，岳飞为宗泽披麻戴孝，停丧七天，然后亲自率数百名士兵，扶棺南下，回归宗泽家乡义乌，把宗泽元帅的遗体安葬在他的故里宗氏祖茔内。

宗泽之后，由杜充接任东京留守一职。由宗泽元帅制定的连结河朔民军和义军，共同抗金的战略主张，被杜充彻底改变了。他将民军作为朝廷首先对付的敌对力量，加以“剿除”。杜充利用东京留守的职位，只是为了指挥所属部队，掩护自己逃往江南，远离抗金前线战场。为此，岳飞与之发生了军事思想上的严重冲突。最后杜充竟故意将岳飞调至西京洛阳闾勍部下。这件事，看似坏事，可是经过岳飞的努力奋战，在西京保卫战中出类拔萃，终于，以从家乡汤阴召集来的乡勇为班底，形成了岳家军的基本队伍，竖起了岳家军的大旗。而后，岳飞奉命平定各地流寇，先后剿灭曹成，收服勇将杨再兴，逐渐成为朝廷倚重的一支精锐部队。特别是在抗金战场上，岳家军更是一支勇不可当的劲旅。

第九章　广德兴军

广德，位于安徽省东南部，是苏、浙、皖三省交界地，素有“江浙要冲”“东南锁钥”“南京门户”“锁三江而襟两浙”“越尾吴头”之称。因此，广德为历代兵家必争之地。

民族英雄岳飞曾在广德战斗过，这里也是岳家军的建立地。岳飞在广德抗金的胜利，是南宋王朝得以建立的起始，也是南宋抗金战争的转折点。

岳飞在广德的抗金活动，《宋史》《金史》《建炎以来系年要录》《三朝北盟会编》等重要史籍都已载明。岳飞的儿子岳霖及其孙子岳珂在为岳飞辩冤过程中，收集了大量资料，并由岳珂汇编成《金陀粹编》和《金陀续编》，其中，更是清楚而详细地记载了岳飞在广德抗金的战斗过程。

广德人民对岳飞这位伟大的民族英雄倍加热爱。曾经立祠祭祀，其中有横山麓的“双忠祠”，下寺乡的岳王庙。历代志书都记载了岳飞在广德的抗金功绩。在民间还流传着大量的岳飞在广德和金兀术战斗的故事和传说。

宋建炎三年（1129 年）秋，金兵分两路大举南侵，其东路由金兀术率领，一路势如破竹，宋朝官兵一战即溃，闻风丧胆，非逃即降。十一月初，金兵占领江北各州县，而建康留守杜充闭门不出，使得金兵顺利渡江，这时，杜充慌忙派兵迎敌，谁知他的副手王燮未战先遁，都统制陈淬战死，杜充得到败讯，也乘船逃跑了。

金兀术随即兵临建康，知府陈邦光屈膝投降。在这之前，金兵已经攻陷溧水、建平等县。金兵取得建康后，即从溧水向广德进犯，广德军知军周烈在金兵前哨部队到来时，曾提出愿出饷犒军，希望他们不要扰民，只是过境。兀术假意答应，待周烈出城时，他却要周烈下拜投降。周知军此时才知道受骗，忙骑上马奔逃，被金兵杀害。广德也就因此陷入敌手。兀术深知广德地势重要，留下大将王权把守，接着就向安吉进犯，在到达安吉的独松岭时，竟无一宋兵把守。兀术不由得感叹说：南宋可谓无人，若以瘦弱的老兵数百人在此把守，我也不可能这么容易从此过去。

对于广德的重要性，早在建炎三年二月，宋高宗南逃到杭州时，就有人提出，浙西应控制的险要地方，有千秋岭（即千秋关，在宁国与浙江交界处）、襄阳岭和垂脚岭三处。在千秋岭设兵，防宣州来路之敌；在襄阳岭设兵，防广德军来路之敌；在垂脚岭设兵，防常州来路之敌。同年五月，尚书省又提出，将广德军归建康府管辖，并以守臣充安抚制置使。然而，这一切均未予实施，才使金兵得以一路长驱直入，如入无人之境。而宋高宗更是如丧家之犬，一路南逃，整个宋朝处在一片恐慌之中。当时的官兵，大多群龙无首，有的降敌，有的成为流寇，人民连起码的安全保障都没有了。

伟大的爱国者、民族英雄岳飞就在这个时候异军突起，成为宋王朝抗击金国的中坚力量，而广德正是岳飞独立抗击金兵的起点，也是岳家军的发祥地。

出身于相州汤阴农家的岳飞，从21岁开始投军报国，勇敢善战。但三次投军均受到挫折，无法施展其尽忠报国的伟大抱负。之前，他曾越职上书言事，直书己见，也就相应于今天的越级上访，反映自己对时局的看法。结果，上访信落入掌控朝廷的黄潜善、汪伯彦之手，岳飞不仅没有机会见到新的皇帝赵构，而且被罢职归里。随后，岳飞又经赵九龄推荐，到河北招抚使张所部，受到赏识，升任部队里能够指挥300名战士的统制官。张所被投降派害死后，岳飞又归入王彦部下，在新乡战役中，因与王彦意见不一，岳飞率部脱离王彦，独自行动，虽然侥幸取得了激战新乡的胜利，但却与王彦结下了嫌隙。王彦不容岳飞违抗自己的军令，却也爱他勇敢善战，遂将岳飞推荐到老帅宗泽麾下。宗泽当时任东京留守，对岳飞勇猛善战，连续克敌取胜，非常高兴和赏识。不仅没有听从王彦的话，依照宋代军令处分岳飞，而且让岳飞仍然担任统制官，成为他麾下最为信任的统制官，并向岳飞传授了许多兵家常识，如中国古代的战争谋略和战阵布局。但是好景不长，宗泽曾连续20次向高宗上书，请高宗回东京主持抗金大事。然而，高宗却溜到扬州去偷安，不理睬宗泽的建议。宗泽忧愤成疾，卧床不起，临终前还三呼“过河”。接替宗泽东京留守的是杜充，岳飞仍在那里任统制官。东京不久失守，杜充假借勤王名义逃到南京，由于杜充迎合了高宗，偏安的思想和行为不谋而合，宋高宗不但不处罚杜充，反而委以重任，让他担任右相，兼江淮宣抚使、建康留守等要职。

在杜充放弃东京南下时，下令让官军士兵扒开黄河大堤，名义上是堵截金兵南进，实质上给中原数百万百姓带来了无穷无尽的黄祸灾难，使得上百万人口流离失所，无家可归，对中原人民犯下了滔天大罪。岳飞对杜充这种逃跑投降、出卖中原人民根本利益的行为，进行了不屈不挠的斗争。但是，考虑到此前曾与王彦将军的嫌隙摩擦，岳飞不愿因此而再生嫌隙，便对杜充苦苦相劝，因为岳飞与杜充是安阳老乡，什么话都敢说。

岳飞说：中原之地，尺寸不可弃。如果留守大兵一撤，中原之地尽失敌手，再想收复，难之又难矣！更何况京师要地呢?

但是杜充不听。杜充担任建康留守不久，敌兵已到长江北岸。他仍是闭门不出，岳飞向杜充提出自己带兵主动出击，杜充不允。

直到金兵打过长江，杜充才派岳飞随陈淬出战，并派其副手王燮应援，谁知王燮未战先逃，祸及全军，陈淬战死，诸将溃逃，只有岳飞一部坚持与金兵力战。

由于没有接应援军，无法与强大的金兵抗衡，岳飞带兵退到钟山。当时，其他将领及部属，均纷纷叛逃，唯有岳飞要求部属忠心报国，以立功名，书青史，永垂不朽。如降敌成为俘虏，或逃跑成为盗寇，偷生苟活，会身败名裂的。

因此，他的这支队伍，不但没有溃散，反而更加团结，其他部队，也有不少跟随岳飞一同撤出的，还有同为统制官的刘经和扈成。

他们先撤到芳山，岳飞根据当时形势，分析明白，广德是军事要地。因此，同刘、扈约定，共赴广德军，邀击金兵，占据要地，以断金兵的归路。

在这次约定后，扈成并没有如约前来广德，而是在金坛县驻下。由于势单力薄，被叛军戚方杀死。他的部下李璋、庞荣后来归附岳飞。

岳飞到达广德后，即与金兵展开了殊死的战斗。为了夺回广德城，先后在誓节渡、打鼓台、营盘山、界牌关、牛头山、箭穿卡、岳飞沟等处，与金兵进行了六次较大规模的战斗，并取得了胜利。

特别是钟村——札寨圩大战：他在俘虏的金兵中选了四十名可以利用的，结以恩信，将他们放回敌营中做内应，并于当夜偷袭大营，烧毁了敌人的“七梢”“九梢”炮车，一举收复广德城。当时，岳飞的大军就驻扎在城西郊外横山脚下的钟村。在广德的六次战斗中，生擒了敌首——女真汉儿王权及其部属 24 人，俘虏了诸路剃头签军首领 48 人。共歼灭敌军 1216 人；拔掉了金兀术钉在广德的一颗钉子，取得了南宋抗金斗争的首次胜利，写下了南宋抗金斗争的新篇章。

岳飞在收复广德后，立即派遣兵马攻打金兵南侵路线上的重要据点——溧阳。歼灭敌军500余人，生擒女真汉儿军伪知县、号称渤海太师的李撒八及其部将12人，一举收复了溧阳县，基本上肃清了广德及周边地区的敌人。

在收复广德和溧阳的军事活动中，开始显现出岳飞杰出的军事才干，及其大无畏英雄气概，这无疑给南宋王朝腐败的肌体注入了一支兴奋剂。

由于岳飞接连不断的胜利，使许多人“闻风而附”，有北方逃来的难民，有溃散的士兵，还有投降过来的敌兵。

队伍不断地壮大，开始形成了以将军之姓名命名，威慑金兵十几年的岳家军，“岳”字旗也在广德高高竖起，使敌人闻之丧胆的“岳爷爷军”，也是第一次从广德喊出的。

从此，激起了南宋军民抗金的斗志和勇气。

岳飞在广德的战斗中，身先士卒，与士兵同甘共苦。

在广德的日子，也是最艰苦的时期。因为处于兵荒马乱的广德，粮食供给非常困难，而岳飞军纪严明，不许惊扰百姓，更不许掠夺百姓财产，所以时值数九寒天，军士饥寒交迫。

为了渡过难关，岳飞与母亲商量，捐出微薄的家财购买军粮，岳母还挖野菜做糠饼，与士兵们同食。岳飞向士兵提出的口号是：“冻死不拆屋，饿死不打掳。”

“打掳”一词至今仍在广德方言中保存，意思是抢劫、掠夺。由于岳飞的努力和以身作则，人民安居，市井买卖照常，不受骚扰，特别是一些逃难到这里的人士，都有了一种安全感，因此，无人不称赞岳飞治军有方。

建炎四年（1130年）二月，与广德毗邻的江苏宜兴县，本为鱼米之乡，虽未受金兵之害，却被溃逃的散兵流寇骚扰，人民不得安宁，特别是原水军统制郭吉，从建康逃出后，盘踞宜山一带，为非作歹。

县令李冰得知岳家军军纪严明，秋毫无犯，特地写信，派人请求岳飞移屯宜兴，帮助剿灭土匪，保境安民，并说县中存粮可供万人军队吃十年。

岳飞考虑到大军给养问题，同意移屯至宜兴，大军驻扎于离广德不远的张渚镇。流寇郭吉深知岳家军的厉害，听说岳飞来了，就逃到太湖里，岳飞立即派王贵、傅庆追击，并迫使土匪投降，终于肃清了宜兴境内的土匪，保护了一县的安宁。

建炎四年三月，金兀术穷追宋高宗直至海上，未获结果，便一路烧杀，返回杭州，并宣布"搜山检海"已毕，然后，顺着大运河，经嘉兴、苏州北撤。

一路上各地守臣非降即逃，没有受到阻拦，便进犯常州。常州守臣周杞弃城逃到宜兴，常州也就陷入金兵之手。

周杞到宜兴后，派属官赵九龄到岳飞驻地，请求岳飞派兵救援。

这时的岳家军经过短期的休整之后，兵强马壮，岳飞认为立功报国的机会来了。他立即亲自带领兵马，向常州的金兵进行截击、追击、堵杀，进行了四次较大的战斗，获得了重大的胜利，歼敌不计其数，还擒获了女真万户少主李堇、汉儿李渭等敌将 12 人。在堵杀中，金兵无处可逃，互相践踏的、落入水中淹死的也为数不少。

兀术退到镇江，受到名将韩世忠的阻截。岳飞获得常州胜利后，原打算跟踪追击，并配合韩世忠拦击金兵。

这时，却发生了一件直接威胁岳家军后方基地——张渚镇的大事，使岳飞不得不回师广德。

这就是叛军戚方于三月二十七日攻陷广德军，广德军知军某某，通判李唐俟、判官王俦、司法潘偶、广德知县韦绩、通判蒋夔等主要官员全部遇害。因此，岳飞立即率大军奔赴广德，决定与戚方决一死战。戚方深知岳家军的厉害，当他得知岳飞大军已来，便慌忙逃窜到宣州去了。

岳飞回到广德，正好接到朝廷命他去收复建康府的诏令。

五月初，岳飞亲率大军进发建康府，收复建康城，并于外围设伏阻击金兀术。当得知兀术偷渡长江后，岳飞立即于静安镇邀击金兵，获得了静安大捷，给从建康撤退的金兵以重击。

五月二十七日，岳飞受诏，亲押敌俘赴绍兴，面见高宗献俘和述职，今有《建康捷报申省状》为证：

> 照对飞自建炎三年十一月二十二日起离开建康府，至广德军界，与金贼六次见阵，收复溧阳县，及于常州界以来，邀击金贼战斗，追杀过江，收复了当。

六月初八，叛军戚方进犯湖州，统制官巨师古战死。朝廷命令浙西江东制置使张俊前往捕剿，并命令岳飞配合围剿，并受张俊节制。

六月十八日，朝廷又派遣特使，要求对叛军邵青和戚方进行招安。

这时，戚方已逃到安吉与广德交界之苦岭关一带，张俊由于山高路险，不愿亲自前往，只派部将王再兴配合岳飞追击戚方。

戚方被岳飞追得走投无路，企图切断官桥，阻止追击。谁知岳飞赶到，用箭射在桥柱上，戚方大惊，没想到岳飞来得太快，便又逃。

经过无数次战斗，特别是苦岭关一战，戚方元气大伤。

岳飞穷追不舍，戚方知道如果被岳飞追上，必死无疑，便慌忙从小路跑到张俊那里投降，并献上名册、马匹六百和不计其数的金银珠宝。

待岳飞赶来时，张俊竭力为戚方说情，并置备酒席，让戚方出来给岳飞下跪认错。

戚方涕泪交零，请岳飞饶命。

岳飞指出戚方的罪行，只是看在张俊的情面上，免他一死。接着，岳飞从箭袋里拿出一支箭来，这是在广德战役中戚方射在岳飞马鞍上的箭，当时岳飞拔出箭后，曾发誓，待捉住戚方后，定要让他一寸一寸地折断。戚方吓得汗流满面，不敢仰视岳飞。

平息戚方叛乱之后，岳飞升为武功大夫、昌州防御使、通泰镇抚使。接着，岳飞便离开广德，向更广阔的抗金战场，开始了新的战斗。

第十章　转战江南

话说金国四太子兀术，听说宋都开封气死了宗泽老元帅，换上了杜充任东京开封留守，又闻高宗赵构要将都城迁往扬州，心中大喜。认为发兵再次南下，攻击宋军的时机又来到了。遂奏请过皇帝，起兵三十万，分山东、河南、陕西三路进军侵宋。兀术自己率领中路军取道河南，直扑宋都汴京。

汴京城外黄河上李家渡口正北边，有个不大不小的潞州，此州有个镇守节度使，姓陆，名安，表字子敬。夫人谢氏，只生有一子，年方3岁。这陆安有个绰号，叫“小诸葛”，多有智谋。手下养着五千精兵，训练有素。此日，陆安正坐在公堂之上，忽有探子来报：启禀大老爷，不好了，金兵又来犯境。主帅兀术带领十万人马，直杀过来了。前面已有数十州县失陷，如今离咱这里也只有一百里路程了。陆安一听，吃惊不小，一边赏了探子，令其再去打探；一边令旗牌官打出号令，将城外百姓全部收进城内居住，将房屋家具全部拆毁，粮草悉数携带，带不走的，凡能用能吃的，皆一把火烧个精光。又令各营将士上城坚守。一边令人渡河报知汴京，请杜留守派兵增援；一边令旗牌官到铺中筹买大缸，每个城垛边安放十数只，复于缸边砌起炉灶。又令制粪桶一千只，桶内灌满人粪尿。并取碗口粗的毛竹子及棉花破布万余斤。水关上上了千斤闸，库中取出钢铁来，画成铁钩样子，叫铁匠照式打造铁钩缚于网上。再取出数千桶毒药，调入粪尿中，放在城上锅内煎熬，倒入缸中，专等金兵来到，将粪尿泼下，番兵沾着烫粪，即时烂死。

布置妥帖，陆安又下两道文告，一本送两狼关总兵韩世忠处，一本送到河间府总兵张叔夜处，求他们两人发兵相救。

再说兀术领兵，一路滚滚而来，在潞州城外二十余里外，放炮安营。兀术在牛皮帐中问道：此城却是何人把守？

军师哈迷蚩忙道：此城节度使姓陆名安，绰号小诸葛，极善用兵。

兀术道：既善用兵，俺且乐意会他一会。遂点起五千人马，与哈迷蚩出营来。众番兵吹着喇叭，打着皮鼓，杀到城下。

此刻，陆安正在城头上，兀术上前叫道：本帅闻你是条好汉，特来相告，若肯归顺了本朝，也可如刘豫那样称王一方。

陆安于城上喝道：胡说！刘豫乃奸臣贼子，岂可作比？尔等提无名之师，数犯我界，屡寇我民，是何道理？

兀术不紧不慢地说道：将军此言差矣。自古天下者非一人之天下，唯有德者居之。尔宋朝皇帝肆行无道，去贤用奸，大兴土木，人民怨声载道，天怒人怨。因此，吾主兴仁义之师，救中国百姓于水火之中。将军及早应天顺人，不失封侯之位。倘若执迷不悟，小小城池，坚固岂堪与开封相比？

陆节度使顿时大怒，开了城门，单枪独骑来战兀术，却不是他的对手。不数回合，败下阵来，拍马便走。兀术擂鼓追杀，陆安早进城门去了。守城的将士，疾速拉起吊桥，关闭大门。兀术下令架起云梯，全力攻城。眼看金兵蚁附而上，就要到达城头，但听一声令下，却是滚烫的人粪尿，黑乎乎，黄稀稀一片倒将下来。攻城喽啰兵叫粪尿沾着，烫得哇哇大叫，不被毒死，也被摔死。有跌入护城河而未死的，也被缚于网上的铁钩扎死了。

金军一时大乱，陆安即敞开城门，挥兵掩杀出去。可怜五千金兵，死伤大半。若不是众将护住，兀术也死于敌军之中了。

陆安胜利归城，市民无不欢呼雀跃。孰料陆安即令全城市民，悉皆弃城而去。众人不解，陆安道：今日大败金军，然金军主力未动，而吾援兵不至，故城破在即，岂可累民与我同赴死地！

陆安拨出一半人马，令护送百姓渡河南逃。留下一半人马守城。果然，三日后，兀术尽遣大军，将潞州城围个水泄不通。而援兵一个也没有到来。原来，韩世忠、张叔夜的防御阵地各有大兵压境，自身难保。潞州城遂陷，金人大肆报复，守军及未来得及逃亡的百姓，无一生还。节度使陆安全家光荣殉国。

再说汴京留守杜充，因顶替了宗泽之职，自知是难事一件。上任伊始，即以专杀立威。杜充最喜欢以棘杖打人，部下几乎没有未被打过的。一日，见城外有许多荆条，正好做棘杖，即命宗泽原部下王浚折下，操在手中十分称手，便叫过王浚，劈面就是十数杖，打得王浚欲哭无泪，跪下道：禀留守，俺并无过失，何以杖我？

杜充嘿嘿一笑道：今日无过，他日总会有过。今先杖你，后则赦你。

及回城时，王浚策马前行，经过泥塘，不慎溅起泥浆，沾污了杜充马鞍，杜充责打五十杖。王浚禀道：元帅适才说过，赦俺过失，何以还打？

杜充还是嘿嘿一笑：无过尚且要打，有过焉能不打？

宗泽在时，为保汴京稳固，曾多次亲赴河北联络山寨义军，相约同御外寇。当时，河东巨寇王善，拥兵三十万，见留守人马甚少，大有入侵汴京之意，宗泽闻讯，单骑直入王善军营，流泪而劝道：今外侮当前，朝廷危难，山河不保，国土沦亡。若公辈与朝廷协力御寇，则金兵何足惧也！

王善感激宗泽之忠贞义烈，亦流涕而誓：若朝廷文武悉如留守一般，卑将何敢作乱？今唯公之命是从！

然杜充将此类义军，悉作叛臣贼子看待。宗泽一死，竟以诡计诱骗各义军首领，尽皆斩首，唯王善及早闻讯，方得免祸。王善也由此，招降河北各散兵游勇，又与金人勾勾搭搭，却再也不肯为朝廷出力了。

潞城节度使陆安，遣使者来求援，杜充非但不派援兵，反而点齐人马离城而去。岳飞十分气恼，即向杜充道：开封军事要冲，不可轻弃。请将军准小将留守殿后。

杜充道：真是废话！俺区区数万兵马，如何敌得过兀术三十万大军？守了今日，亦守不了明天，你欲留下，本帅分你八百军马。

说毕，杜充即挥师南下。岳飞仅以数百兵卒，如何能守住汴京城？无奈，只得带兵渡河北进，再与各处义军联络，以俟机邀击金军。

河北诸州，悉被金人攻陷。张叔夜战死，韩世忠既败，亦撤回河南，正好高宗有旨，令赴金陵护驾。其时，岳飞与各地义军奋勇作战，无奈兵少，于事无补。兀术由此长驱直入，河南诸州，亦陷于瞬间。金军所经之处，凡稍做抵抗的，待当城陷时，必抢光杀光。所谓“宁作太平狗，不做离乱人”。中原各处遍地饿殍，满目废墟。不几日，兀术所率大军，已至长江北岸，金陵告急。

高宗急匆匆又从金陵逃往扬州，却令杜充做金陵留守。岳飞闻得朝廷南迁，不得已亦欲渡江而南，不料与王善所部遭遇。

王善部伍甚众，兵强马壮，将岳飞所在的陈州团团围住。闻说岳飞现为杜充部下，更是切齿痛恨。其时，众寡悬殊，连王贵、张宪等都忧惧不安。

岳飞临危不惧，将全军拉出城门，与王善对阵，不禁令王善笑煞。

岳飞回首向众将说：敌虽众，吾当为诸君破之！

但见岳飞拍马上阵，双手持枪，直往前冲，王善部将孙胜、孙清兄弟俩双战岳飞，岳飞也不问姓名，挥动长枪，只一回合，将孙清兄弟俩扎在枪杆上，又发一声喊，将死尸掷向敌阵，竟又砸死数人。王善阵中又有数将来战岳飞。但见旗帜混杂，难分青黄；兵器纵横，哪辨刀枪剑戟。真是滚滚征尘随地起，腾腾杀气盖天来。此刻，两边将帅，见岳飞独战数将，不觉都看得目瞪口呆。说时迟，那时快，岳飞长枪恰似闪电一般扫过，敌将犹如割草一般纷纷倒下。

满天生白雾，遍地起黄沙。岳飞麾下齐声呐喊，横冲直撞。王善所率数万兵众，顿时作鸟兽散。

陈州一战，岳飞名声大震。境内草寇、游贼，无不闻风而降，旬月之间，岳飞的军队扩大到数千人。

可惜，杜充缩在金陵城中，不肯出战。兀术兵不血刃，渡过长江，直趋金陵城下。

当初，杜充弃汴京而南下，岳飞就泣诉道：中原地尺寸不可轻弃。今一撤兵，此地即非宋所有。他日欲复取之，非数十万之众不可。

如今，杜充以“区区数万”之众，既不守汴梁，又如何守金陵？金陵既守不住，不如干脆降了金国。

金陵失守，扬州何恃？

高宗闻报，也顾不得宗庙社稷了，逃命要紧。急急如丧家之犬，慌慌如漏网之鱼。领了众朝臣，一日间即逃到句容。

黄潜善劝道：陛下，臣斗胆请陛下脱了龙袍，换上民服。使金兵无法跟踪追击。高宗不得已，只好依奏，不敢住脚，望着平江府秀水县，一路逃至海盐。

海盐县令路金，闻得圣驾避难到此，连忙出城迎接，接到公堂坐定。汪伯彦道：圣驾欲往临安，不知离此还有多少路？路县令道：路倒不远，但有番兵。如今已驻兵钱塘江，彼处节度使早已弃城潜逃。皇上倒不如暂避于此，且等勤王之师。

黄潜善道：如此小城，藏身倒也可以，唯恐皇上行踪已被番兵探知。

正说话间，堂前有探子来报：不好了，老爷，兀术亲率大军前来，距此仅有五十里路了。

高宗闻言大惊，垂泪而泣：天欲灭宋，吾奈其何？言讫，竟欲自尽。

路金慌忙阻住道：天无绝人之路，陛下，小人现有大楼船一只在海边，总也容得四五百人。陛下可以从海上经由越州、明州而赴定海。如今金人从陆路来，谅他奈何不得陛下。

汪伯彦又问：你这里有多少楼船？

路金说：只有一只！事不宜迟，陛下速行。小人城中也有数百人马，在此也好挡他几个时辰。

高宗不觉感叹道：爱卿忠义，朕终不忘。唯拒敌一事，不拒也罢。可令百姓出城避敌。不然，金人一至，又要屠城。

路金闻言，感极而泣，叩地流血道：陛下如此仁厚爱民，逃得此难，中兴有望！

于是，众臣陪着高宗来到海边，好大一艘楼船，当然不怕风浪。高宗与众臣就乘着这只楼船，一直在海上漂荡，偶或靠岸，补充一些淡水米饭酒菜之类。

兀术领兵追到海盐，本以为拿赵构如探囊取物，谁知高宗竟乘船出海了，心下十分着恼。哈迷蚩劝道：主帅勿忧，想赵构逃不太远。俺长驱南下，将临安府洗劫一空也好。兀术素慕临安之富，遂南下杭州，大肆掳掠一番。

却说金陵破城之后，岳飞听说高宗一路南去，遂也引兵南下。其间数与金兵相遇，无不大胜。前时，兀术犯常州，宜兴县主李冰心急，邀岳飞入境保民。

宜兴境内有草寇郭吉，闻岳飞来，即逃入太湖。岳飞令王贵、张宪追击之，三日而破，复招余盗马皋、林聚等，无不应招而降。唯有张威武拒降。岳飞亲赴贼营劝说，张威武仍不肯降。岳飞即于席间手刃之，喝道：挡我者死，避我者生！张威武部下遂降。

其时，岳飞所部已逾万人。汤怀颇为不安，向岳飞道：大哥，俺岳家军亲兵仅有八百，余皆招降纳叛的乌合之众而已，如何与强敌对阵？

岳飞一笑道：贤弟，你只知其一，不知其二。为将者，训练士卒，严行号令，则虽乌合之众，也能挡强敌。况兵士之操练，自在实战之中。唯大公无私，赏罚分明，则将士无不效命！

时，斡离不率三万余众来犯宜兴。岳飞乘其立足未稳，挥师掩杀过来，生擒四十余名义军首领，他们都是被金军俘虏后，被迫充当金军先锋的。

岳飞亲自为他们松绑，并以礼相待，且劝道：汝等皆为我大宋子民，受金人凌辱，理当寻机复仇。我今番放你们出去，欲回家的自便，若回金军中，却要作为内应，于敌营中放火烧寨。汝等与我同心协力，则金兵必败。

果然有义军首领回营，于夜间纵火，一时金营大乱。岳家军乘乱冲锋，将斡离不杀得狼狈逃窜。

在海上漂荡的宋高宗，竟也听说了岳飞的战功，遣钦差来宣旨，封岳飞为武昌开国公、少保、统属文武兵部尚书、都督大元帅。这头衔甚长，可谓皇恩浩荡。可惜，既不增兵，也少粮饷。各州县经金兵铁蹄蹂躏，捉襟见肘，岳飞营中十分窘迫。

古人有言：兵匪一家。大凡乱离时，兵亦为匪，匪亦为兵。唯岳家军军纪严明，秋毫无犯。至今，《宋史》中还记载着岳家军

“冻死不拆屋，饿死不抢粮”的军令。因此，岳家军所到之处，百姓争相献粮送衣。

一日，岳飞破了斡离不后，移师严州牛头山上。却于营中贴出一张榜文，上写着：

武昌开国公、少保、统属文武兵部尚书、都督大元帅岳飞，为晓谕事：照得本帅恭承王命，统属六军，共尔众将，必期扫金复国，尽力王事。所有条约，宜各周知：

听点不到者斩。擅闯军门者斩。闻鼓不进者斩。闻金不退者斩。私自出兵者斩。抢夺民财者斩。奸人妻女者斩。泄漏军机者斩。临阵反顾者斩。笑语喧哗酗酒入营妄言祸福赌博斗架者亦斩。

一时间，岳飞营中，军纪肃然。士兵们勤于操练，岳元帅亦事必躬亲，与将士同甘共苦。只是粮草渐少，甚为忧愁。岳飞将王贵、张宪叫到元帅帐中，吩咐道：不知外边军情到底如何？你二人各领兵出动探看，一则探明皇上如今安在，二则亦想法筹些粮草来。两人领命下山去了。

王贵带着数十骑往北而去，行不多时，见前边一座小山上，有军马扎着营盘，总有好几百人。王贵遣探子往前窥看，俄而，探子回报：王都统，也不知是官军，是敌军，还是强盗，反正没有旗号，有的却是元帅最想要的。

王贵急切地问道：有什么？

却是数不清运不完的粮草！

王贵大喜道：弟兄们！既无旗号，必非官军。如今俺得想个法子夺了来才好。

探子道：这个容易，等俺回去报了元帅知道，搬过大兵来，粮草便是俺们的了。

王贵斥责道：胡说！几多路程，等你回来，人家早已走了。唉！要是汤怀兄弟在此，必能想出妙计来。

众人正在商议，忽听一声喝：好你个蟊贼，俺在此听多时了，竟想抢俺粮草！草丛中跳出一条大汉，举枪便向王贵刺来，王贵急忙挺枪来迎。众随从正欲助战，草丛中又跳出十几个大汉，各操器械来战。王贵虽勇，毕竟势单力薄，渐渐招架不住，不免长叹：可惜俺王贵英雄一世，如今虎落平阳，枉死草寇手中。

那为首的一位大汉，啊哈一声，道：俺不让你枉死，就同你上马，单挑独斗，赢得了我，山上粮草悉数送你。

王贵一听大喜，牵过树上拴着的马匹来，整一整铠甲，叫道：君子一言，驷马难追。提枪来战，两个人好一番厮杀。一个英雄，一个豪杰，一个使钩子枪，一个使狼牙棒，一个凌空直砸天灵盖，一个就地猛刺心窝。棒来枪挡，枪来棒架。杀至百数十回合，仍是胜负不分，王贵不免又叹道：岳大哥，俺儿时不肯用功，此刻不能胜他，如今万难回营缴令了！

那大汉也是气喘吁吁，渐渐力乏，突地把马缰一拎，避开王贵，翻身下马，向王贵揖道：王统制息怒，小人高宠，河北人氏，前些时在红桃山，有一支番兵到来，杀了俺娘，被俺尽以狼牙棒打杀了，也劫得满满三牛车金银财帛。因听说岳元帅军中乏粮，遂尽将金银兑了粮草，准备上牛头山献粮。方才听得你与众人商议，知你即是王贵，因此幸会，特来献艺。

王贵跳下马来道：真个是天无绝人之路。高英雄何不早说，真真急煞俺也。高英雄快快与我同赴牛头山。

王统制且慢，俺还有数百头牛，如今放在山下农人家里，俺听说完颜兀术抢了临安，正要北撤，取道牛头山下这条山路，俺正有一计破敌，欲献给王统制呢！

王贵道：粮草最为要紧，高英雄的破敌妙计，自去献给岳元帅好了。

王贵与高宠回到牛头山，正巧张宪也已经回来。确证金兵不日将经严州牛头山北归。

岳飞在帅营中整整谋划了一夜，翌日清晨，早早升帐，众将参谒已毕，站立两旁听令。

岳元帅道：高宠即日下山，将村中牛群，于今日申时前赶上山来，各于牛角绑上尖刀，牛背上包裹破布，蒙上牛眼。张宪、王贵，你二人各领兵两千，伏于西南侧鹰头峰上，但见敌兵溃退，尽起伏兵掩杀，务必将敌军驱往东北方向。吉倩、汤怀，你二人亦各领兵两千，伏于西南侧虎尾岭，但见金兵溃退，竭力拼杀，不得令金兵一兵一卒漏网北逃。王俊、高宠，领余兵六千，与本帅同守牛头山山寨。

号令已毕，众将各个领命而去。唯高宠向岳飞道：元帅，俺高宠正欲打先锋，取了兀术首级，前来报功，元帅何以将俺放到最后？

岳飞笑道：你先献粮草，复献健牛，已为大功，又献战国田横火牛妙计，更是奇功，数日后牛头山上，当毕全功于一役。

高宠一时也不明就里，只得与王俊一起退出帅帐。

却说兀术因北兵不习水性，未曾拿住高宗赵构，便于临安府劫掠一番，得胜而归。先时，兀术发兵南侵时，起兵三十余万，复有河北巨寇王善所部，叛宋降金，亦有十数万，再加一路南下，招降之师，亦有十数万，总共六十万，号称百万大军。如今分作东西两路，西路由二皇兄斡离不率领，东路由自己率领，浩浩荡荡，离了临安府，往北退去。

不几日，西路军由斡离不率领着，已进严州境内。有探子报告：前面牛头山，有岳爷爷重兵把守，恐难通过。

原来，岳飞屡败金兵，以至于金人不敢直道岳飞姓名，只呼作“岳爷爷”。

斡离不却不把岳飞放在眼里，他一路南下，势如破竹。偶有小败，也因兵少而已。如今三十万大军，岂是岳飞所部一万多人所能抵挡？以故虽有兀术告诫，斡离不仍是大意轻敌。进得严州，细看地势，仰天大笑道：岳飞名不副实，将大军驻于牛头山，何其蠢也。牛头山低而宽阔，宜操演而不宜实战，若将重兵分驻于鹰头峰和虎尾岭，则俺虽有三十万大军，亦难通过。正自得意，忽闻一声炮响，牛头山上浓烟四起，但闻哞哞的叫声，数百头健牛被火烧着腹背，直向金军疯狂扑来，又兼牛角上都绑着尖刀，金兵饶是善战，也挡不住这样的亡命之“牛”。顷时，军中大乱，往后退去。

不料，一声炮响，鹰头峰上，又有大军杀将下来。众喽啰惊魂未定，又是一吓，复往东南奔去。又一声炮响，虎尾岭上，又有大军杀出。再次一吓，金兵复又逃回，再至牛头山下。眼看宋兵前后夹击，万般无奈，斡离不只好率兵，冲上牛头山去。心中仍有些许得意，他想道：岳飞虽有智谋，前后伏击，毕竟粗疏。若换作我，必于牛头山上再设伏兵，则可获全功。

突然，一声春雷般鼓响之后，半山腰一支兵马应声杀出。为首一员大将，方脸长须，三十岁左右年纪，红袍铁甲，银枪白马，不是岳飞却是何人？当下唬得斡离不魂飞魄散！斡离不回马便逃，山下张宪、王贵、吉倩、汤怀早已杀到。高宠立在岳飞旁边，望见敌帅，正是仇人相见，分外眼红。拍马来战，斡离不慌忙接住。斡离不武艺原不在高宠之下，只因心慌意乱，使尽毕生所学，也不过勉强招架。百十个回合下来，力渐不支，拍马便走，高宠急追，王俊意欲争功，亦拍马来追。岳飞怕他两个鲁莽，也随后赶上。

逃出一箭之地，斡离不稍为宽心，遂回马接住高宠，王俊瞅个空当，径直一枪刺向斡离不。不料，斡离不早已窥见，左手拔刀一挡，将王俊的枪激开，反腕一掷，大刀直向王俊面门飞来。高宠叫一声：兄弟小心！也顾不得斡离不铁戟，将长枪掷出手去，把大刀于途中击落。斡离不冷笑一声道：看你如何救自己？一戟刺来。此刻高宠失了长枪，一双空手如何对付得了，猛一侧身，戟尖正中右肩，高宠负痛不住，坠下马来，急呼：兄弟救我！王俊正欲上前，斡离不又是一戟刺来，王俊一挡，正是力如千钧，震得王俊虎口裂开，顿时也坠落马下。正好，高宠未伤的右手操起大刀，只听“咔嚓”一声，可怜金国二太子斡离不，立时身首异处。鏖战已毕，完颜斡离不所率领的西路军，全部被歼。

第十一章　韩帅奏捷

当时，宋朝还有一员大将，姓韩名世忠，字良臣。人如其名，可谓是宋朝的忠臣义士。韩世忠是陕西延安人，八尺雄躯，力大如牛，目如闪电，慑人心魂。少年时即风骨豪侠，能骑善射，可惜世代务农，家贫如洗。有善相者，见了韩世忠，道：此君相貌堂堂，天庭广阔，日后必位至三公。世忠大怒，以为是挖苦自己，将看相者一拳打得半死。只是自此以后，却也自视甚重，再不肯轻易为非作歹。其时西夏崛起，屡寇边塞。世忠愤而从军，出生入死，屡立殊功，擢升为将军，镇守两狼关。此番，金国兀术大兵压境，宋军戒备不严，一触即溃，王师数万，顿时化作乌有。世忠失去屏蔽，两狼关由是失守。幸亏，世忠勇悍绝伦，率数百骑力战殿后，数万金兵竟不敢上前。大军数千人，遂由夫人梁红玉率领，渡河南撤，保存了实力。

其间，建康、镇江、扬州相继失守，世忠却也无奈。兀术已率大兵一路南下，世忠遂收复镇江、扬州两重镇。

兀术于临安大肆劫掠后，号称“搜山检海”已毕，兵分两路北归。一日闻得斡离不一路被岳飞杀得大败，二皇兄又命丧黄泉，不免感慨，连连派出探子，务必探明路途，方可平安还家。

数十万军马，到得汉口江边，兀术不免叫苦，好一派大江，却哪里有许多渡船，将大军载过江去？欲四下抢掠，无奈周遭船民早已将船只或藏匿，或焚烧，或逃之夭夭了。番兵又是北人，不习水性，个个都是旱鸭子。没办法，只得沿江而下，指望到金陵、镇江等地，江面宽阔，江水平缓，着降将杜充等，打造或征集船只，方好渡过江去。

孰料，前面探子纷纷来报，因韩世忠将军杀败了杜充，金陵复为宋人所有。如今韩将军扎营大江上，阻住了金军去路。兀术将仅有的百十只船只聚拢，载着步卒，顺流而下，但见江北，旗幡飘动，楼橹密布，如城墙一般。又有百数十号舴艋船，都是六条桨，十几名战士，行动如飞，弓箭火器乱发。那中军水营，俱是大楼船，如何冲它得动？

当下，哈迷蚩献策道：江北战船密布，也不知敌军虚实，总须差人前去探明方可。

兀术道：不妨，本帅前日拿住一士人，问得明白。这里金山寺上，有座龙王庙最高，待本帅亲自前去观看南北形势，便知虚实。

哈迷蚩忙劝阻道：数名探子即可，主帅怎可轻临险境？

兀术回道：如此要紧的事，差他人去，如何放心？

哈迷蚩道：这倒也是。遂向兀术耳边如此这般一番，又道：此计可保主帅此行无虞。

兀术默然片刻道：这般诡计，本不当为。如今，为众将士性命着想，只得依你了。

哈迷蚩遂叫过小将军何黑达、黄炳权，吩咐二人晚上依计而行。

却说韩世忠，见金兵屯扎在黄天荡，便召集众将商议，道：兀术乃金邦名将，今夜必上金山来探我营寨虚实。即令副将苏德领兵一百，埋伏于龙王庙内，躲藏在金山塔上，若望见番兵来，就在塔上擂起鼓来，引兵冲出。毋问敌军众寡，山下自有接应。苏德得令而去。韩世忠复将二公子韩彦直唤来：你也带健卒一百，埋伏于龙王庙左侧，听得塔上鼓响，便引兵杀出来擒住番将。不得有误。韩彦直领令而去。世忠又唤大公子韩尚德领兵三百，驾船埋伏在南岸，但听江中炮响，可绕出山北江岸，截住敌人去路。

这里布置妥帖，是夜，兀术果然同了军师哈迷蚩、小将军黄炳权，三人一齐上岸，悄悄骑马，来到龙王庙，另有番将何黑达，带领喽兵，备妥大小船只岸边伺候。兀术等勒马徐行，至龙王庙前一箭之地，立马回望江面，正欲看个仔细，孰料，塔上远远望见三骑马近来，数百番兵于山下等候。不觉赞道：元帅真个料事如神！遂于塔上擂起鼓来，庙中一百士兵杀将出来。左首韩二公子听得鼓响，亦引一百兵士杀出。兀术三人，听得战鼓齐鸣，心惊胆战，正待勒马回去，韩二公子大叫：兀术，哪里走？

兀术三人，慌忙拍马奔逃。不料山路高低不平，匆忙间一将掉下马来，韩彦直举枪直刺，兀术举起金雀斧迎面劈来，救起那将上马，就与韩二公子大战。众番兵接住二将连忙逃走。这边兀术一人与二公子酣战，二公子卖个破绽，挺身而进，将兀术一把拎下马来。韩尚德闻得炮响，放出小船来追，番将却已逃远去了。

天已大明，元帅升帐。诸将俱来报功，二公子生擒兀术，功排第一，世忠大喜，忙唤将兀术带上来。两边军士，早将兀术推进帐来。

世忠一看，却哪里是兀术！忙喝道：你是何人，敢假冒兀术，前来诳我？

那将道：俺是金国将军，黄炳权是也，俺军师哈迷蚩，知你诡计多端，故命我假扮四太子模样，果不出所料。今既被逮，要杀要剐，不必多言！

世忠道：好你个番奴！本帅就成全了你！左右，拉出去斩首示众，号令军中！

既杀黄炳权，世忠复令：将韩彦直拉出来！

二公子自知有罪，不敢拖延，走进帐来。

世忠骂道：如此愚莽，坏我大事。左右，拉出去，斩首！

将军苏德慌忙劝道：元帅，二公子丢了兀术是罪，可擒了黄炳权有功，正好功过相抵。众将亦为二公子求情。

世忠遂道：不斩也罢，然功小过大，不足相抵，拉下去重责一百杖！

兀术逃去，世忠十分不快。

夫人劝道：兀术虽去，然其粮草不多，必欲速回。今乘我小胜，或许伺机乘夜前来厮杀。金人多诈，恐怕他一面来与我战，一面过江，仗着人多，使我两下遮挡不住。如今我二人分开军卒，将军可领孩儿们专领游兵，分调各营四面截杀；妾身管领中军水营，安排守御，以防冲突。任他来攻，只用大炮弩箭守住，不与交战。他见我不动，必然渡江。可命中营大桅上立起楼橹，妾身亲自击鼓。中间竖一大旗，将军视旗帜为号，鼓起则进，鼓住则守。金兵往南，白旗灯球往南；金兵往北，白旗灯球往北。将军与两个孩儿协同副将，将兵八千，分为八队，俱听桅杆上鼓声，再看号旗灯球厮杀，务必叫他片甲不回，吾亦一雪前耻。

世忠闻言大喜，夫人又道：既各分任，即立军令状。中军有失，妾身之罪；游兵有失，将军不得辞其责也！

商议停当，各自准备。夫人即时披挂，布置旗鼓。四面游船八队，再分八八六十四队，各队有长，但看中军号旗。布置停当，即于中军大桅顶上建一楼橹，遮了箭眼，到二更时分，夫人令一家将执定号旗。自己踏着云梯，纤腰连扭，莲步轻钩，早已到了桅杆绝顶，离水面有二十丈高。看着金营人马，如蝼蚁相似。那营中动静，并江南数十里地面，一目了然，尽收眼底。梁夫人不觉大喜：看你金寇，更有何路可逃？

再说兀术察看军情，险些被擒，心中老大不高兴，遂向哈迷蚩道：南军虚实未曾探明，反折了黄炳权，如今却如何北渡？

哈迷蚩道：俺军中粮草不多，难与相持，唯利速战。今他南军偶获小胜，自然得意，营中难免松弛。俺军士甚众，况近日战船亦稍有增加，正可兵分两路，一路主帅领着径直渡江北去，一路叫何黑达率领，挡住宋军焦山大营，争夺龙潭、仪征的旱路。

兀术虽然觉得此计未必尽妥，无奈饥不择食，只得约定三更造饭，四更拔寨，五更过江，使南军首尾不能相顾。

众番兵番将，哪个不想回家，接了此令，一个个磨刀备箭，勇气倍增。

到得三更，数十万番兵吃饱喝足，也不鸣金吹角，只用胡哨为号。数十万番兵驾起战船，往焦山大营进发。正值南风劲吹，开帆如箭。

这金山下，宋兵哨船早已探知，回报中军，梁夫人早备好炮架弓弩，远者炮打，近者箭射，中间的正好强弩款待。何黑达将战船驶近焦山宋营，不见些许动静，正自诧异，忽听得一声炮响，万箭齐发，巨石亦如雨点般坠下，把何黑达的战船打得七零八落。何黑达慌忙下令转船，从斜刺里往北而来，却刚好与兀术一路挤到一块儿去了。

也是合当金兵倒运，其时正是三月十五，明月当空，光亮如昼，梁夫人在桅杆上看得明明白白，号旗上挂起灯球：兀术向北，则指向北；兀术向南，则指向南。

韩元帅与两位公子，率领游兵照着号旗灯球厮杀，两军便在大江上鏖战。看看天色渐明，韩尚德从东杀来，韩彦直从西杀来，元帅复从正北杀来，三面夹击，兀术哪里招架得住？可怜番兵，溺死的、杀伤的，乃至自相残杀的，数不胜数，兀术大军顿时折损了近半。此时，兀术可谓上天无路，入地无门，只得又退回黄天荡。

这黄天荡，是长江边上的一条水港，兀术迫不得已，将船只收至港内，本以为可以拢岸，好上旱路逃生，纵然与韩世忠对峙，亦可避敌所长。孰料这是一条死水，再没出路。况又狭小，兀术十数万败兵，更是回旋不开。世忠见状喜不自胜，向夫人道：此乃皇上洪福，天欲灭金，兀术命数该绝！俺只消把港口守住，此贼何路可逃？不消旬日间，粮尽饿死！当下吩咐两位公子，守住黄天荡口。

韩元帅回营升帐，诸将俱来献功，世忠即将俘获的金银财帛分赐众将士。一时，军中皆大欢喜。

韩世忠乃一介武夫，素不喜读书，从军后方识字。只为金兵南侵以来，虽时有小胜，如今日之大胜强敌，却还是头一遭。又喜夫人，巾帼英雄，女中豪杰，登楼橹，亲自击鼓，而号令三军以御敌，顿时雅兴十足，邀夫人夜游金山，登塔赏月。

但见，明月高挂，照耀如昼，数百条战船，排作长蛇阵形，有十余里远近，灯球火光，点点闪烁。再观金营那边，却是万籁俱寂，灯火全无。心中大喜，不觉有曹操赤壁横槊赋诗之兴致。

那梁夫人，反倒不甚开怀，颦眉长叹道：将军不可因一时小胜，忘记当前大敌。我想，那兀术足智多谋，今若不能擒获，万一被他逃走，必来报仇。那时南北相争，兵戈不息。将军不为无功，反而有过。

世忠闻言，甚是叹服。道：夫人所见，可谓万全！世忠勤于王事，焉敢玩乐，以遗隐忧？唯兀术已入死地，不数日粮尽，吾必当生擒之，以报二帝之仇！言毕，举杯痛饮，兴起而舞，舞而歌《满江红》一阕：

万里长江，淘不尽，壮怀秋色。
漫说道秦宫汉帐，瑶台银阙。
长剑倚天氛雾外，宝弓挂日烟尘侧。
向星辰，拍袖整乾坤，难消歇。

龙虎啸，风云泣；

千古恨，凭谁说？

对山河，耿耿泪沾襟血。

汴水夜吹羌笛管，鸾舆步老辽阳月。

把唾壶敲碎问蟾蜍，圆何缺？

歌毕，又舞剑一回，真个壮怀激烈。

世忠凄然泪下，向夫人说：如今二帝北狩，山河破碎，国耻君羞，何日得报？夫人，俺韩世忠必生擒兀术，直捣黄龙，方解心头之恨！

夫人道：将军既有此志，贼兵必破！

话说兀术偷袭不成，反折了近半人马，匆忙间遁入黄天荡，急得团团转。哪里找得到一条出路？差人四下打听，仅拿得两只渔船到此。兀术好言向渔家道：俺乃大金国四太子，因宋国君主荒淫无道，带天兵来解民于倒悬。如今迷路在此，你好生引我一条出路，我必重谢你。可惜，纵然渔翁贪慕富贵，这黄天荡却是无一知出路的。周遭俱是芦苇荡、烂泥潭，别说船，就是单人步行，也是走不脱的。

当下哈迷蚩道：主帅，他南朝文臣贪财，武人怕死，今备一份厚礼，再晓以利害，韩世忠或肯网开一面。也未可知。

兀术老大不愿，可事在危急，遂依言写书一封，大意称：南朝主上昏庸，宵小把持朝政，武将纵然立得大功，亦未必就能免祸。况大金天皇神将，十年灭辽，三年取宋室一半疆土，韩将军宜自斟酌。另备厚礼一份，却是北地骏马千匹，白璧两双，赤金百斤，及珠宝钻石无算。

世忠看罢大怒，这也是厚礼？除北马外，哪一件不是掳自我宋国？当下即将送书的小番推下去，割下两个耳朵，放还黄天荡。又令军中，但见金兵自黄天荡口杀出，不许接战，只以大炮硬弩，打得他进退无路，必然溃退。

小番负痛回船，报知兀术。

兀术再与哈迷蚩商量，可谓黔驴技穷，再没法子。只得下令即刻拔营，拼死杀出，以图侥幸。

港口却似铁板一块，世忠有令，火炮弩箭一齐打去，金军只得溃退。兀术万般无奈，遣一令官驾小舟出荡，道：大金国四太子，请韩元帅说话。

军士报知寨中，世忠令将战船分作左右两列，将中军大营船放开，船头上弩弓炮箭排列数层，以防暗算。韩元帅坐在中间，左边大公子韩尚德，右边二公子韩彦直，两边立着长枪利斧的壮硕甲士，甚为壮观。兀术也分开战船，独坐一只大楼船，左右也是番兵番将。两船相距百余步远，遂各停船。

兀术在那边脱帽一揖，使人传话道：金国与中国本乃一家，金主与宋主，犹如兄弟，为江南贼寇生发，故起兵南下，来讨悖逆，不意有犯虎威！今对天盟誓，永结和好，不相侵犯，乞放回国。

世忠道：宋金本有海上之盟，如今燕云十六州何在？即尔太宗朝，与本朝亦和议屡建，缘何一犯再犯？今既窘迫，复称“永结和好”，如何能信？

兀术复遣人道：吾将此番南下所获，悉送于韩元帅，但买一条归路。

世忠冷笑道：路也卖得，唯要价甚高。还我二帝，还我河南河北河东地，还我汴京，我自放你走。否则，请决一死战！说完，也不等回话，便传令转船。

兀术顿时语噎，战也不得，逃亦无路，只好退回黄天荡，整日价闷闷不乐，长吁短叹。忽然，军师哈迷蚩道：事已急矣，军中仅有三日粮，不如张榜挂文，悬赏千金，募能解此难者。兀术闻计，聊将死马当活马医，即刻张榜，两日后，果有一秀才来访，兀术慌忙出座相迎。

秀才道：不知元帅军中还有几日粮？

兀术颇为犹豫，道：仅有一月粮。

秀才说：君子不打狂语，元帅当以实相告，学生可助你渡此难关。

兀术道：十日。

秀才摇头。

兀术道：五日。

秀才仍是摇头。

兀术不免发窘，向秀才道：不瞒先生，军中其实只有三日粮矣！

秀才一笑道：元帅军中，可是两日来不曾开得一餐饭？学生看你运粮船吃水深浅，断定你军中仅余一日粮。然则元帅毋慌，此间往北十余里，就是老鹳河，旧有河道可通，今日淤塞，但泥质松软，易于挖掘。今军中有二十万士卒，一夕可通，直抵建康大道。

兀术闻言大喜，忙欲下令，那秀才又道：元帅且慢，黄天荡至老鹳河之间，有十余里烂泥地，却不是你二十万大军走得过的。

兀术暗暗叫苦道：这却如何是好！

秀才道：元帅可将一半人马驾船出港，与韩元帅接战，吾夜观天象，今夜明晨，江上无一丝风起。元帅可以泥沙填入船底，则船稳妥，一如平地，然后以小舴艋火攻，一如当年周瑜破曹军一般。元帅自己，则尽刈周遭芦苇，铺于泥地，苇道既成，令士卒分五十列，各距五步而趋行掘渠。元帅切记，匆忙不得，否则泥地承载不起。言罢，秀才起身告退。

兀术忙叫军士取金银来，秀才笑道：学生乃一山野隐士，平生一饭一茶足矣！金银于我何用？

兀术遂道：先生请留姓名，救本帅脱此大难，吾当铭心不忘。

秀才道：我乃北齐后裔，只恨他赵匡胤谋乱篡位，得百六十年皇位，今终见败亡之兆，好不快活。元帅回国，当善养民，慎理国，勿使金国重蹈赵宋旧辙！说毕，径自去了。

兀术十分感慨：中原果然人杰地灵，单看宋家朝廷，还以为中原无人呢。

。

当下，十余万金兵自出荡口，与世忠接战。此日果然无风，大船行走不便，番兵却是殊死搏战，虽伤亡惨重，毕竟八万余人逃过江去。荡内十万金兵，哪个不想活命，只一夜工夫，掘地十余里，引秦淮水而通之，七八万番兵，由老鹳河而出，抛了战船上岸，直奔建康去了。

行不多时，兀术在马上，不觉哈哈大笑，向哈迷蚩道：南朝实乃无人，舍了岳南蛮、韩南蛮，其谁奈我何？此间若伏一支人马，某家纵然插翅，也是难逃啊！

话音还没落，忽听一声炮响，七八百人马，一字排开，马上簇拥着一员小将，仅有十四五岁年纪，所领兵马，亦不过十七八岁，俱是少年，军中却擎出一面“岳”字旗。

兀术一见，大吃一惊道：岳飞远在汉阳，怎么此处又变出一个小岳飞来，相貌竟是一模一样？

原来，岳飞之子岳云、岳雷，整日在家随着叔叔岳翻舞枪弄棒，又纠集了一大帮少年英雄，保卫家园。由于金兵南侵，诸州县相继沦陷，姚老夫人一则担心两个孙儿惹出祸端，二则也想让他们学习父亲的榜样。恰在此时，岳飞派三舅姚敬和五舅姚敦，到汤阴老家来接家眷随军。一路上经历了千难万险。其间，岳飞的夫人刘氏，为了解救全家老少脱离险境，忍辱负重，跟了驻守洛阳的水军首领赵渊。

岳云等人，行走了一百多天后，才来到这里，正好遇上韩世忠与兀术激战黄天荡，遂将老夫人等家中老弱交给两个舅舅，岳云、岳雷两人，带众少将，上前出战，截住正欲逃跑的兀术金军。

此时的兀术，已成惊弓之鸟，又兼岳云出了家门，即打起早已准备好的“岳”字旗，一路上，也收编和征募了不少英雄好汉。

岳家兄弟，又是初生牛犊不怕虎，全无半点顾忌，只是一味死拼，并不知所截住的，乃是父亲的冤家对头完颜兀术。

兀术也不知对方究竟有多少人马，后面可有伏兵援兵，遂也不敢恋战。且战且退，眼看上了大路。

岳云等也只得按兵不追。虽不曾生擒兀术，到底也割了数百首级，于父帅处也可领功讨赏了。

再说韩世忠因走了兀术，沉痛不已，几欲自绝，幸被夫人阻住，遂收兵还镇江，并上表自劾待罪。

其时，高宗闻兀术北归，又闻岳飞、世忠两败敌军，大喜。方携随从文武大臣，抛了楼船，来到临安。因韩世忠以八千兵困兀术数十万众于黄天荡，凡四十七天，歼敌十余万，遂拜世忠为检校少师、武盛感德军节度使、神武左军统制。

第十二章　苗刘兵变

金军既去，江南遂平。这时，临安节度使苗傅、总兵刘正彦来报，临安宫殿已经建成，请圣驾入都。高宗备好车驾，来到临安，见临安虽于不久前遭敌蹂躏，毕竟已修缮一新，自然满心欢喜。心中唯一点不乐：这临安仍是太靠北了，若将新都迁到湖南广州才好。可惜，朝中几个忠臣，死活不依。说是：若迁都湖广，不仅长江之险不守，即使淮南，也将不为我大宋朝所有。

高宗做康王时，倒也俭朴，不闻有甚大过，又颇乖巧，深得父皇欢喜，无奈既非长子，也非嫡出。此时既当上了皇帝，便又思谋着，如何好好享乐一番。

临安乃今之杭州，可谓山光水色，妩媚一如西子，又兼阳春三月，道不完的美景，说不尽的好处。于是，高宗日日与后妃们宴筵游湖，将朝政弃置不顾。

那苗节度使、刘总兵比黄潜善、汪伯彦，更善于蛊惑人主。见众元帅皆征战在外，朝中又少忠义之士，实在有点居心叵测。二人亲握精兵，不免臭味相投，一拍即合。

当时，临安西郊五子山上有个玄黄观，观中有位八旬老道，鹤发童颜，长髯飘逸，果然仙风道骨。观中竟私蓄数十名妙龄女子，年龄都在十五六岁。刘总兵偶尔间得知观中奥秘，便与苗傅商量，想占观夺人。

次日，苗、刘两人领了十多名健卒来到玄黄观，到观中一看，老道早已携众女子逃之夭夭。心下愤恨，一把火将玄黄观烧个精光。

不想，这把火烧恼了朝中一员大臣，就是黄潜善。黄潜善本来就看不惯苗、刘二人在皇上面前擅宠，于是在高宗面前参了他俩一本。道他们无故不朝，无人臣之礼。又焚烧道观，抢夺民女。

原来，这道观是宋徽宗时所建，宋徽宗又最笃信道教，高宗一气恼，即夺了苗、刘二人的官。

苗傅本欲举事，此番狗急跳墙，遂与刘正彦点了本部兵马，径往午门冲杀而来。御林军杀出抵抗，到底寡不敌众，俱被杀散。

苗、刘二人遂将皇宫围得水泄不通。苗傅虽为节度使，然拥兵有限，只为众将率兵，各守驻地，故有此变，但自己仍是不敢奢望当皇帝的，遂遣其死党吴湛进宫，道：苗傅并不贪国，只为天下除害。

其时，高宗宫中有个宦官叫张舍的，当下朝宫门外厉声斥责道：大胆逆贼，敢惊动圣驾，待勤王之师一至，必将你们千刀万剐！还不速速带兵归营，或免一死。

刘正彦闻言大怒，也不与苗傅商量，带着五十名健卒冲进宫来，向张舍道：千刀太多，万剐嫌慢，俺赏你一刀吧！手起刀落，将张舍的头割了下来，且立时下令：杀尽宫中宦者！

众兵得令，四散开去。一时之间，也分不清是宦非宦，哪个该杀哪个不该杀。刘正彦本是个总兵，甚少进宫，宫中也少相识的，遂道：不论是否宦者，但见无须者杀之！

可怜高宗宫中，百数十人遭戮。

高宗一时唬得魂飞魄散，心想：虽不死于金人胡帐中，却命丧于自家叛兵刀下，实乃不甘。一时躲在寝宫不肯出来。

杭州知府康允之闻变，即率随从赶来皇宫，向宫中呼道：陛下宜登楼向军士们降旨。百官皆以为然。

高宗只得从寝宫中出来，登上宫楼。

苗傅、刘正彦等见高宗出宫，乃呼万岁而拜。

高宗凭栏而问：何故妄杀内侍？

苗傅厉声道：陛下信任宦官，军中有功者不赏，私交内侍者即得高官。黄潜善、汪伯彦奸佞小人，误国害民，至今犹为高官。另有王渊等遇敌不战，祸国殃民，劫夺富民家财物，也得高官。臣等功多，陛下竟令夺官！臣因请斩黄、汪等人以谢三军，以慰万民！

高宗惊慌失措，语无伦次：黄、汪二人俱不在宫中，且虽有罪，尚不及诛，朕将流放其于海岛，子孙永不叙用。卿可率军士归营，以安朕心。朕即降旨封你为承宣使，御营都统制，正彦为观察使、御营副都统制。

苗、刘二人仍不退兵，高宗向百官问计，浙西安抚司、主管机宜文字时希孟奏道：祸自宫中出，不悉除之，祸或难免，请陛下即将王渊、康履等交付于贼。

高宗甚是为难，道：二卿皆有大功，怎可付贼？

当下王渊、康履出列，向高宗奏道：若陛下能渡此劫，则臣命岂惜？请即付贼！高宗不得已，令贼将吴湛把王渊、康履将二人腰斩。

高宗再三屈尊俯就，苗、刘却仍不肯罢休，索性一不做，二不休，竟口出狂言道：帝不当即大位！若二圣南归，帝将如何处之？

高宗听见话头不对，遂命用绳索系住座椅，将尚书右仆射朱胜非垂至楼下，使劝谕叛军。

苗傅说：朱大人听禀，帝不当立，天下皆知。今宜奉隆祐太后垂帘听政，遣使与金国议和，勿使百姓涂炭，皇上自当传位于皇太子，非此不肯退兵。

朱胜非回报高宗，高宗即令君臣商议。时希孟道：陛下宜率百官死社稷，不从叛军之请。知府康允之却道：知权宜变，祸在当前，解祸者先解当前。及勤王师至，苗、刘二贼何有为尔？

高宗道：众爱卿莫再争议，朕主意已定，朕当退位，太后听政。

朱胜非犹谓不可，杭州通判章谊道：陛下，宜由太后出，亲谕叛军，则苗、刘无词。

高宗只好请出隆祐太后。太后肩舆出至楼前，苗、刘二贼拜道：今日百姓无辜，陷于水火，望太后做主。

太后道：道君皇帝任蔡京、王黼为相，改祖宗之法，童贯起边衅，以致金人入侵。今皇帝圣孝，无失德，只为黄潜善、汪伯彦所惑，今二奸侥幸不在宫中，日后自当诛灭。王渊、康履勾结宦官作乱，已诛于军中，苗统制犹不知足乎？

苗傅答道：臣等定议，必当立太子，请太后听政。

太后道：如今边烽未熄，大敌当前，卿必使一妇人抱三岁儿帘前听政，何以号令天下？

刘正彦率众军士号泣固请，那哭声恰似唱戏一般。

刘正彦道：太后不从臣请，臣当自戮！遂假意举刀欲自刭。

太后慌忙阻住。

忽然，楼内高宗遣人来奏太后，称帝欲禅位。

太后仍是不许。

苗傅、刘正彦在下听见，一时又聒噪骚动起来。

尚书右仆射朱胜非道：陛下不可禅位。臣义当赴死，乞陛下允臣下楼，面诘二贼！

高宗急忙扶起，屏退左右，向胜非道：宜知权变，当为后图，事不成，后死不晚。

朱胜非前道：王钧甫乃二贼之心腹，适才与臣语，二将忠勇有余，而才学不足，不足以成就大事。此事固可权宜处置。

君臣二人密议多时，以告太后。

翌日，高宗避位于显忠寺，号为睿圣仁孝皇帝，改显忠寺为睿圣宫。

太后垂帘听政，留内侍十五人，余皆遣散，众臣也各赴任所。

却说朱胜非连夜起草诏书，着心腹分送江阴韩世忠、汉阳岳飞、平江张俊等元帅，令他们勒兵勤王。

岳飞得书痛哭号泣，即令张宪留守汉阳，王贵、吉倩辅之，自率五千兵马直向临安府来。

世忠接报也是大恸，引兵三千而来。到常熟境内，正与张俊兵合，二将拍案怒骂，愤慨不已！

如此国难当头，而奸贼生变于心腹之间，不痛加剿戮，何解心头之恨！

世忠即欲进兵，张俊却道：宜师次湖州窥变，本帅已遣人入京诱贼。

世忠遂道：张元帅所言极是！贼若狗急跳墙，却将皇上胁迫而至海上，则救驾更其艰难。

二人相商已定，遂相偕拔营，到得临安湖州境内，但将大军扎住，静候京城谍报。

苗、刘二人果然如王钧甫所言，才学不足，心中全无半点成算。

朱胜非道：依旧例，垂帘听政当由二人同对，今时势艰难，朝廷人少，只能一人独对。

太后许奏，胜非恐苗、刘生疑心，每入对，必与一贼同进出。

有时，苗傅入对，太后称其忠勇，赤心为国，苗傅大喜，毫无戒备，以故，朱胜非常有机会与太后密商对策，计议复辟。

其时，苗傅突发奇想，要改元；刘正彦又要迁都建康。太后左右为难，胜非奏道：此二事若皆不依从，贼必生疑心，权衡轻重，不如依了苗傅，改元；驳回刘正彦。太后依奏，一一照办，遂改元

“明受”。

苗傅因兵变成功，自以为太后是个老妇人，自己一样可以号令天下，犹如汉之王莽、周之杨坚，不多时也可以逼皇帝禅位，自己当皇帝不过是早晚的事。遂将宫中杂务及军中诸事，悉付正彦总管，自个却欢天喜地，暗下置办仪物，采集美女去了。

一日，刘正彦劝道：苗都统，近闻各路勤王之兵渐至，万事须当谨慎，不然，可是灭族的结果。

苗傅道：怕他甚的，鸟皇帝还在我手中呢，他投鼠岂不忌器？

刘正彦摇头叹气而已，只得与吴湛两个布置防务，分派兵丁，又将宫中百官及高宗严密看管起来。

可惜，百密一疏，大元帅张俊所遣使者，却于暗中见过朱胜非，尽得城防布局及各处守将姓名。遂潜出城门，报与张、韩二元帅，又奉高宗密诏：朕忧心如焚，社稷将倾。二贼懦弱，恐一时不敢杀朕，卿等宜即速进兵，以谋复辟。

二元帅见状，俱各大恸。两人相对而泣，且道：为赴君难，便万死无所辞！言毕，即时拔营起兵，一日而至临安北城门外，正巧与岳飞先锋牛皋、汤怀相遇。二先锋即以数百精兵，布于西城门外。

刘正彦闻知，四方勤王之师，云集于城外，大惊失色，急寻苗傅不着，有知情者称，苗都统却在宫中。正彦心急火燎，闯进宫中，寻到苗傅，遂将张俊、韩世忠、岳飞三人率兵而至之事，一一细说。

苗傅想做皇帝的念头，生出来容易，丢开去也方便，忙道：事既至此，不妨将赵构从睿圣宫中放出来，让他复辟做皇帝，逼他给咱发个铁券，以保性命无虞。

刘正彦道：恐事已至此，来不及了。

苗傅道：这倒未必，俺令守军全力死守，也挡得他几日。而复辟的事，几个时辰即可。

两人想法已定，即领二百骑兵，直趋睿圣宫，也不管高宗愿不愿意，即时挟往皇宫，召集百官。

高宗原以为二贼狗急跳墙，欲将他一刀杀死。岂知不但不杀，反将皇帝龙袍归还于他。一时也不知该喜，还是该忧。

朱胜非见状，唯恐激怒二贼，遂向高宗奏道：苗傅、刘正彦，本意非贪皇位，欲杀奸佞而已。今主上宜即复大位，厚赐苗、刘二人，则臣民安乐，天下太平。

高宗闻奏，遂即复位。诏尊太后为隆祐皇太后，立嗣君为皇太子。迁苗傅为淮西制置使，正彦为副制置使。

制置使未必是苗、刘所想要的，关键是要能保命的铁券。铁券是中国古代皇帝发明的一种凭证，举凡立有大功勋的大臣，皇帝赐以铁券，执此铁券者，无论犯下何等罪状，皆可不问，纵然犯了忤逆罪，也同样赦免。

因此，皇帝极少赐臣下以铁券。

此刻，苗傅、刘正彦胁迫强要铁券，高宗委实有点为难，众大臣一时也不知如何是好。按说，苗、刘之罪，是断断赦不得的，若赐铁券，则又当别论了。

还是朱胜非有主见。眼看贼兵剑拔弩张，即将酿成大变，就向苗、刘二人道：宫中铁券，本归黄门宦者执掌，如今宦者悉被伏诛，一时也找不到。

刘正彦道：即刻着你去找，限一个时辰！

胜非虽知铁券所在，此刻却仍犹豫，不愿轻易让二贼逃脱。转了一个圈，出来说道：二位都统，一时之间，实在是找不着。

苗傅大怒，即令军士推过朱胜非来，举刀欲砍。

这时，急坏了帘子后边的老太后，道：苗都统且慢，待老身再想想。噢，对了，当初道君皇帝发赐过许多，却是差人往御书房去取的。

二贼闻言，也不搭话，直趋御书房，取了两份铁券，高宗没奈何，只得将铁券烙上玺印，苗、刘既得了铁券，当下出宫引两千精兵，向西城门外逃去。

西城门外正是牛皋、汤怀把守。突见城门洞开，冲出一支人马。汤怀料定必是叛军，向牛皋道：大哥严令，二元凶不能生擒，也必取首级。牛哥留意。

牛皋道：他皇帝老儿的事，俺也不操心，只是大哥吩咐，俺自然用心！

两人商量已定，将一千军马一字排开。

但闻汤怀喝道：元凶伏诛，胁从不问！

单骑突前，后面将士也蜂拥而至，一阵混乱，叛兵只求保命，两千倒有一千投降的。

刘正彦自知大势已去，向汤怀道：我有皇上所赐铁券，杀我即是犯上！遂将怀中铁券取出。汤怀闻说一怔，不知该不该擒他。正自犹豫，苗傅一支暗箭哧地飞来，汤怀急忙避过，早中右肩。

旁边牛皋看得仔细，勃然大怒，拍马来战。

刘正彦取券以示，叫道：牛将军请看，真是皇上所赐！

牛皋骂道：便是玉皇大帝所赐，俺老牛照样不管！

左一锤，右一锤，苗、刘二人的头颅，顿时碎成个鸡蛋似的。

汤怀忍痛将肩上箭镞拔出，向牛皋道：头颅碎成这样，却如何向皇上请功？

牛皋大笑道：俺也不稀罕皇帝老儿的功！

说着，下马来到苗、刘二人尸体旁边，将两份铁券捡起撕碎，掷进护城河，又向汤怀道：汤兄弟，你可曾见过二贼有铁券？

汤怀灵机一动，心领神会，回道：牛哥，俺没见过，你呢？

俺也没见过！

北城门也于此时为韩世忠、张俊攻破。

世忠急驰向皇宫，高宗步行至宫门，也不让世忠下跪，握住他的手号啕大哭，又道：军中吴湛，佐逆贼最得力，至今仍在宫中，卿为朕先诛之！

世忠闻旨，大步奔向宫中，吴湛正率十余位侍卫往外走，见世忠来，寒暄道：韩元帅别来无恙？世忠也不接话，一剑刺出，吴湛一命呜呼了。

牛皋、汤怀杀了苗、刘二贼，唯恐皇帝因铁券一事怪罪下来，不料，高宗得知二贼伏诛，大喜过望，升牛皋、汤怀为军中左右都督。世忠因杀吴湛，救皇驾有功，授检校少保、武胜昭胜军节度使。

高宗初被兀术所迫，遁身海上，迁都临安，复遇苗、刘之变，也实在是多灾多难。及世忠等人入城平叛，高宗才安心。自此以后，江南地虽偏僻，难举大业，高宗毕竟在临安府中又做了三十年偏安皇帝。

苗、刘之变后，高宗深为恐慌，改变了对武将的看法，从此，对军中将帅颇多疑虑，以为军权须由文臣执掌。这次事变，也成了日后奸相秦桧蛊惑高宗解夺张俊、韩世忠、岳飞三大将军权之理由。

平叛事毕，岳飞和各路大军，分别回到原来的驻地。

第十三章　秦桧卖国

靖康二年，金人破了汴京城，掳二帝及宫妃大臣数百人“北狩”。秦桧就是其中的一员。当时在达懒军中，后来兀术听其兄说到秦桧，便欲将其要到自己军中，达懒一时不肯。

只因当时，金国朝内君臣，欲立异姓王于中原，秦桧力陈不可，忤了达懒，一怒之下，将秦桧及其家属一并赏给了帐下小将赤盏萌眼。

秦桧本是富贵出身，少年得志，于政和五年中了状元，即补密州教授，后历任太学学正。如今，却成了一个金兵小将家奴。虽一肚子墨水，于赤盏萌眼，却是毫无用处。赤盏要他去放牛羊、挤奶、做家务，秦桧却是件件不会。遂常常被训斥责打，几乎无日安逸。

秦桧妻子王氏，本与秦桧同乡，江宁富宦人家出身。生得俊俏风流，妩媚动人。年方二八，即已嫁入秦府，可谓郎才女貌，锦衣玉食。如今与秦桧，同入赤盏府中，也只好忍气吞声，她在赤盏家中察言观色，上下讨好，左右取巧，忍辱偷生。

赤盏家中，有个五十多岁的管家，却是淫荡好色之徒，看着王氏那姣好的容貌和身段，不禁垂涎三尺。

一天，管家故意支开秦桧，叫他随羊倌去放羊。北人放羊，没有十天半月回不来。王氏欲同去，向李管家求情。

李管家向王氏道：你丈夫落魄到此种地步，你同去干啥？不如留在家中，吃喝也方便些。

王氏道：求老爷开恩，鄙夫君不谙放牧，妾同去也好帮他照看些。

说着，向李管家嫣然一笑，她这一笑，李管家越发把持不住，浪笑道：答应夫人也可，不过，夫人也须答应俺一件事，一报还一报，两清楚。

王氏道：妾乃残花败柳，一无所有，有什么事能帮大人？说完又是一笑。李管家知道，王氏心中已经默许，涎着脸凑近身去，将手搭在王氏肩膀上道：夫人应我一时所请，俺关照你一生一世。说着，就欲捧着王氏的粉脸亲吻。

王氏如何消受得了管家那一身腥膻味，奋力挣脱，也不及整衣服，急匆匆跑回自家房中。

秦桧一见，略知三分。当下也不曾骂她半句，也不肯搭理她一句，独自上床睡去了。

王氏万般委屈，只得脱衣去睡，在他背后暗暗抽泣道：妾嫁秦家，不享富贵也罢，竟落到如此地步，相公你还拿腔作势，妾不如死了的好。

秦桧猛地翻转身来，恶狠狠地说：我秦桧日后必有所为，但你必须切记，你是我老婆，得我先富贵，方有你荣华！

说毕，转身睡去，再也不理她。

王氏十分委屈，自己本欲随他同去牧羊，好照顾他，却好心不得好报。然而，丈夫的话，也确实在理，所谓夫荣妻贵，自古皆然。

翌日，秦桧早早被管家赶出了家门，同去的两个羊倌，都是凶神恶煞一般大汉。看来，秦桧此行凶多吉少。但秦桧看上去有点木讷，可不论多么危急的事临头，他都不惊慌。汴京失陷时，二帝被掳，众臣惊慌失措，恸哭欲绝，唯他一人不急不恼。此刻，他也一样不慌不忙。反正他坚信，日后他必有大富大贵之日，不管是在金国，还是在宋国!

秦桧走后，王氏好不寂寞。她不通金语，家中丫鬟，没一个能与之说话解闷。唯有从汴京跟来的家人何立，也碍着男女有别，没空多搭讪。李管家也不派她做活，把她一个人晾在一边。如此过了三天，倒也无事。

到第四天晚上，家中俱已熄灯安寝，王氏早已闩好门，睡觉了。忽然，听得窗户上有细小的响声，王氏吓得不敢吱声。俄而，那声音越来越大，慢慢地，窗纸被割破，一只大手伸进来，拔开插销，随即，跳进一个大汉。借着月光，看得分明，正是李管家。王氏吓得惊叫一声，被李管家捂住嘴巴：小媳妇，不许出声，否则我扼死你!

王氏吓得瑟瑟发抖，可就如此依了李管家，王氏也决不肯。李管家强挤上床来，被王氏一腿蹬下床去，疼得他嗷嗷直叫，发起狠来，向王氏小腹就是一拳，打得她半死过去。又猛地掀开被子，王氏雪白的肌肤，顿时尽现眼前。李管家火烧火燎般地，将她内衣一把撕裂，一时胴体尽裸，双峰毕现，看得李管家目瞪口呆，伸手向王氏乳房胡乱揉捏。王氏猛地跳将起来，跟李管家死拼活拼起来。屋小人乱，不免弄出些椅翻碗碎的声音。

这声音，惊动了一个要紧人物，正是李管家老婆，一个四十来岁虎背熊腰的悍妇。她一见丈夫不在家，循着声音而来，不问而知，老公又在干何种勾当!当下守在王氏门口，李管家这里，见好事不成，怕事情闹大，不好收场，便弃了王氏，夺门而逃。被老婆一把抓住，顺手就是一巴掌，将他打得晕头转向。老不死的，又干这等勾当!一个还不够，又来勾引淫妇!骂完，又冲进屋去，一把将王氏从床上拎起，又是一顿老拳，将王氏打得呼天抢地。何立住在王氏隔壁，气不过女主人受此毒打，抓起一根铁棒，向管家老婆冲过去，管家老婆不免心慌，假作镇定，喝道：你想怎的？报与赤盏老爷，将你主仆二人杀了喂狼。

何立全不理睬，恶狠狠地盯住她，道：你再敢动俺夫人一根毫毛，俺砸烂你的狗头！

管家老婆被何立吓住了，悻悻道：俺报与老爷去，有你的好看！

赤盏萌眼老爷，早已知道外边的事情，在七八个家丁簇拥下赶到，说道：何立，将衣服递与你家夫人穿好。

此刻，王氏又羞又疼又冷，哭作一团，像个泪人似的。何立递上衣服，几个丫鬟上前相帮，穿上衣服。

何立，你是南朝亡国之人，被掳之囚，焉敢执棒威胁主人？本当将你杀头，念你救主之义，免死，孩儿们，拉下去重责五十棒，教他学乖些。

何立即刻被掀翻在地，一阵乱棍伺候，王氏不免愧疚，向赤盏磕头求情。赤盏萌眼遂道：应你之请，就打二十吧。说罢，又将李管家叫来。道：本老爷待你不薄，凡此家中之物，不管活的还是死的，皆是我的！你在我府中多年，岂能不知这个规矩！何况秦桧夫妇乃三太子所赐，你怎敢夺主人所好？而且一犯再犯！俺饶你第一次，不饶你第二次！孩儿们，拉出去，砍了！

原来，金国律条规定，奴婢有过，主人不报官而杀之，罚青牛一头。因此，赤盏操有生杀大权，府中上下，无一人胆敢冒犯。李管家顿时吓得晕倒在地，管家老婆也扑过去，抱住赤盏的脚，乞求开恩。赤盏一脚将她踢开，道：为你自己求饶吧！念你在俺家也十多年了，今赐你一头青牛，即时滚蛋，再不要叫我看见你。

早有家丁将管家头颅并一头青牛送上，又将管家老婆提上牛背，牛屁股上加一鞭，赶出家门。

赤盏将家丁遣散，令丫鬟扶王氏到他的堂房去。

此时，王氏骤遇变故，神魂颠倒，身不由己，就被丫鬟领到赤盏房中。赤盏命送上酒菜，屏退左右，让王氏坐定，向她说道：今日之事，实出意外，本老爷敬酒一盅，为夫人压惊。

王氏犹自惶恐，结结巴巴地谢道：谢老爷做主，使妾得避羞辱。

赤盏递过酒来，王氏不敢不喝。一杯下肚，赤盏又斟上第二杯，接连三杯，王氏方才稍稍定下神来。赤盏却是大碗喝酒，连尽三碗。看那王氏，衣衫半敞，粉腰微红，一副娇羞欲滴的样子，遂一把搂过王氏，将她抱于自己膝上，向她耳语道：夫人如此美貌，赤盏我真是有眼无珠。王氏也嘤嘤道：妾乃残花败柳，只恐有污老爷贵体。

赤盏闻说，知她已应了一半，心中十分欢喜，且将她云髻松开，但见乌丝飘垂，发香送鼻，一时也顾不得怜香惜玉，将王氏抱起放倒在床上，将她轻薄衣衫一股脑儿剥开，可怜王氏才出狼窝，又入虎口，再也没奈何的了，遂半推半就，由他无礼。

从此，一连数日，王氏夜夜在赤盏房中过夜。见女主人自己投怀送抱，家人何立也就无话可说。忽一日，王氏正与赤盏喝酒，猛地想起丈夫已数日未归，不由得担心起来。酒毕，赤盏又欲求欢，王氏坚辞不允，向赤盏道：老爷将我的丈夫还我，不然，我立时死在你面前！说毕，就抓起一把短刀。

赤盏道：俺与夫人何等欢爱，还要丈夫作啥？

王氏将短刀朝颈上刺去，赤盏飞也似的将她手腕架住，却早已划破了皮。赤盏叹道：夫人这是何苦？俺还你丈夫便是。

赤盏本来想将秦桧杀了，免得碍手碍脚的。如今见了王氏这一出戏，遂打消了这个念头。不数日后，秦桧牧羊回来。因为王氏的缘故，秦桧得着许多便宜，但赤盏仍时时将他支出家去，与王氏双飞双宿。王氏心中有愧疚，但想到丈夫一时也没有性命之虞，便安心许多。

一天，天暖宜人，却是初夏时节，王氏骑着赤盏的一匹大马，在草地上溜达，眼见得走进一片树林子，听见一阵军士们的呐喊声，王氏十分纳闷，心想总不会有宋国的军队打到这里来吧。忽听一声摄人心魄的虎啸，一只吊睛白额虎，从林子里扑将出来。王氏的坐骑嘶叫一声，将前蹄直立起来，王氏被甩落在地。那马见有虎来，撒蹄狂奔，王氏失声嘶叫，眼看将落虎口。

正当万分危急时，林子里冲出数十骑健马，为首一位最是迅捷，见状将手中利戟奋力掷出，但听哧的一声，扑起的老虎笔直坠落下来。众喽兵见状齐声喝彩，内中一部将道：元帅果然好身手，虎口救美人。

王氏却早已吓个半死。被称作元帅的大汉，从马上跳下来，将昏晕的王氏托起来，看她容貌，真是个沉鱼落雁，羞花闭月。几片晕红布满两腮，细细的眉毛，一如新月，淡而柔长，一张小口，血也似的红，恰似欲把男人含在里边融化了。再看衣着，红衫绿裙，胸前两座乳峰，似嫌小衫太过束缚，直向前突放。那元帅将她抱在怀里，轻软如羔羊，柔若无骨。但觉这夫人，容貌面善得很，肯定不是女真人，一时也想不起到底在哪里见过。

当下，元帅领众将回到帐中，唤过仆妇，好生侍候王氏，等她醒后再作打算。

你道这位元帅是谁？便是金国四太子完颜兀术。兀术此番侵宋，虽得了不少金帛宝玩和美女，土地也占了无数，但人马折损甚多，一时，也难得再凑出几十万人马来。而宋国仍有许多义军及零散的官军在河南、河北各处活动，伪齐皇帝刘豫，为广大汉人所不齿，其所统军队之战斗力更是薄弱。金国辖地扩大，人口增多，一时入不敷出，国用颇为拮据。

因此，兀术正欲在南朝众臣中寻觅一个人做内应，促成和议。可惜，南朝被掳众臣中，大多不与之合作。于是，兀术甚是为难。忽而想起秦桧，向三皇兄要人，三皇兄却早已忘了将其夫妇赐予哪位牙将了。兀术无奈，遂率众家将出来围猎取乐。

忽有家奴来报，那位夫人醒了。

兀术顿时心头为之一亮，似有所悟。即忙喝退左右，独于屋中见王氏。

王氏见兀术进来，忙从床上起身，向兀术拜谢道：谢元帅救命之恩，妾这边有礼了。

兀术问道：夫人是哪里人氏？缘何单身独骑在荒山野林之中？

王氏凄然泪下，向兀术道：禀元帅，妾乃中国状元秦桧之妻是也。前时与国中二帝，同来北国，夫君本在三太子帐中，蒙三太子关照，我夫妇二人倒也安稳。不料，拙夫冒犯了三太子，被赏给了赤盏萌眼。今我夫妇俩及家人，皆在赤盏老爷家中为奴。

果然不出所料。兀术暗喜，又问：夫人可知我是何人？或许我与你见过面呢？

王氏将头微微垂下，道：元帅乃大金国四太子。

兀术道：可是适才丫鬟告诉你的？

王氏瞟他一眼，羞道：元帅魁伟出众，一表人才，妾在三太子帐中见过一面，何敢轻忘？

可真是个乖巧的女人。兀术听得十分舒服，便向王氏道：本帅读过不少圣贤之书，也是知书达礼之人。夫人放心，万事必将妥帖。

说毕，兀术着人唤来两个从宋国掳来的使女，来侍候王氏。同时派人备些礼物，向赤盏萌眼赎回秦桧夫妇。赤盏虽然十分不愿，但他一个小小的千人长，怎敢抗拒四太子的旨意？

兀术是个很有心计的人，于王氏面前，净说如何器重他们，令其心存奢想。但对秦桧每日里虽好酒好肉款待，却只是将他晾在一边，不理不睬。

秦桧原以为，此番，或许就是翻身转运的机会，见兀术并不理他，虽不露声色，心中却也十分焦急。

一天，秦桧向王氏道：夫人，俺与你身在异邦，总不是个办法。如今四太子对你既颇有好意，夫人不妨去与他说说。

王氏道：你自己不去，却让我去。我一个妇道人家，多有不便。何况，相公不也一直防范着我吗?

秦桧道：这是我的不是了，夫人休怪。如今我也将此事看透了。人在屋檐下，不得不低头。难为夫人了，如今我俩，为二帝吃了不少苦头，转机全在这金国四太子一人身上。

王氏闻言，不觉哭出声来：相公知我为难就好了。日后可也莫要怨我，妾也实在是迫不得已。

这一夜，夫妻俩同叙心曲，共诉衷肠，更兼恩爱，一如新婚。主意已定，王氏便行动起来。

完颜兀术并不十分贪色，无奈王氏曲意奉承，竭尽挑逗之能事，兀术一个大汉，如何抵挡得住？遂入窠臼。

那一天，秦桧借故外出，王氏让两个使女去请兀术，说是夫人身体不适，请元帅过去说话。兀术过去，两个使女知趣地守在门口。兀术进屋，但见王氏，花枝招展，打扮得十分娇艳。屋内又备了一桌酒席，不觉有些意外，向王氏道：夫人，俺无功不受禄。夫人这酒，却是为何而设?

王氏敛衽一揖道：元帅有礼。妾失身虎口，没有元帅相救，何有今日？既相救，复相养，元帅于我夫妇，恩重如山，情比父兄，说什么无功受禄?

兀术道：事出偶然，夫人不必放在心上。

王氏请兀术坐定，自己斟上两盅酒，递一盅与兀术，自己举起另一盅，向兀术道：元帅之恩，妾没齿不忘。妾与元帅，可谓萍水相逢，乞元帅饮一杯酒，权当是妾的一片真情，借酒奉献了。说着，举盅与兀术碰杯，遂一饮而尽。

接连三杯，兀术甚觉不便。向王氏道：俺北人喝酒，惯用大碗，这酒盅太小。

王氏回道：贱妾量小，故用此盅。元帅既觉不便，妾当以大碗相敬。言罢，即将酒斟满海碗，自己先呷一口，过来偎在兀术身边，娇滴滴地道：英雄海量，请元帅为妾满饮此碗。说话间，便将上半身靠在兀术肩上。

兀术顺势将她搂在怀里，以右手将海碗举起，一口喝个干净。放下碗，抚着王氏脸颊，轻声道：夫人如此垂爱，叫俺兀术何以为报？

王氏将头埋入兀术怀里，道：元帅差矣，妾为牛为马，愿侍奉元帅一生。

常言道：茶是花博士，酒是色媒人。兀术几碗酒下肚，拴不住心猿意马，便顺势去解王氏衣衫，王氏盈盈一笑，将身子靠近去就他。两下里席间成就了好事。

王氏勾搭兀术，原只是虚情假意，为丈夫秦桧返回南国而不惜牺牲自己，及至后来，与兀术男欢女爱，竟弄假成真，再也丢他不开，把个秦桧气得七窍生烟，却也有火没处发。

一晃半年过去。一天，兀术于元帅府宴请秦桧夫妇。秦桧见请，知道机会来了。两边寒暄毕，兀术向秦桧道：秦先生夫妇，久在我大金国，兀术多惭地主之谊，有不当之处，还望贵夫妇海涵。吾因久仰秦先生大才，实不欲让你回去，只是你南鸟恋枝，现应回国。本帅备此薄宴，聊以为君送行。

秦桧闻言大喜，但仍不露声色，谦虚道：晚生阶下囚而已，得蒙不杀之恩；拙荆王氏，更得元帅相救于虎口之中。晚生良禽择木，久无归念。虽承元帅好意，不敢从命。

兀术闻言长叹道：俺金国与你宋国本是一家，为兄弟也。如今却是兵戈不休，连年征战。百姓何罪，以致生灵涂炭？我意必欲两国和议通好，与民休息。无奈，南朝张俊、韩世忠、岳飞等拥兵自重，唯恐天下太平，失去立功发财的机会。本帅以为，这和议一事，非秦先生这般足智多谋之士不可。

这些，全在秦桧预料之中。遂顺水推舟道：下官才疏学浅，得蒙不弃，敢不效命？窃意也以为，金国中国，本乃一家，休兵通和，方为上策。至于疆土分划，宜依现状。总之，一个大要：南人归南，北人归北。

若按此议，则河南、河北、河东不必论，便是淮南、淮北，也当划入金国版图了。秦桧此语一出，兀术心花怒放，连连称好，深信自己选准了对象。

秦先生归国，前途无量。内主朝政，外和邻邦。吾观宋国，历朝宰相，秦先生大才，无一人可比。先生此回，彼此能和，周旋其间。俺北人直来直去，心直口直，比不得中国巧诈。有先生做主议和，本帅心愿足矣！言毕，即向秦桧赠诗一首：

汴水东流无限春，雨淋雾夜赴归程。
受恩深处莫回顾，不举醇酒亦醉人。

秦桧立即回赠一首：

愁听清猿梦里长，受降城外月如霜。
戍楼吹笛人休战，兵气消为日月光。

宴毕，兀术送客。秦桧夫妇才到家中，早有番兵番将备妥行李，兀术并赠厚礼一份，无非是些金银珠宝。秦桧差人向兀术禀告，启程之前，须先谒二帝，兀术答应。秦桧遂往五国城，面谒二帝。

燕京城中，王氏自去向兀术拜辞。待无人时，王氏忍不住泪流满面，向兀术道：贱妾荆布下陈，上托同心之好，得荐枕于元帅。方拟百年奉伺，何忍一旦抛弃？妾自奉侍太子，始知人间有男子耳！

兀术道：吾意须通和好，此事非你丈夫不能主持，非夫人谁来助成？今勉言割爱，实若断肠！男儿唯以国事为重，夫人此去，恐再见无时。今有相思珠一对，你吾二人，各持一枚，日后见珠，如见人矣。另有虎皮裘一领，已在夫人行李之中，这正是从那只惊扰了夫人的大虫身上剥下来的，夫人当知我心曲。

王氏恋恋不舍，待回到家中，秦桧也已探望过二帝及高宗生母显仁皇后而回。次日，秦桧与兀术密议，杀了几名守营军士，与妻子王氏并家奴们，取道涟水军，由海上义军相助，航海而到浙江临安府。

兀术前脚送走秦桧夫妇，后脚领起十多万兵马，浩浩荡荡，又一路杀往南朝。

第十四章　壮怀激烈

且说宋高宗，闻听岳飞前方奏捷，对着朝臣们慨叹道：朕素闻岳飞治军有方，行军纪律为诸军之冠，却没有想到，他摧敌破寇一样的厉害！果然是攻无不克，战无不胜，堪称当世战神！

签书枢密院事胡松年道：陛下明察秋毫，远见万里。正因岳飞军纪严明，故而才能百战百胜。倘若赏罚不明，士卒不整，队伍散漫，那就不会打胜仗矣！

高宗点头道：正是如此。没有严明的军纪，便无法作战，这是为将治军之根本。可如今，诸多大将，军纪涣散，作风浮夸，当使之改进。因此朕以为，当树岳飞为我朝治军典范。

众文武大臣皆道：正该如此表彰岳飞。

高宗非常开心，大声道：传朕旨意，嘉奖岳飞治军有方，战功卓著，以为治军典范。从此以后，岳飞所部以秋毫无犯、安堵不惊，而闻名天下；又以鼓勇敢战、摧锋决胜，而著称朝野，享誉一时。

岳飞因大败斡离不，又兼先锋牛皋、汤怀救驾有功，高宗对岳飞特加恩赏。高宗皇帝派司农少卿李若虚为钦差大臣，到汉阳军营向岳飞宣读诏书：

岳飞佐命有功，宜加恩赏。今拜岳飞为武胜定国军节度使，开府仪同三司，河北两路宣抚使。原有各职封俱予保留。岳飞既荷国恩，当急赴国难，赤心为国。钦此！

众将齐呼万岁，谢恩毕。岳飞向前道：李大人，请赴帐中一叙。

李若虚稍作谦让，就先走了进去。

帐中已摆下一席酒，甚是简单，仅有鸡、鸭并多样蔬菜，数量最多的是豆腐。李若虚皱一皱眉头，早被汤怀瞧在眼里，向岳飞耳边道：大哥，让我去向城中富商要一席好点的菜肴吧。

岳飞猛地在他脚上踩了一下，疼得他几乎叫了起来。这一切，李若虚却全看在眼里，也不等岳飞说出话来，便抢先道：岳老弟，方才那位小将军眼尖得很，下官稍一皱眉，就被他看出来了。其实，我哪里是嫌你酒菜不好，岳元帅立此大功，居此高位，下官想，你军中虽甚局促，备一桌丰厚宴席，还是不成问题的吧？只是如岳老弟这般克己奉公、赤心为国者，咱中国要是再多几个，还怕他金国逞凶？以此皱眉，小将军不要误会。

汤怀十分惭愧，忙向李大人谢罪。岳飞万分感慨，向李若虚说：李大人，小将岳飞，起身行伍，屡立战功。今新皇上即位，以俺有佐命之功，数加擢升，可谓官已尊矣，禄也厚矣。就如本朝三十岁而建节者，唯有太祖一人，然而，一方虽然初定，二帝未有还期，我身受国恩，志存杀敌。岳飞此心，唯天可鉴！

岳飞与李若虚，酒宴之后，乘兴登临黄鹤楼，凭栏远眺，心旷神怡；遥望中原，心花怒放；思绪翻腾，浮想联翩。因之诗兴勃发，吟出一首慷慨激昂的《满江红》词来：

怒发冲冠，
凭栏处，
潇潇雨歇。
抬望眼，
仰天长啸，

壮怀激烈。
三十功名尘与土，
八千里路云和月。
莫等闲白了少年头，
空悲切。

靖康耻，
犹未雪；
臣子恨，
何时灭。
驾长车
踏破贺兰山缺。
壮志饥餐胡虏肉，
笑谈渴饮匈奴血。
待从头收拾旧山河，
朝天阙。

千百年来，岳飞的这首《满江红》传诵不衰，被人们视为爱国主义的千古绝唱，并且一直激励和鼓舞着中华民族的后人。每当祖国遭受危难、外敌入侵、存亡赓续的生死关头，无数满腔热血的青年才俊、仁人志士，纷纷挺身捍难、献身疆场，抛头颅，洒热血，抵御外寇的入侵，为中国独立与尊严效死一战，洗雪耻辱。特别是在抗日战争时期，岳飞的《满江红》其实就是当时的国歌。

岳飞吟罢，李若虚等人连声叫好。大家都沉浸在岳飞词中描绘的壮阔意境之中。岳飞等人皆以他五十岁即升位节度使，除宋太祖赵匡胤外，自古仅有而自豪。

许久，李若虚不由感叹道：唉！满朝皆是妇女，举国岂无男儿！岳将军，你年方三十岁，而位至节度使，自古少有。我知你平生忠义，然事已至此，只好付之定数。老弟，韩世忠和张俊，都比你年长二十来岁，从军三十余年，如今，皇上恩赏，却远不如你，难免会对你产生嫉妒和怨恨。老弟，以我多年仕宦的经验，凡事皆须谨慎，不要处处锋芒毕露，授人以柄。

岳飞道：谢大人指教。

司农少卿李若虚，带着太监乌孙走了。岳飞万万没有想到，李若虚这一片劝导，日后竟成了秦桧置其死地，最大的一条罪状！

岳飞虽然赤胆忠心，一意为国，哪能顾及个人安危，小人使坏？

为了庆贺岳飞升任节度使，镇守关陕一带的宋朝大将军吴玠专程派人赶来，对岳飞荣升节度使表示祝贺。因为吴是皇上当朝以来表彰升赏的第一名节度使，岳飞是第二个，所以感到特别亲切。

岳飞很高兴地请吴将军派来的属官吃饭。那属官见岳飞很是热情，但招待自己的饭菜却很简单，而且席间根本没有姬妾、舞女作陪和劝酒，缺乏当时官场流行的声色娱乐，颇感惊讶。

他回去之后，将此事告诉吴玠，说岳飞生活俭朴，连个姬妾也没有。

吴玠感叹道：当世五大将之中，刘光世姬妾满堂，锦衣玉食，最会享乐；张俊则喜欢贪污受贿；韩世忠奸污部将呼延通之妻，迫使呼延通自杀……唉，我等与岳飞同列，都是姬妾数人，纵情享乐，唯独岳飞不近女色，也未免太清苦了。

于是，吴玠花费两千贯，买到一名仕宦之家出身的女子，并置办了许多金玉珠宝妆奁，不远千里，送到岳飞所在的鄂州军营。

面对吴玠一番盛情厚意，岳飞不便推却，便将这女子安置在一间空屋，两人隔着屏风交谈。

岳飞隔着屏风对那女子道：我十分感激吴大帅的殷切情意，也知道你出身书香门第，知书达礼，明艳绝伦。但是，我必须预先告诉你，我家上下人等，都只穿粗布衣，吃家常的粗茶淡饭。娘子如能同甘共苦，才可以留下来。不然，我不会收留你的。

岳飞说罢，只听那女子隔着屏风，传来一阵不以为然的笑声，显然是对岳飞说的吃粗茶淡饭穿粗布衣服表示极大的不相信和嘲讽。岳飞见此情景，心下了然，当即决定，将那女子退回了四川吴节度使府中。

军中幕僚认为，岳飞不该如此绝情处置，应从结好吴大帅的角度，仔细考虑。

岳飞却说：我以真心待人，别无他求。

后来，吴玠知道了这件事的原委，不仅没有怪罪岳飞的耿直表白，而且与岳飞的关系更加密切。他俩进而成为南宋主战派中的中坚力量。

第十五章　计废刘豫

绍兴元年，金人扶持刘豫，成立大齐伪政权。一开始，岳飞就竭力反对，并多次主动出击，讨伐刘豫伪齐政权及其军队。当年，张俊就请岳飞共同讨伐伪齐大将李成所部。当时，李成部将马进，侵犯洪州，连营西山。

岳飞说：贼贪而不虑后，若以骑兵，自上流绝生米渡，出其不意，破之必矣。

岳飞自己主动要求担任先锋，张俊大喜。岳飞身披重铠铁甲，跃马出战。潜出贼右，突入敌阵。所部从之，跳跃追击。

马进大败，逃窜到筠州。岳飞飞抵城东，马进率部逃出城去。

岳飞布阵十五里，设下伏兵，并以红罗为旗帜，上刺“岳”字，并挑选二百名骑兵，随旗帜而前。马进误以为其人马甚少，十分轻视他们。等到马进部众进入埋伏阵地，岳飞所设伏兵一跃而起，马进大败而走。

岳飞使人呼喊：不从贼者坐，吾不杀汝！坐而降者八万。

得知马进大败，李成自己引兵十余万来战。岳飞与其遭遇于楼子庄，大破李成军，追击并斩杀马进。李成败走蕲州。

绍兴三年春，伪齐派遣李成，挟金人入侵，作为金军向导。破襄阳、唐、邓、随、郢诸州县，及信阳军。湖寇杨幺亦与伪齐暗中勾结，欲顺流而下。李成又欲自江西陆行，趋两浙，与杨幺会合。

高宗皇帝命令岳飞做好防备李成进攻的准备。

绍兴四年，岳飞上奏：襄阳等六郡为恢复中原基本，今当先取六郡，以除心膂之病。李成远遁，然后，加兵湖湘，以殄群盗。

高宗问赵鼎计谋，赵鼎说：知上流利害者，无如岳飞。

皇帝遂授予岳飞黄、复州、汉阳军、德安府制置使。

岳飞率兵渡船，到长江中流，面对幕僚随从说：我岳飞，如不能生擒贼首，就不再涉过长江了！

大军抵达郢州城下，伪齐大将京超，号称“万人敌”，据城抗拒岳飞。

岳飞鼓舞士卒，奋勇登城，京超投崖而死，岳飞当即收复郢州。

岳飞又驱兵襄阳，迎战李成，左临襄江。

岳飞大笑着说：步兵利险阻，骑兵利平旷。李成左列骑江岸，右列步平地，虽众十万何能为？

岳飞鞭指王贵，说道：尔以长枪步卒，击其骑兵。

又指牛皋曰：尔以骑兵，击其步卒。

激战中，敌军骑兵战马，就枪而毙，后骑皆拥入长江水中。步卒更是死者无数。

伪齐大将李成，乘夜色掩护逃跑。岳飞顺利收复襄阳。

伪齐皇帝刘豫，又鼓动败将李成，屯兵新野。

岳飞与王万，奉命夹击李成，连破其众。

岳飞向皇帝上奏道：金贼所爱，唯女子金帛，今志已骄惰；刘豫僭伪，不得人心，人心终不忘宋。如以二十万精兵，直捣中原，恢复故疆，诚为得力。

是年，皇帝御赐手诏御札，命岳飞前往，解救庐州之围。

此时，兀术与刘豫合兵包围了庐州。

岳飞提兵至庐州，伪齐已驱甲骑五千，威逼至城下。

岳飞让部众大张“岳”字旗与“精忠岳飞”旗。

金兵一击而溃，庐州遂平。

岳飞上奏捷报：襄阳六郡，户缺牛、粮，请求官府给予钱粮支持。

绍兴六年，刘豫遣子刘麟和侄刘倪，分两路进犯淮西。

刘光世、张俊共同奏请，皇帝下诏，令岳飞出兵支援。

皇帝命岳飞东下支援淮西。

此时，岳飞正患眼疾，却闻诏即动，即日启程东下驰援。

岳家军大军未至，刘麟已被击败。

时，伪齐屯兵，窥视唐州，岳飞派遣王贵、董先等攻破之，并焚烧其营寨，以绝后患。

岳飞早想除去刘豫，可是一直没有机会。后来，机会终于来了。

绍兴七年冬。一天，岳飞回到军营，忽报小将军岳云捉来一名间谍。岳飞叫将间谍带进帐来。岳飞一见，不禁一惊，原来正是此前派到刘豫处送信的张斌。

张斌不待岳飞问话，已经求饶：岳元帅，小人遵命，去齐国送信，不料中途被金军抓获，一留半年，昨天才乘机偷跑出来。正打算再去齐国投书，可原书信已丢了。

岳飞严厉地说：敢情你是在骗我？

张斌道：小人不敢！

岳飞心生一计道：我谅你也不敢！好吧，本帅再给你一次机会，让你立功赎罪。

说完，岳飞低头写了一封信，大意是欲与刘豫同谋，诛杀兀术。写完，用蜡丸封好，装入一支毛笔杆中，交给张斌。

岳飞吩咐道：今且饶你一命，再派你去齐国下书，务必带回起兵日期。若有闪失，决不再饶！

张斌领命，千恩万谢，离了岳家军。但他没去齐国，而是去了金国兀术军营。

兀术接见张斌。打开岳飞密信，得知岳飞约刘豫共同起兵对抗金军，并密谋杀害自己。

他不假思索，立即奏请金国皇帝，称刘豫进不能取，退不能守，且包藏祸心，欲谋害于己，请加显戮。金熙宗遂应其请。

兀术得令，遂与达懒率兵千余，到达开封。诳刘豫说，金国皇帝有所恩赐。刘豫信以为真，出城相迎。兀术亲兵上前，生擒刘豫。遂布告天下：大金国决定，废刘豫及齐国政权。免开封壮丁及粮税。查封刘豫和齐宫财产充公。不旬日间，刘豫伪齐政权，彻底灭亡了。

岳飞得到消息，刘豫被废，真是大喜过望。没想到事情来得如此顺利。

如今刘豫一废，宋金之间，没有了缓冲区，金国失去了屏障，正是宋朝进军的大好时机。

岳飞立即上奏：机不可失，时不再来，宜乘豫废之机，俟其无备，长驱直入，中原可复！

可惜，岳飞的奏章，竟被新上任的宰相秦桧给扣压下了。

第十六章　结党议和

秦桧并非天生的奸臣。

靖康元年，金兵首次攻打汴京时，秦桧曾上章言兵四事：一曰金兵贪得无厌，割地只允燕山；二曰金人狡诈，防御切不可缓；三曰召百官填誓书，永不违背；四曰拒金使于郊外，勿使入宫殿。

不久，秦桧又拒绝与张邦昌一同出使金国，行割地赔款之举。是年末，金兵再寇汴京，将二帝掳往金国，秦桧随从，在金国期间，金人议立异姓王，众臣惶恐，不肯吐一词。秦桧被推为首，出言上状，引经据典，力陈利害，然金人不听，遂立张邦昌。

秦桧研究中国历史，上自三皇，下至赵宋徽、钦二帝，曾历外侮无数，然外族能统一天下者，绝无仅有。何况金人，一如匈奴，并无长远之志，所欲，唯金帛财物而已，这又是秦桧在金国四年来的独家心得。因此，在秦桧看来，宋金之争非有尽时，若和议成功，可奏一劳永逸之效！

秦桧携家带口数百人，自燕京而临安，长达两千多里，竟能安然到达，焉能不引起百官怀疑。

然，秦桧五国城之行，彻底打消了高宗疑虑：二帝和生母，俱在金国生活，金人允诺不放二帝南归。这就使得高宗一块心病落地，再也不愁二帝南归帝位不保。秦桧的独到之处，深受高宗欢喜。

龙颜大悦之际，高宗道：桧忠朴过人，朕得之，喜而不寐。盖闻二帝、母后消息，又得一佳士也。遂补秦桧礼部尚书。不久，又拜秦桧为宰相。真可谓顷刻之间，跃居一人之下，万人之上！顿时炙手可热，权倾朝野。

秦桧家人何立，此时也仆随主贵，成为秦府大管家。他深信，吃得苦中苦，方为人上人。如今，他可要好好享受一番这人上人的生活了。

这一天，秦太师早朝未归，王氏夫人带着众丫鬟游西湖去了，家中无事，何立正在书房饮茶，忽闻门房来报：何老爷，朝中罗汝楫老爷来访，说是专来看望您老人家的。

何立忙道：快快请进来！罗乃朝中要员，如今竟来拜见，自己不过是秦府家人，何立好不得意。

一番寒暄之后，罗汝楫道：何管家，昨日所托的诗扇，今特来奉上。

何立一看，纸样薄的檀香木扇扇骨，丝做的扇面，上画荷塘仕女图，且题诗一首。何立大喜，连连称好：罗大人，俺何立如何消受得了？

罗汝楫又道：区区薄礼，不成敬意。哎，连日来朝臣们所上奏章，不知老恩相喜怒如何？特来问个消息，下官或参或保，也好去上本章。

何立故意拖腔道：这个嘛——老爷素来在书房里批阅奏章，小人却是——不太明白。

罗汝楫忙道：何管家，刚才忘了告诉你，我今天还带来：两匹鹅绒、四副赤金杯盘、一打象牙筷子，今一并奉上，请何管家笑纳。

何立一笑道：小人拜受了。可老爷的书房，只有几房侍妾才能出入。

罗汝楫道：这个不难，我另有南海大明珠十颗，相烦何管家转送里面。

罗刚说完，忽报外边万俟卨大夫求见。何立也不避讳，让万俟卨大夫进房相见，自然又是一份厚礼：鸡血石两块，罗缎十匹。

何立一一笑纳，遂进内院书房打探消息。

不一会儿工夫，走出来相告：罗大人、万俟卨大人，里边人说，老爷最不喜欢赵鼎、胡铨、李光等人，特别是对岳飞，简直恨之入骨，若听见一个“岳”字，也要恼恨半天，许多家人都因不小心，偶尔说出一个“岳”字，就遭了打。二位老爷，我这可是冒死相告，你们可要保密，千万不得走漏了消息。

罗汝楫、万俟卨两人闻言大喜，相谢而去。

却说秦桧，在朝中力主议和，遭到主战派激烈反对，心中气恼。他对目前宋金之间时战时和的局面，深为忧虑。虽然兀术许诺金国方面还算合作，但朝廷内外，文武众臣，反对议和之声，一浪高过一浪，主张抗战之呼声，日益强烈。这不能不让秦桧既恼且怒。

这天，散朝回家，王氏问道：相公，何事这般气恼?

秦桧道：本相力主议和，不过是为了促使两国人民和好，使之安居乐业。奈何一班武将，只知舞枪弄棒，似乎不杀人就不足以立功、难求富贵，所以气恼。

王氏道：相公，你不会在朝内培植自家亲信，多上议和奏章?然后面奏皇上，将那只想着打仗之武官，封几个空衔，再借机夺了兵权，有不服造反闹事者，再杀他几个，看谁还敢再反对议和。

秦桧点头称是。忽报罗汝楫、万俟卨大夫来访。王氏告退。秦桧让两位大人进来。

罗汝楫进门就说：老恩相，学生访知，赵鼎在吉州军中，发怨榜；张俊在家中，还想着如何夺回兵权；胡铨这小子更可恨，竟将反对议和之文章印了出来，且广泛散发。这不是和老恩相您对着干吗？

万俟卨也道：学生听说，岳飞那厮，小小年纪，封了个节度使，尾巴就翘到天上去了。张口忠义，闭口二帝，好像可天下就他一人忠义，别人都是奸臣似的。老恩相可得提防着点，别让他搅了您议和大事。

秦桧没想到，他们两人的想法，竟与自己不谋而合。不禁大喜道：今日老夫高兴，就请两位在本府，与老夫共进晚餐吧！

两人受宠若惊，连忙道谢。家人布上酒菜，三人臭味相投，越谈越投机。

秦桧道：目前，我朝与北国通和事，皇上倒是允准，只是众臣议论不同，还要想些理由，才好对付。

罗汝楫说道：这个容易，孔子说“礼之用，和为贵”，又曰“和者，天下之达道也”。再说，金兵骁勇不好惹，中国人脆弱，打不过金人。不如讲和，落得安静。如今，已经有了新天子，二帝长期留在北方，也很安逸。

万俟卨也抢着说道：禀老太师，自古兵凶战危，胜负难料，兵戈迭起，生民遭殃。更有新都甫定，百废待兴。战未必能胜，败则可虞。不如议和修好，上保社稷，下利万民，国家遂可无事。待数十载后，俟国力强大，方可与金国再作理论。

秦桧闻言大喜：此论极佳！请二位再疏通其他官员朝臣即刻上章，只是所有奏章都要经我过目方可上达。如皇上允准你等奏章，老夫也好乘机提升你们的官职。

罗汝楫道：谢老恩相提拔。老太师，如今大将不过张俊、韩世忠、岳飞三人。那张俊，原是你的门下，料想也不难对付。韩世忠乃一介武夫，用金钱美女，也不难收买。倒是岳飞那厮，十分难缠，既讲忠义，又会诗词，皇上也对他恩宠有加，老恩相倒是应该多多提防他些。

秦桧也正为此烦恼。

万俟卨却道：不是俺自己吹嘘，要弄倒岳飞虽不易，但要找他的毛病，让他在皇帝面前失宠，却是本人最拿手的把戏。今天，为了老恩相的议和大业，俺就是赴汤蹈火，也在所不辞了啊！

第十七章　平定杨幺

一日，岳飞正在江州军中，忽听来报：天使前来宣诏。

岳飞慌忙出迎，原来，天使还是司农少卿李若虚。告知皇上欲召见岳飞。

岳飞二话没说，立即随从前往面圣。

岳飞没有想到，这次皇帝竟把他召进寝阁对话。

高宗道：如今，北番又来侵犯，伪齐虽废，各处盗寇民兵仍是唯金人之命是从。如今，长江天险也形同虚设。长江失守，淮南何恃？继则江浙，又当尽陷敌手。卿忠心爱民，赤心为国，朕甚为宽心。今以中兴大事，悉以委卿，江州各路大军，悉听号令。朕不遥度，卿且尽心，毋失朕望。

岳飞闻言，恸泣于帝前曰：臣无功，而蒙如此天恩，纵肝脑涂地，也当报效国家。

高宗复取两幅画像，一是兀术，二是达懒。说道：“此朕亲画二金贼像，卿当为朕杀此二贼！”

岳飞长跪曰：臣不杀二贼，誓不为人！

高宗赐宴，君臣对饮。

高宗又吩咐道：闻卿平时饮酒海量，今日在朕处痛饮之后，卿不宜嗜酒，以免贻误军国大事。

岳飞当即表示：臣谨遵圣旨，即日戒酒。

岳飞前脚刚回到军中，后边又跟着来了天使。岳飞及众将连忙

跪地接旨：

朕闻岳少保太尉武昌公，义勇可嘉，深念勤劳，特遣内侍李世良，诣军赐朕手书“精忠”军旗一面，战鞍、绣鞍各一对，龙涎香一千饼，龙井茶十盒，龙宝丹一盒，铁简一对，金千两，银五万两，钱三十万贯。卿毋阻其前劳，用克大敌，勉旃！

岳飞营中山呼万岁，齐声谢恩。众军士更是兴高采烈。因为军中无人不晓，凡朝廷赏赐，元帅必尽付军吏，论功行赏，秋毫无私。

钦差一走，岳飞下令大宴三军。并让岳云取来数只大杯，每位将军座前放上一只，一一斟满，说道：圣上戒我饮酒，今日与诸位再饮此最后一杯酒，俺岳飞对天发誓，即此绝饮，直至捣黄龙金寇老巢，再与诸君痛饮！说完，与众将军一饮而尽。众将军同唱起当时军中流行的战歌：

枕国一身轻，社稷倾危，应愧平生。
说甚英雄，有胡虏纵横。
才听这一番劝勉，谁不为朝廷用命？

血溅征袍，染破五湖烟景。
莽身躯径入丹青，矢心坚，
立场猛，半天独撑。
统雄兵，严号令，复向两朝明圣！

雄气堂堂，冲贯牛斗，壮怀昂扬，慷慨激越！男儿有泪不轻弹，只因未到伤心处。众将军唱毕，个个掩面而泣。

次日一早，岳家军正常操练，岳云骑一匹马，奔驰于训练场上，忽见一小儿斜冲过来，岳云恐伤着小儿，猛提马缰，战马凌空直立，岳云从马背上掉下来。正好被岳飞看见，拍马追来，以马鞭指着儿子道：你6岁习武，12岁从军，至今已10余年，如此骑术，何以号令军士？说罢，一鞭抽得岳云嘴角鲜血直流，道：今日一鞭，可救你他日战场上一命。今免去你牙将军职，给我巡视军营，侍候患病将士去。

此时，适逢洞庭湖中巨寇钟相、杨幺，纠集数万流寇，以湖为巢，立国号为楚，建元“天载”，钟相竟做起皇帝来了。由于钟相规定，凡应征入其军伍者，悉免赋税，更兼湖湘地区本就丰饶、土地肥沃，义兵个个又是农兵相兼，亦耕亦农，一时四方游民纷纷云集，真的声势浩大起来。数年间，竟占了附近六州县。成为南宋王朝一块心病。后来，钟相和杨幺又与金人勾结，以做金兵内应。为此，高宗下诏，要荡平这伙湖妖。

湖州本属张俊所辖，可是张俊推诿不前，每以粮草不济、道路艰阻为借口，高宗也担心张俊不能胜任，即命岳飞挥师湖湘，剿灭湖寇。

岳飞既获御命，义不容辞，即刻拔营起兵。

张宪劝道：元帅，杨幺老奸巨猾，精于水战。俺岳家军皆西北人，不习水性，何以制敌？

岳飞道：兵无常理，皆有所长短，关键是如何运用。何况，近日官军剿匪，多有失利，敌必有轻我之心。

岳家军开进洞庭湖。恰有一名叫黄佐的，原是杨幺部下，平日颇与杨幺不和，今闻说岳飞号令如山，岳家军战无不胜，攻无不克，若与之交战，必定失败，遂与部下商议，径向岳飞投降。

岳飞当即封其为武功大夫，并单骑直到其营中安慰，道：将军能识大体，国家之幸也。若赤心为国，则封侯必在日后。今吾即遣汝复回湖中，视其可乘者擒之，可劝者招之，则杨幺授首近在眼前。

黄佐回到湖中，一面招抚降将，一面擒拿死党。杨幺死不投降，乘可载五百人之巨型战舰，与岳家军对峙。

岳飞下令，砍山上巨木为大筏，又用腐木乱草，填塞河流水道，使杨幺巨型战舰无法行驶，并让战士们在岸上与敌军对骂。暗中派人乘小船，上张牛皮以防箭矢，装易燃稻草、棉花等，点燃后直抵敌军战舰，杨幺水军巨型战舰着火，一触即溃。杨幺欲投水逃命，却被牛皋生擒。

岳飞破了洞庭湖流寇，遣散老弱，安抚百姓，收编壮年从军。

平定杨幺，一方面，给岳家军带来丰厚的军粮物质，解决了长期困扰的军需难题；另一方面，大量流寇难民得到收编，更使得岳家军兵团力量壮大。因此，可以说，平定杨幺，对于岳飞及其岳家军发展壮大，意义深远。

岳飞从接受命令，到荡平杨幺，共用了八天时间。

高宗闻报大悦，内患既除，岳家军可以放手，进入与金作战的主战场了。

岳家军的“精忠”旗和“岳”字旗所到之处，敌军无不闻风丧胆。

1135年，即南宋绍兴五年岁末，南宋朝廷下令，更改五支屯驻军的军号，将原来的“神武”番号，全部改变为“行营护军”。

韩世忠的神武左军更名为行营前护军；

岳飞的神武后军更名为行营后护军；

刘光世更名为行营左护军；

吴玠更名为行营右护军；

张俊的神武右军更名为行营中护军。

第十八章　北伐五捷

绍兴六年，是岳飞人生中第二次北伐。绍兴六年七月，岳飞大军从襄阳地区，发起对沦陷区进攻战役。按朝廷要求，岳飞在既有的头衔前，又增加“宣抚河东和节制河北路”字样。这就告诉我们，岳家军此番作战区域，已扩大到河东、河北诸路。

岳家军第一次北伐，只有三万多人参加。其作战人员仅有两万余人。作战区域也被宋廷严格规定，不得出襄汉六郡地界。然而，第二次北伐，岳家军率领十余万之众，以襄汉六郡为前进基地，大军北出陕东、河东、中原，尽管大军并未直接进攻到河北东、西路，但是岳家军显然已将河北东、西路并入自己作战区域。

此次出兵故土，无论是大军规模，还是训练、装备、后勤、幕僚，以及敌后武装配合，大军出兵的方方面面，岳飞和他的岳家军将领们，都作了充分准备。岳家军此番出兵，还有意采用了声东击西战略。岳家军出兵后，以牛皋所部进攻伪齐镇汝军，吸引金齐注意力；在牛皋得手后，岳飞以主力西进，进攻虢州、商州，继而进逼西京洛阳河南府。

这是个先两侧，后中央，大军稳步推进策略。牛皋在东部镇汝军吸引敌军后，岳家军还可通过西线进攻，与川陕宣抚司吴玠取得军事呼应。

如此一来，岳飞便可将大军西部侧翼交吴帅掩护，而自己便可以指挥主力，插进中原去了。

第一战　声东击西

绍兴六年七月，岳飞大军首先发动对伪齐镇汝军的进攻。镇汝军，是伪齐建立后设立的地名，其原名为汝州，位于今河南省中部地区。

岳飞让牛皋进攻汝州，因牛皋是汝州鲁山人，对当地地形熟悉。中国人普遍有衣锦还乡思想，以牛皋为进攻汝州统制官，是最佳人选。

汝州守将是伪齐骁将薛亨。他在伪齐军中骁勇强悍，绝不比荆超差。因而，岳飞在战前一再提醒牛皋，一定要小心用兵。牛皋是一位身经百战的老将，他所率领军队，也是南征北战攻无不克之劲旅。牛皋给岳飞立下了军令状，一定要生擒薛亨。

牛皋大军，进抵镇汝军后，很快便与薛亨交战并得手。牛皋将薛亨生擒下来，并派人押解到岳飞宣抚司中。岳飞对牛皋之凌厉攻势，大为赞赏。同时，对牛皋果真能生擒薛亨，十分惊讶。

然而，薛亨并没有被杀死，而是被高宗以武将身份，分派到岳飞军中效力。

攻克汝州后，牛皋并没有立刻停止进攻。相反，他作为偏师，佯攻敌人，一定得将进攻声势闹大，才足以吸引敌人注意力，进而将敌军吸引过来。因此，他在进攻镇汝军得手后，立刻挥师进攻蔡州。

进攻蔡州，是牛皋这次进攻的第二大战斗。牛皋之所以选择进攻蔡州，只是因为伪齐在这一地区囤积了大量军需物资。牛皋久经战阵，即便敌人在他攻克镇汝军后仍按兵不动，但如果他威胁蔡州，敌人也必定再坐不住。

牛皋挥师进攻蔡州，一战破城。缴获粮草军需无数。除去贴补军用和救济百姓，其余拿不走的物资，全部一把火烧掉。

而后，牛皋还军镇汝军。以左军一万余人的兵力，在东线战场牵制了敌军进攻。

牛皋出色完成了东线佯攻任务，使岳家军战略意图完全实现。金齐联军果然大军压向东线。绍兴六年八月，伪齐从东线压迫宋军防线，企图进攻襄阳府邓州。

第二战　收复虢州

在牛皋出兵镇汝军时，岳飞亲率主力，向西北方向进军。牛皋在东线得手的消息传到岳飞宣抚司行辕，岳家军于当年八月发起了主力进攻第一仗——虢州战役。

虢州州治卢氏县，是岳家军收复虢州主要进攻目标。为保证一战克敌，岳飞命令中军统制王贵，副统制郝晸，率领中军；董先率领踏白军，进攻卢氏县。两路大军齐头并进，一起压上，只为夺取一个州城。这样安排，足以见得岳家军对于此次虢州战役之重视。

虢州战役没有详细史料记载，这是历史的遗憾，也是秦桧擅权数十年的结果。

第二次北伐，岳飞的中军和踏白军，两支大军兵力超过两万人。从兵力上说，岳家军的两万人，与伪齐防御兵力大抵持平，或者略多于伪齐兵力。

虢州战役，进行得很顺利。岳家军气势如虹，岳飞率领大军，在远处遥观中军和踏白军，攻破城头。当岳家军大旗在虢州城头竖起时，岳飞发出了爽朗的笑声。

岳家军克复虢州，捷报于九月初传到临安，在路上走了 20 天时间。当岳飞克复蔡州和攻取卢氏，两次捷报传到高宗身边时，高宗骨头里软弱的一面又表现出来。他生怕岳飞出兵失败后，损兵折将，一支劲旅就此覆灭。

虢州卢氏县被攻克后，岳家军缴获大量粮草和物资：缴获粮秣十五万斛，大大缓解了岳家军后勤压力。

卢氏县被攻克后，岳飞分兵，乘胜收复虢略（灵宝市）、朱阳（今灵宝市朱阳镇）和栾川三县，为岳家军下步打通陕西和湖北交通，奠定了战役发起前外围基础。

第三战　打通鄂陕

虢州光复后，岳家军一分为二，一路继续进攻西北方向，兵锋指向商州；另一路做好准备，为挺进西京洛阳河南府作战。

南宋初年，商州和虢州，属川陕驻屯军作战区，收复和防御工作本应由吴玠川陕大军完成。但是，岳家军借助前两战余威，立刻发动了对商州全面进攻。岳家军进攻商州，并不是岳飞全部人马，依旧是王贵中军。王贵经过残酷战斗，最终夺取了商州。

南宋时，商州包括上洛（今陕西洛南）、商洛（今陕西商州商洛镇）、洛南（今陕西洛南）、丰阳（今陕西山阳）、上津（今湖北郧县西北）五县地界。

攻克商州，对南宋来说，意义非凡。按地理分布，南宋沿长江防线驻屯大军，自西向东分别是吴玠、岳飞、张俊、刘光世、韩世忠。岳飞以东，均是南宋朝廷控制区域，商旅交通，通行无阻。但是，吴玠和岳飞之间，却因为地理间隔，交流起来，并不便利。

商州本属川陕大军作战区域，此次，岳飞收复商州，以商州地理条件，联系东西两支大军交通，使两个防区联系得更加紧密；以商州地区为前进基地，宋军可以自由挺进中原地区作战，而无侧翼防线被敌人突破危险。

然而，商州防御，却让岳飞倍感头疼。商州属于川陕驻屯军辖区，按宋朝行政归属，商州既已收复，自然需由蜀帅吴玠派遣官员前去安排防御事宜。然而，眼下商州，却在岳飞宣抚司控制下。岳飞只有给朝廷上折子，要求尽快安置川陕大军，前来措置防御。

绍兴六年，商州被岳飞收复后，宋廷安排邵隆前往商州措置防御。于当年年底方才上任。邵隆本名邵兴，因为避讳高宗年号绍兴，而改名邵隆。他到任后，立刻措置当地防御。邵隆在任期间，勤于民政，不但巩固了商州城防，还大量召集百姓垦荒。商州在绍兴六年被岳飞收复后，一直到绍兴十二年和议结束，才被宋廷不战而割让给金朝。这期间，邵隆在商州之经营，功不可没。

邵隆对宋朝廷为和议而拱手割让商州十分不满，并因此而开罪于宰相秦桧，秦桧派人用毒酒杀害了邵隆。

绍兴六年，岳家军收复商州，打通了川陕和鄂州两支大军之间的交通。商州也作为宋军北上中原前进基地，其作用不可忽视。

第四战　攻取伊阳

岳家军在攻取商州的同时，分兵准备伊阳战役。岳家军攻占商州后，便催促吴玠派遣邵隆前来戍守，这也说明，岳家军下一步需要集中兵力，以应对即将到来的大战。

伊阳被伪齐命名为顺州。距离洛阳只有百里之遥，属于西京洛阳洛南府辖区。岳家军向东，取道栾川、西碧潭和太和镇，继而进攻伊阳。岳家军攻占伊阳，直接威震西京洛阳河南府。使得伪齐和金朝都大为震动。他们不得不重新调整军事部署，与岳家军对阵作战。

第五战　兵临西京

绍兴六年八月十三日，岳家军发起对西京洛阳长水县进攻的战役。正面战场上，仍然是王贵中军。战斗中，王贵派遣杨再兴等人，统率大军发起对长水县进攻。

八月十三日，杨再兴进军长水县业阳地界，迎头撞上了伪齐顺州（伊阳）安抚使、张宣赞帐下都统孙某部队，此外，还有伪齐后军统制满在的部队。伪齐大概有数千人。双方接触后，旋即列阵并交战。

交战中，杨再兴非常勇猛，他率领麾下，以少击众。岳家军以一当十，以一当百。作战相当生猛。双方队列刚一接触，岳家军便在杨再兴指挥下，左冲右突，越战越勇。很快，便击溃了伪齐军队。此役，岳家军杨再兴部，斩杀伪齐军五百余人，生擒敌头目战俘百余名。

八月十四日，杨再兴率岳家军，到达长水县孙洪涧。遇到伪齐张宣赞，率领两千骑兵，前来迎战。双方隔涧水而战。张宣赞两千骑兵，被杨再兴击溃。然后，杨再兴不给敌人以喘息之机，至十五日凌晨二更时分，岳家军持续攻击长水县。齐军终于坚持不住，败下阵来。杨再兴率军，进入长水县城。缴获大量物资和粮食。计有伪齐囤积的军粮两万多石。并获得优良战马万余匹，为岳家军组建骑兵队伍打下了坚实基础。

绍兴六年九月，正当岳家军势不可当，向前推进时，却又不得不撤军退兵。原因相当复杂，主要有三点：一是南宋各路大军与岳家军之间，缺乏必要的配合，而岳家军攻占地面太宽，战线过长。韩世忠与张俊之间互相猜忌，岳家军孤军深入中原，已经兵临西京，犯了兵家之大忌。二是岳家军攻占商州后，占地面过宽，而没有得到其他大军支援。兵员日益分散，加之战斗减员。防区扩大而兵员减少，成为困扰岳家军的主要难题。三是岳家军后勤补给不畅。岳家军中因缺少粮食供应，曾出现士兵饿死，或部分开小差现象。面对军粮供应如此现状，岳飞不得不下令回师鄂州，留下王贵坐镇前沿，镇守襄阳。

第十九章　收复中原

南宋高宗绍兴九年，即1139年秋，达懒擅自做主与南宋议和，称欲归还原属宋国的河南、陕西诸州县，此举正合秦桧之意，高宗也是一心议和，遂遣大臣王伦、蓝公佐为交割使。

岳飞闻讯，急急上奏：金人不可信，和议不可恃，相臣谋国不忠，恐误国家大事。

可高宗心里高兴，哪能听进岳飞这些逆耳忠言？既遍赏群臣，又大赦天下。

岳飞再三上奏：今日之事，可忧不可贺。当训士卒，慎边防，以备不测，而不可乱赏无功之臣，取笑于敌国。

高宗仍不以为然。对岳飞稍加抚慰，令其返回驻地。

可是，朝中主战派，朱松等十名大臣，联名上书，力陈秦桧议和之非，要求罢免秦桧，并定其罪。

韩世忠也上疏曰：金人以“诏谕”为名，暗含要陛下归顺之意，此乃将陛下看作刘豫一般。此主辱臣死之时，愿效死战以决胜负。若其不克，委屈从之也不晚。

无奈，高宗主意已定，秦桧羽翼已丰，公开让高宗给金国使者行跪拜礼。高宗虽然不满，但欲求一方偏安，只得委曲求全。受金国四太子册封，当上“江南国主”。

可是，没有想到，金国四太子兀术，因不满达懒专权，割地太多，又疑其居心叵测，图谋不轨，竟奏明皇上，杀了达懒。同时，撕毁宋金最新结缔之和约。领兵二十万，分兵三路侵入河南。

于是，两国交兵，中原大地再起战火。

高宗闻讯，慌忙诏见岳飞、韩世忠和张俊，密授机宜。

岳飞辞了高宗，领起全军人马五万余人，渡过长江，直奔中原而来。

岳家军能征善战，惯于与金军厮杀。正好遇上兀术所率的中路大军，数战数捷，兵势日盛。兀术陷入窘境。

兀术中路军受挫，其他两路也越来越失利。

宋军的左路军是张俊，战胜于长安；右路军是韩世忠，战胜于伽口镇；岳飞的中路军，大胜于中原南部。

敌军两翼更加吃紧，幸有先锋夏金吾一员猛将仍坚守郾城，保住后方不乱。

岳飞欲取郾城，一旦郾城被破，兀术所在的颍昌就成了一座孤城。颍昌一破，夺取中原，则易如反掌。

这天，元帅升帐议事。一声号角，全军肃然，诸将齐集帅帐之中听命。

岳飞道：诸位将军，圣上委曲求全，受金人册封，方换得和约。而金人奸诈，又毁盟入侵，与我中国赤子，有不共戴天之仇。今左路军张元帅，右路军韩元帅，俱有捷报。而吾中路，正当大敌，夏金吾坚守郾城，阻我进军。郾城不破，敌寇难克，中原难复，国耻、君仇难雪！今谁做先锋，首克郾城？

岳云不待父亲话语落音，早已出列请战。岳飞又点吉倩、董先从左右两翼进军，联络河北义军，从敌后夹击。王贵、汤怀、牛皋为岳云后继，务于十日内攻克郾城。

号令已毕，岳飞又道：俺岳家军上不负皇天后土，下不愧黎民百姓。今大战在即，先祭战旗，复祭阵亡将士。说着，岳飞大喝一声：岳云！

末将在！

令你即于敌军中取一头牛做牺牲！

岳云领命而去。

岳飞又大喝一声：吉倩、董先！

末将在！

令你俩于敌军中各取猪一头，以做牺牲！

二将领命而去。可是大战之际，到哪里去弄牛和猪呢？

岳云也不多想，先入敌军营中再说。乘夜进入郾城敌营，捉了个个高人大的哨兵，回来交差，心想，只好用他做牺牲了。

正巧，吉倩、董先，也捉来两名矮个胖金兵，三人心照不宣，绑了三个金兵回元帅帐中。

次日，晴空万里，军旗招展。岳家军五万余人列队祭旗，只见张宪等手起刀落，三颗人头落地，鲜血洒了一地，军政司主事，备数酒盅滴入人血，高高举起，先祭天地，次祭上皇，再祭阵亡将士，再祭黎民百姓。礼毕，岳云领八百军士，打先锋，汤怀、牛皋，两翼为继，大军向郾城进发。

大军未及城下，夏金吾早已闻报，向左右道：元帅戒我，不可与岳飞轻易开战，守城为要。不然，俺领数百精兵出战，必生擒岳飞那厮！左右劝道：将军慎遵元帅之命，切不可轻敌。夏金吾哪里肯听。

忽然外面来报：岳家军千余人，在城外三里处驻扎，岳飞大公子岳云，在城外骂阵挑战。

夏金吾一听，气不打一处来，可恨岳飞欺我太甚，让一个小孩儿来与俺对阵，立即令左右开城接战。

岳云在城下大骂：夏金吾，快率属下出城受降，免得污了小爷宝刀！

夏金吾问道：谁出战去拿岳云？

麾下牙将粘罕索出战。金军放下吊桥，打开城门，粘罕索率数十骑出战。

岳云手擎双锤，来战粘罕索。只见几个回合下来，粘罕索已成锤下亡魂。

随从数十人，也死伤大半，只有几个逃回城中。从此，吊桥高挂，城门紧闭，并在城门上高高挂出了免战牌。

岳云仍在城下叫骂，并张弓一箭，射下免战牌。

夏金吾大怒，亲率百数骑出城接战。

岳云又杀了几员战将，只见岳云，银锤舞得金星般闪烁。夏金吾狼牙棒，刺得莲珠般乱坠。真是将遇良才，棋逢对手。两人杀得天昏地暗，百余回合仍不分胜负。

金兵恐主将吃亏，数百名骑兵，一齐上阵。

岳云抵挡不住，且战且退。

夏金吾贪功，不肯罢休。城中又有大批骑兵冲出。因金军律令，主将阵亡，牙将俱死。因此，城中，除副元帅韩常一人把守，其他将士都出城助战。金军越聚越多，夏金吾必欲生擒岳云不可。

突然，城头上一声炮响，升起无数面“岳”字旗来。

原来，汤怀早已暗授机宜：岳云勇悍好战，夏金吾暴而浮躁，二人必有一番厮杀。汤怀从城北边，乘机攻城，牛皋在密林中埋伏，不闻炮响，不得攻城。

夏金吾见城已攻破，顿时唬得魂飞魄散，率众逃跑。被岳云截住，一锤击落马下，当下皮开肉绽，头碎脑裂。

主将既死，金兵顿时作鸟兽散。捷报至，岳飞率军进驻郾城。打扫战场，论功行赏。

牛皋、汤怀，因攻克敌城，当居首功。岳云虽杀死两金军将领，然未能攻破敌城，功过相抵，不行赏赐。

次日，岳飞聚诸将商议：郾城既收复，敌军心必动摇。我军可乘胜收复颍昌，遏兀术退军。

牙将徐廷佐献计道：家父早年曾任颍昌知府，小将也曾在颍昌生活多年，知道城中有地道，可通城外五六里处，那里有一座老坟。此地道乃唐代名将李渊所挖，纵横交错，不识者有进无出。主干道十分宏大，可十人并行。

岳飞闻言大喜，说道：真是天助我也！兀术合当葬身河南。徐将军可识得此地道？

徐廷佐道：小将少年时，常在地道中玩耍，对地道烂熟于心。

岳飞道：如此最好，就请徐将军，画出地道地图。明日进军颍昌，岳云仍做先锋，牛皋、汤怀继之，不必叫阵，全力攻城。先登城者为头功。徐将军带三千兵士，从地道入城，里应外合，务必于三日内破城。

这天，才过三更，金军起营造饭，饱吃一顿，摸黑前行，昼行八十里，离城十里下寨。也不吹号，也不擂鼓，但令士卒早睡。次早，天色微明，岳云即与牛皋、汤怀齐头并进，直抵颍昌城下。

汤怀对岳云说：大侄，上次因元帅面授机宜，黑叔占了头功，这次即由我佯攻南大门，你与你牛叔合力去攻北门，行动要快，头功必属贤侄。

岳云依言，合了牛皋的步兵，直奔北门。此时，守城金兵尚在酣睡中，仅几个巡查哨兵守在城头上。及至发现大军开来，早已中了岳家军弓箭。

岳云、牛皋率众架云梯，登城。

因为南门早起战火，金兵主力调到南城增援，北门兵力薄弱，不到半个时辰，岳云已率数十名将士杀上城头。岳云令二十名士兵守护云梯，其余人随他沿城墙一路往南杀来。顷刻间，又有数百名兵士杀上城头。

牛皋在后面哈哈大笑：小贤侄毕竟粗心，何不先开城？遂让人打开北城门。北门既破，大军如潮涌入。岳云在城上杀，牛皋在城内杀。更有徐廷佐率众将士从地道进城，将城内衙门团团围定。守将王镇、崔虎，见遍地都是岳家军、“岳”字旗，早已吓得腿软了，遂下马受降。

兀术中军，先失郾城，再失颍昌，还死了女婿夏金吾，心中大恼。听说王镇、崔虎降了岳飞，立即将其父子妻女悉数杀死。恼羞之际，决定会合十六万兵力，与岳飞并力一战。在颍昌城外，与岳家军摆开决战阵势。

朝中闻讯，百官无不大恐。秦桧不免幸灾乐祸，指使党羽上奏：天下本太平无事，岳飞自恃本领，惹起边衅，乞陛下斩岳飞，以谢天下，以安社稷。

高宗不听，降诏于岳飞：卿部众有限，不宜硬拼，宜坚守自固。

岳飞成竹在胸，无所畏惧。对诸将说：金兵倾巢而出，可见其黔驴技穷。此战必胜，胜则敌必退，退则河北可复，中原可复矣！言罢，领岳云、张宪等出城挑战。兀术不出，岳飞又让岳云等阵前叫骂，兀术大怒，约定次日决战。

岳飞回营，对诸将说：金兵之所以常胜者，唯有两件：一是“拐子马”，也叫“铁浮图”。他将三匹马连在一起，用绳子绑紧，故能一进俱进，又兼骑兵铁甲裹身，得以刀枪不入。二是军中律条严厉，长官战死，部众也死，因此，为将者不惧死，则士卒效死。目前，兀术虐杀王、崔二将军家人，并旁及无辜，律条自破。至于他的“拐子马”，俺自有妙法破之。

岳飞命三五名兵士组成一队，各举铁盾，只管拿麻扎刀砍他马足。一马仆，则二马不能行，马既仆，众军士奋勇而上，必可破矣。众将叫好。

翌日，岳云、徐廷佐首先出战。岳飞喝道：不胜先斩你二人！

二小将各领骑兵五十，直冲敌阵。

金兵猝不及防，顿时乱了起来。

守寨门小卒第一个遭殃，胆小者一哄而散。也有不怕死的，前来阻拦，俱做了刀下之鬼。

一百骑勇士，如入无人之地，将兀术中军营寨杀了个昏天黑地。

等到金兵回过神来，岳云、徐廷佐已杀出寨外。

一百骑撤退，二小将殿后，因此，追兵不敢上前。小将初战告捷，岳飞暗喜，却气杀金营元帅兀术。气得他怒不可遏，咬牙切齿。等不到第二天天亮，即点了一万精兵，来到城下叫阵。岳飞只是不理。

兀术更加气恼，欲当下攻城，苦无攻城器械；欲回去取来，又不甘心。

正在此时，城上一声炮响，城头上，弓箭如同雨点般射来。

由于兀术攻城心切，离城太近，此刻，只好令后军做先锋，先锋殿后，将大军稍退，到底阵脚乱了。

城上，岳飞看见，急令开门，出城迎敌。张宪、王贵、汤怀、牛皋四大将，一齐杀出。兀术一时收不住阵脚，一万精兵到处乱窜。只有数百名亲兵，死死护住兀术，且战且退，岳飞越发断定，兀术必在其中。大喝一声：擒贼擒王，得兀术者首功！众将闻言，纷纷前来助战。

兀术在亲兵护卫下退回军营，命令全军十万大军掩杀过来。岳家军五万人敌十万人，自然有点力不从心。

正在此时，北上联络义军之吉倩、董先率大批收编义军赶到，义军已打起岳家军旗号，从金兵背后，杀将起来。

金兵腹背受敌，又见金军营寨起火，何人还有心恋战？战场上，本来占有优势的金兵，立时溃败。各将夺路逃命，自相践踏，陈尸遍野。

兀术暗暗叫苦：吾自起兵以来，从未遇到如此顽强之抵抗，也从未遭受如此惨痛之失败。岳家军，真是太可怕了！真正是撼山易，撼岳家军难哪！遂率残兵败将，退回开封城。

岳飞驻军距开封仅 45 里的朱仙镇，一面向朝廷报捷，一面准备着挥师北上，收复河北中原全部失地，向金军发起全面的军事进攻。

为此，岳飞向朝廷上奏三事。

宰相朱胜非向高宗奏道：日前，岳飞上奏，向朝廷提出三件事，他说自己人微望轻，难以胜任节度使、宣抚使重任，恳请朝廷另择重臣。

高宗道：那是岳飞谦逊，以朕看来，他最能胜任此职。朕不准他辞职！待枢密院核准他收复六郡战绩，朕还要升赏他官职。

朱胜非道：岳飞提出的第二件事，他请求增兵至十万，好做收复中原主力。同时，岳飞还希望朝廷，先从江西、湖南调拨粮饷，待六郡恢复生产后，再就地取粮饷。

高宗听了，蹙眉沉吟道：朕同意岳飞扩充兵力，平定洞庭湖杨幺后，他岳家军不是已有六万人马了吗？至于粮饷一事，就准他所奏，先从江西、湖南调拨好了。

朱胜非道：陛下英明，措置得当，臣等万分敬仰。

高宗听了，心里十分舒畅。笑道：这算不了什么，都是些朝廷琐碎公务而已。

朱胜非道：岳飞提出的第三件事，请求集结二十万大军，乘胜北伐，攻灭伪齐，驱逐金兵，乘机收复中原。他说，金贼贪婪横逆，无所不至，如今兵锋已经骄堕，士无斗志，只意抢掠金帛财物和女人。刘豫逆贼，早已失去中原民心，因此，目前是攻取北方，收复中原最好的时机。如果错过这个时机，以后再想收复中原，就必须花费数倍的代价。陛下英明，深谋远虑，臣等望尘莫及。依臣看来，岳飞所奏，极有道理。若能调集二十万大军，直取中原，恢复故疆，此乃万世之功，也是国家长治久安的大战略。请皇上考虑！

高宗听罢，微微摇头，道：现在北伐时机尚不成熟。你定要告知他，切忌贪功冒进！

第二十章　宰相游湖

当年，秦桧从北国返朝，皇上任其为礼部尚书、参知政事。可这些职位，远不能满足他的欲望。当时，南宋宰相宗伊因事罢相，相位久空。秦桧为得到相位，扬言：吾有二策，可耸动天下。

有人问道：你为什么不说出来呢？

秦桧说道：国中无相，说也没用。

稍后，吕颐浩拜相，秦桧欲夺其权，令党羽上奏道：昔周宣王内修国政，外攘敌寇，故能成中兴大业。

高宗遂下令，吕颐浩建镇江大都督府统领军事，而秦桧得以专理庶务。

至此，秦桧得了半个相位。他并不满足于此，全力排挤吕相。遂上二策：一曰河北人还金国，二曰河南人还刘豫。仍是老调重弹。即所谓“南人归南，北人归北”。

高宗不悦，向侍御史黄龟年道：朕北人，将安归？

黄龟年于是联络同道，上本弹劾秦桧，秦桧罢相。

高宗遂起用主战派张浚为相。张浚与秦桧同事日久，深知其奸猾无比。且自己年事已高，欲辞相。

皇上问道：君去相，何人为继？

张浚不说。

皇上又道：秦桧如何？

张浚摇头。

皇上又问：赵鼎如何？

张浚也不应。

秦桧得知，遂对赵鼎说道：皇上欲拜你为相，只为张浚作祟。

于是同是主战派的赵鼎开始恼恨张浚。

绍兴五年七月，北国传来徽宗及宁德皇后死在金国的消息。高宗在众臣面前痛哭流涕，而内心则喜出望外。与众臣商议，如何迎还两梓宫，秦桧向高宗密奏：若将我所虏北俘尽还与金人，金人也当还我梓宫。

高宗对迎还已死徽宗非常重视。一则可示天下以孝心，二则于皇位也无威胁。所以，立即遣秦桧北行，果然马到成功。

表面上看来，金人所欲与秦桧不谋而合。其实，秦桧早与金人有谋在先。梓宫既还，秦桧备受重用，高宗对之宠爱有加。拜右仆射同中书门下平章事兼枢密使。至此，秦桧终于坐稳了相位。

秦桧长于谋略，城府极深。他虽执意主和，却又不愿担责任和风险。

一日，散朝后高宗独留秦桧，他向高宗建议：陛下欲与金人讲和，臣僚皆畏首畏尾，此不足与图大事。若陛下决定议和，乞与臣议，勿许与群臣议。

高宗此时正一意求和，竟同意道：朕独委卿。

秦桧为得到高宗最坚决的支持，便故意让高宗考虑三天。

三日后，皇上问计，秦桧仍曰：请皇上再考虑三日。

六日后，帝意已坚。

秦桧请皇上下诏：明示朝臣，圣上和意已决，朝臣不得干预此事。

至此，秦桧相位已固，大权独揽，和议已决，无人能阻！

阳春三月，一天，秦桧心花怒放，邀全家人同游西湖，赏良辰美景。西湖中早有一只大楼船等待。

这原是岳飞剿灭杨幺时的战利品，岳飞赠给张俊，张俊又送给了秦相爷。一方面巴结于秦相，另一方面，也表示对岳飞赠船表功之不满。

秦府上下五十来人，一路招摇过市，好不威风。十数顶轿子，陆续出门，二十多位家丁，鸣锣开道，不知道的，还以为是皇帝出巡呢。

西湖风光，果然名不虚传。春光明丽，东风起，吹绉一湖绿水。湖水映照，春花丽日，更比画中娇艳百倍。真是：韶光易去凭谁止，欢畅无尽心难死，子规何事，叫人行止？

王氏坐在轿中，伸出纤纤玉手，轻撩轿帘，向外窥望。但见路上行人，熙熙攘攘，红男绿女，成双成对。那叫卖的，赶集的，逛街的，游春的，喧哗嘈杂，比之相府的沉郁冷寂，到底不同。轿至十里长堤，此乃前朝学士苏东坡所建，更是日色暖融，春光明媚。十里长堤，红映绿，绿映红；六桥花柳，秀又明，明又秀。看不尽，数十里湖光山色，湖山逶迤；赏不完，西湖美景，喜度良辰。

随行歌伎唱道：

山外青山楼外楼，西湖歌舞永不休？

暖风熏得游人醉，且把杭州作汴州。

这是秦桧特意改过的歌词。大楼船雕梁画栋，舱房陈设更是古色古香，游兴正浓，歌声乍起，秦桧夫妇酌酒对饮。

高宗亲赐的桂花御酒，开坛闻香，酒未入口，人已先有了三分醉意。及至二人同端酒杯，饮下一杯，更觉飘飘欲仙，果然好酒，清澈甘洌，不滞不涩；甘而润滑，齿颊留香。

王氏大喜，对秦桧道：相公，难得你今日有如此雅兴，携妾游湖。今天，俺夫妻同酌，一醉方休如何？

秦桧自然高兴，并唤来何立和侍妾玉儿，四人对酌。

玉儿虽然侍候秦桧一家多年，然最近才被秦桧纳为小妾。秦桧并不十分贪色，也对财富无所苛求，唯对“权势”二字寸步不让，志在必得。玉儿知道老爷这个特点，从不敢对王氏有任何不敬之处，因为她深知，王氏在相爷政治生活中有着举足轻重的地位。即使是对其他家人使女，虽身为相爷爱妾，却能够上下兼顾，人缘极好。但就是极其贪财，这正好与秦桧夫妇形成性格上的互补，既互相利用，也互相制约。

当时，主仆四人，在楼船中游湖，饮酒赋诗，好不逍遥自在。

四人都在北国待过好几年，稍染北人习俗，喝酒十分爽快，桂花酒一坛，太不过瘾，再开一坛，仍不过瘾，一连开了四坛，方才尽兴。

秦桧毕竟年事已高，便由玉儿扶进舱房歇息。王氏遂由何立陪着再喝几杯。

遥望舱外，湖水苍苍，天色茫茫，众仆随从，皆在舱顶看景。

王氏颇觉没趣，遂向何立道：吾不胜酒力，扶我去个清静房间歇息，不叫任何人打扰。

何立唤来仆人，撤去宴席，自己陪王氏去中舱下面舱房歇息。

王氏推门进去，但见一个一丈见方小房内，装饰十分典雅古朴。沿舱壁有一小床，叠放着整齐锦被，两个丝绒绣成的软靠垫，一只茶几，一只酒壶，两只酒盅，三五本线装古书，壁上有幅山水画，画的是靠水边半山腰里一座道观，在树丛之中，却不十分清晰。

王氏因喝多了酒，只觉两颊火热，心烦气躁，便叫何立拿把扇子来替她扇凉，自己便半躺在床边。

待何立拿了扇子来时，王氏早已脱了长裙，仅着一袭小衫，火红火红的。领口甚低，更衬出肌肤的雪白柔腻。下着一条淡绿的衬裙，跟窗外湖水混成一色。

何立见状，心头一愣，他可不敢招惹这位宰相夫人。何立当下欲出门去，向王氏道：夫人，俺去外面看看，仆人们不知好歹，怕他们惹出事来。

王氏道：你先别走，陪俺说几句话。

何立无奈，在门口不知是退好，还是进好。好在此处偏僻，适才已吩咐众下人不得打扰，一时也没有仆从过来。

王氏站起身来，自去将舱门闩住。回床边时，不经意碰着何立，竟是歪歪斜斜，要跌倒的样子，何立只得将她扶住。王氏顺势将上半身完全倚在何立怀里。那酥香的体味，柔嫩的肌肤，几令何立把持不住，勉强将王氏放倒在床上。那王氏斜倚着靠垫，娇喘不息，一双纤手不住地搓揉着前胸，向何立道：何立，你给我捶捶腿。

何立十分犹豫，王氏又道：你这是怎么了？从前，你不也常帮我捶腿吗？

何立结结巴巴道：夫人，从前——从前与现在，却有许多不同了啊。

王氏嗔道：有啥不同呢？是老爷当了宰相了，还是你有了老婆了？

何立道：小人老婆倒不碍事，只是，老爷当宰相了，若是他怪罪下来，小人担待不起。

王氏道：国家事，由老爷做主，家中事，我一人做主，没啥不妥的。何立，快来捶腿，我实在难受。

何立将王氏玉腿往里侧挪动些，为她轻轻捶腿。

王氏不住呻吟着，俄而又道：何立，再往上些。

何立只有照着吩咐做。这点小小的、不花力气的活计，却将何立累得气喘吁吁。王氏则娇喘不息，浑身发痒，便使劲，一把将何立一双大手拉到自己胸前压住。何立本想缩手，无奈到了那儿，竟是再也抽不回来了。王氏就势，双手往他腰间一抱，何立顿时全面崩溃。一个翻身，将王氏压在下面。

良久事毕，王氏坐起身，穿好衣服，向何立道：你快穿好衣服出去，叫月儿来侍候。今日之事，天知地知，就此了结，不许透露半点口风，不然，我让你生不如死。

何立当下也不敢多话，赶紧背转身子，穿好衣服，出门叫月儿去了。

刚好秦桧一觉醒来，见船仍在湖心转，甚是欢喜，叫再于中舱平台备酒。

月儿帮夫人梳好发髻，扶着她款款来到平台。王氏见秦桧已然入座，春风满面，微一弯腰，道个万福，夫妇俩便又喝起酒来。由着水手将楼船慢慢向码头驶去。

半个时辰后，楼船停在码头上。

秦桧亲自扶着王氏上岸，尚未站稳，早有一位探子奔来，向秦桧夫妇面前跪下，大声说道：老爷，吕大都督差小人来向秦老太师报喜。

秦桧道：所报何喜？

探子道：岳飞元帅在河南大败金军，金兀术大军溃败，收复城池一十八座，如今挥师直奔开封去了。

秦桧、王氏将信将疑道：什么?!

探子复述一遍，秦桧大怒，道：本相爷日理万机，偶尔得闲游耍一番，这里可是你妄报军情所在？何立，快将他赶出去！

秦桧真是懊恼万分。原来，金国三太子达懒有意与宋国讲和，遂提议将河南归还宋国，条件是宋朝献上白银一万两，绢一百万匹。高宗因此将和议之事委托秦桧。可是，兀术十分不快，又嫌让地太多，得利太少，竟将达懒杀了。同时，更加增兵河南，借口保护未还之地。恰在此时，岳飞竟又节节胜利！如此一来，金国兴师不成，则秦桧相位难保！为此，秦桧对岳飞真是恨得咬牙切齿。

如今军中三大帅为张俊、韩世忠、岳飞。张俊初则主战，如今首鼠两端，因不满于岳飞功大赏重，渐有依附秦桧之意。韩世忠虽主战，毕竟稍嫌耿直。唯岳飞一人，高傲不羁，根本不将秦桧放在眼里，凡有奏章，直言不讳，常说：如今宰相误国，专主和议，诱误圣上。上朝照面，与秦桧从不说话寒暄，唯一揖而已。

以秦桧看来，岳飞不除，则和议难成。在岳飞看来，秦桧不罢相，则中兴无望。

一番游湖佳兴，全叫个小小军校给搅没了。若不是碍着吕颐浩的情面，秦桧真想把这探子给杀了。王氏见丈夫如此气愤，遂道：相公，胜败难有定数，咱们也遣人到前方打探打探。倘若岳飞再胜，便想法将他召回，然后，再设计将他除去不晚。

秦桧道：夫人所言差矣。

王氏道：一味讲和，和未必成。犹如前时金国遣使讲和，说什么诏谕江南，却是皇上对臣子的口气，你说圣上岂能满意？朝臣岂能满意？一味讲战，战未必胜。岳飞自恃本事，打了几个胜仗也好，相公只要把握住火候即可。略有小胜，然后求和，则和议必成。到那时再除岳飞，相公，这岂不是皆大欢喜？

一席话，说得头头是道，秦桧心服口服，向王氏赞道：夫人若是男儿，拙夫当避位让贤！

第二十一章　里通外国

绍兴十年夏，岳家军郾城大捷，颍昌再捷，兀术疲于奔命，草木皆兵，尽弃辎重，令随军南下的金国男女老少，官僚百姓，尽速渡河北上，大有从河南撤兵态势。确如岳飞所奏，此乃收复中原大好时机。纵然金兵仍欲固守河北，河南则必为大宋所有。

可惜，不如意事常有八九，可与人言无二三。颍昌大捷，并未改变中国历史进程。

俗话说，兵败如山倒。兀术与岳飞接战，总是败多胜少。又兼岳家军军纪严明，号令如山，无论如何艰险，军士不敢妄动，阵脚不乱，以故金人有“撼山易，撼岳家军难”之说。更兼岳飞豪气凌空，勇悍绝人。兀术焉有不败之理？岳飞的《满江红》，在广大百姓中广泛传唱，尤其是“壮志饥餐胡虏肉，笑谈渴饮匈奴血”两句，更是家喻户晓，老少皆知。金兵无不闻之丧胆。

兀术此败，虽非一败涂地，然中原人心所向，动摇了金人统治的根基。兀术欲征招河北壮士以抵抗岳飞军，竟然招不到人，由此绝望。兀术长叹道：自我海上起兵以来，未有如今日之挫败。每战必胜的“拐子马”，尽为其所破，真天亡我矣！

这一日，兀术在开封府，即先前伪齐刘豫所居清华宫内喝闷酒，四名美姬，翩翩起舞于案前，舞姿柔美，歌声诱人。兀术仍是百无聊赖，遂将舞姬赶了下去，复召诸将商议对策。

金军此番三路南下，可谓节节失利，处处溃败。众将领也想不出什么妙计，便是军师哈迷蚩，此刻也无能为力。兀术无奈，只能决定撤离河南，以图后计。

哈迷蚩甚觉不妥，待众将走后，向兀术道：主帅，胜败乃兵家常事。若大军渡河而北，放弃河南，则先前杀达懒便是错着。主帅徒然授人以口实，若皇上怪罪下来，却如何是好？

兀术道：这个道理，我也知道。只是敌军气势甚锐，难以抵挡。若与之硬拼，徒耗实力，不如后撤，以待来年，再作计较。皇上怪罪，本帅一人承担。

兀术心中不乐，遂与哈迷蚩一同改了便装，扮作卖药材的商人，去开封大街小巷闲逛。

出得宫门不远，是景灵西宫，原是赵宋供奉帝后肖像之处，如今已成了金军军政司。再往前走，过了州桥，两边都是居民住宅。

开封府原是北宋京都，当初何等繁华，如今战乱纷起，死的死，逃的逃。便是金国迁来的男女老少，如今也大都回北方去了。街上冷冷清清，听不见小贩叫卖，看不到妓女拉客，偶尔有几个小店铺，也无人光顾。看着这般光景，兀术越发烦恼了。

忽然，前面一间拆字铺门口，却有三五个人聚在那里议论。说不知为啥，拆字换了相面先生，却是不曾见过之陌生人。

兀术挤过去看，一个身材颀长，面貌消瘦之中年男子，面前摆一张方桌，手中握一把折扇，正向一位来相面者说道：这位客官，我替你相一相面，先相眼前，再相未来。我看你年纪，五十有五，家中一个老婆，三个儿子，一个女儿。老婆十分凶蛮，以故没娶小的。看你左眉下，有一点黑痣，当是西门左首第五家屋里，养着一个小妾。先生日后，没有当官发达的福分，可眼前却有个发小财的机会。

相面先生一番话，竟把那人羞得满脸通红，扔下两个大钱，逃开去了。想必相面没相错。兀术觉着滑稽，才欲离开，却被相面先生叫住：嗨！先生，且请回转。我相遍大河南北，千人万面，却没有一人如先生这般大富贵的，待我替你相一相吧！相得不好，不要你银子。

兀术不想理他，看热闹的把他推回来，相面的向兀术道：先生，可否报上姓名和生辰八字？兀术道：鄙人姓子虚，名乌有，年纪八十有九，却是甲子年乙丑月丙寅日丁卯时出生的。也不知爹娘是谁。如今，在此地做药材生意，银子倒是赚了不少，你若相得出俺先前家里的际遇，俺自然大大赏你。

相面先生似乎没听出他戏弄之意，两个眼睛盯住兀术鼻尖，说道：先生天庭广阔，眉宇相促，想来以前颇有功勋，而近时却有祸殃近身。肥耳垂肩，臂不过膝，当贵为王侯。

听说“王侯”二字，凑热闹的都怕事走了，谁不晓得，城中遍布金人吏卒！

兀术却是一惊，问道：先生可说一说，俺眼前有些什么祸殃？

相面的道：也许是先生生意做得太大，方惹此进退之祸。可谓进也是祸，退也是祸。

兀术又是一惊，问道：何谓进退之祸？

相面先生道：看先生容貌，必是有悟性的，何谓进退之祸，当不言自明。

兀术更是一惊，这相面先生，说话越发玄了，可又似有的放矢，所谓“进也是祸，退也是祸”，真是戳着他的痛处了。

兀术当下又问：望先生明示，此祸可能避得？

相面先生道：先生既知此祸，理当能避。只是这祸，与先生姓名一般，也属子虚乌有。

兀术不解，哈迷蚩在一旁，却心中大喜，走上前一步道：先生之意，是否看似有祸，其实无祸？

相面先生一笑，道：也不尽然。

哈迷蚩躬身一揖，道：先生务必指点迷津。

相面先生道：进也祸，退也祸，不进不退则无祸。祸无前后之分，唯有内外之别。先生可听说过，内有患而可保外无恙的？

兀术若有所悟，只是不敢肯定，看这相面人容貌，觉得眼熟得很，到底还是军师眼尖，向相面先生一揖道：先生别来无恙？

相面先生坦然一笑。

兀术顿时想起来了。镇江黄天荡被困，不正是这位书生相救？真是踏破铁鞋无觅处，得来全不费工夫。天助我也！先生，快快明示本帅，如何对付岳飞那厮？

那先生闻言，脸上顿时不乐，道：岳飞不是那“厮”，恰如元帅不是“蛮”一样。

哈迷蚩忙谢过，道：先生息怒，元帅只为女婿被人杀了，所以恼他。

那先生这才向兀术道：自古以来，不闻有权臣在内，大将立功于外者。岳少保自身难保，况能成功乎？宋相秦桧，本乃元帅座上嘉宾，元帅许他永不放回钦宗，故高宗对他秦桧言听计从。难道元帅忘了，当初掳宋朝二帝北上本意？

兀术恍然大悟，开怀大笑：可喜！可喜！先生之神机妙算，诸葛孔明也不能比。不进不退，静观其变，俺寄蜡书一封与那秦丞相。岳少保果然自身难保。

言毕，兀术欲邀那先生去帅府一叙，那先生固辞。

哈迷蚩遂道：先生不愿去也罢，只是俺家元帅精通汉学，今有研读易经心得五卷，先生稍等片刻，待俺差人取来送给先生，聊作纪念。

那先生面有难色，道：也罢，俺就等你一刻。

兀术两人急急回府，兀术怪道：你这般胡扯，俺哪来的什么心得赠他？

哈迷蚩道：中原有这等奇士，既不为我所用，难保不为赵宋所用，恐对俺大金不利！

兀术道：军师的意思——杀了他?!

哈迷蚩：岂能不杀！

兀术叹道：罢了！随你处置，只是未免太可惜了。若肯为我用，俺即时便可席卷江南矣！

哈迷蚩当下差人去杀那相面先生，不料那先生早已不知去向，也许是他窥破了哈迷蚩用心。

兀术回到府中，即刻起草两份书信。一封给秦桧，一封却是给王氏的。用蜡丸封好，找来了戴孙，是一位军中百人长，地地道道的河南人。

哈迷蚩吩咐道：一封送秦相爷，一封送王夫人，决不许有半点闪失。你一家老小俱在城内，完了此差，升你两级；若做差了，满门抄斩！

正是“一纸书抵十万师”，戴孙去军需司领了盘缠，及上下打点所需要金银珠宝，也不吃饭，即刻起程，昼夜兼进，渡河过江，途中千辛万苦，诸多凶险不表。过了一个多月，好不容易，方才进了临安府。

与开封府之萧条相比，临安之繁华有若天界。杭城之大，也非开封可比。单单杭城之外城，东南西北各数十里。戴孙人生地不熟，在城外打听了半天，也没找出头绪。进得城来，又不敢乱打听，只恐引起他人疑心。心想，宰相府理当在皇宫附近，就先去城中皇宫四周转悠。

戴孙进得城去，见有一座水门，倒也无人盘查。水门之侧，有一条小河，蜿蜒曲折，数里之遥。河上有小舟，乌篷，是船家在招揽生意。小船上一位艄公和一位姑娘，皆是寻常百姓打扮。姑娘都是能歌善唱的，原是一对父女。戴孙雇了只船，踏上船板，姑娘上前接住，艄公一声吆喝，竹篙一点，小船立时滑出七八尺远。戴孙好不快意。

江南女子，到底不比北方女子豁达，娇滴滴的，轻声细语。虽是做生意，恰如平生第一次看见陌生男人。坐在船舱里，低头不语。戴孙细细看她，不过十四五岁年纪，一张粉脸，浓妆艳抹，一双纤足，似能作掌心舞。戴孙问道：小娘子，为何茶也不给客人泡上一杯？

小姑娘扑哧一笑：相公莫怪，船上没茶，酒倒是有的。

戴孙道：有酒更好。俺是河北人，惯喝酒的。只是，俺听得别人家船上，姑娘都唱歌，小娘子为何不唱？

姑娘道：相公不点，却叫俺唱啥？

戴孙道：俺也不晓得你都会唱啥歌，怎么点呢？就请你随便，唱个最拿手的给俺听来，俺一定多付银钱给你。

小姑娘随手拿过一把小小的七弦琴，横在膝上，边弹边唱道：

东南形胜，江吴都会，钱塘自古繁华。
烟柳画桥，风帘翠屏，参差十万人家。
云树绕堤沙，怒涛卷霜雪，天堑无涯。
市列珠玑，户盈罗绮，竞豪奢。

重湖迭岩清嘉，有三秋桂子，十里荷花。
羌管弄晴，菱歌泛夜，嬉笑钓叟莲娃。
千骑拥高牙，乘醉听箫鼓，吟赏烟霞。
异日图得将好景，归去凤池夸。

歌喉清澈妩媚，曲调委婉缠绵，与北方歌舞全然不同。

戴孙道：小娘子唱得固然好，只是俺听不懂。须你拣好懂爱听的唱。

那小姑娘脸上一红，忸怩半天，低头喝道：

大姐走路笑笑底，
一对奶子翘翘底。
心想用手摸一摸，
心里只是跳跳底。

戴孙听得开心，便向姑娘赞佩道：真是好听极了！

说罢，便看着外河两岸房子，或高或低，鳞次栉比。家家都有石阶通至河面，有淘米的，有洗衣的；也有孩童嬉水，你泼我溅的，嬉笑声此起彼伏。

戴孙不觉看呆了，心想，原来江南有这么多妙处，也难怪宋国皇上不愿北归，想那宫中女子，定比这船家女孩，更娇媚百倍。

不知什么时候，艄公停住了船，在船板上弯腰向舱内道：阿囡，你问相公在哪里歇息，还要不要伺候？

戴孙见问，回道：俺是寻亲戚来的，还不曾找到住处，老丈不妨替俺寻个客栈。

艄公会意一笑，向戴孙道：俺家中自有空房间，相公不嫌腌臜，可就便住下。

艄公歇好船，上岸，过梅家桥、白洋湖、方家桥，直到法物库左首一僻静处，便到家了。一路所见，竟全是高楼华屋，想必是尚书、宰相之类的人家。戴孙暗喜，想那相府，理当就在此中。

艄公家有五六间房，虽说简陋，倒还洁净。一中年妇女，被姑娘唤作姆妈，那姆妈见有客人来，兴高采烈，买酒买菜，但叫阿囡陪住客人。

酒毕，更有热水热汤洗脚洗面，俱是姑娘伺候。

戴孙几十日里不得好好歇息，今日有这么个可心姑娘陪着，自然十分畅快，遂向姑娘道：小娘子，难为你一片好心。不过你若心里不情愿，俺一个人睡也行。

姑娘回道：相公若不嫌弃，自是奴家的福分，理当尽心伺候。

戴孙闻说大喜，一把抱过姑娘便亲，姑娘轻轻推开他道：相公刚吃过酒，须漱一漱才是。

戴孙颇觉好笑：原来这江南人，还有这许多讲究，若在家里，老婆敢嫌他口臭，一个耳刮子，不打得她半死才怪呢。当下即依了姑娘，洗漱一番，就上床了。

果然一夜好梦。翌日醒来，太阳已是老高，身旁那姑娘仍在梦中。

戴孙也不忍心吵醒她，轻轻抽出胳膊，穿衣出了寝房。先将五两银子给了姆妈，复将老大一个背褡，交她代为保管。自己取了蜡书，并两根金条，些许碎银子，向姆妈道：俺亲戚在相府里管事，今去求他谋个差事，却不知相府在哪里？

姆妈问道：相公，你说的可是秦太师府上？

戴孙道：不是他，还能是谁？

姆妈接得这么个贵客，出手又这么大方，且付的都是现银，不是会子，正眉开眼笑，喜不自禁。

姆妈道：呀！秦府就在前面，慈元殿隔壁，那秦太师家中，一个守门的院子，外面也是三房四妾，纵然是县太爷，见了他都得敬三分。相公，若能得了美差，富贵立时可得。

戴孙道：所以呢，这些物件，你可得给我看好了。

姆妈连连点头：当然，当然！

戴孙又托姆妈买了身洁净衣服，戴一顶瓜皮帽，托一个水烟袋，出了家门直往前去。

慈元殿十分好找，殿边恰好有一家茶铺，也有点心卖。

戴孙要了一碗馄饨。不能说十分好吃，只是太甜、太嫩了，他吃不惯，吃罢点心，又要了茶。

茶铺中人渐渐多起来，皆是早上做完买卖，来此闲聊的，年纪都在四五十岁之间。有个操河南口音的汉子，在那里跟几个老人说话。

有人说：嗨，岳少保果然了得，他父子俩领着五百骑兵，竟将金兀术百万大军，打得落花流水。那岳家军，个个三头六臂，赛过天兵天将，这一回，河南失地，总算可以收复了。

一位白须飘飘的长者道：这位小哥，岳大帅乃天上大鹏仙鸟下凡，使一杆沥泉银缠枪，是纯银打造而成的。听说那金兀术，吃了咱岳大帅一枪，如今，早已逃回黄龙老巢去了。圣上不日就要还都汴京呢。

河南汉子不无可惜地说：临安如此繁华兴盛，皇上想是不肯还都了。

一个稍微年轻的汉子道：听说皇上只宠着一个秦太师，秦太师与岳大帅，甚是过不去。如今是和是战，还不一定呢。

河南汉子道：哪有胜而后和的道理？秦桧奸贼，恰与蔡京、童贯一般，有朝一日，皇上醒悟过来，必定满门抄斩！

年轻汉子小声道：只怕皇上不肯醒呢。

茶博士过来斟茶，小声道：诸位大爷噤声，俺东家即是秦府中人，诸位都是知道的。

诸位见茶博士说话，都不开口了。

戴孙却是十分欢喜，叫来博士斟茶，悄悄塞给他一块碎银，向他道：把俺领去您老板那儿，俺有要事相告。

得人钱财，与人方便。茶博士收了碎银，即领戴孙去后堂楼上。

店东却是秦府大管家何立的侄子何卫。何立老婆不能生产，何立也不娶妾，将侄子何卫过继过来，何卫在杭州内城，仗着秦府权势，倒也开了五六个店铺。

戴孙一见，待茶博士走后，即取出金条一根，向何卫道：区区薄礼，不成敬意。太师府中，夫人身旁使女月儿，正是吾妹，相烦何老板，带个口信与她，促使我兄妹相见。说着，戴孙竟落下泪来。

看着沉甸甸、足有七八两重的赤金条，何卫一爿店铺，做一年生意，也未必能有这么多赚头，遂满口应承，便去相府中。院子见是管家的螟蛉，自然放他进去。一应家眷，俱是烂熟的，瞅个空儿，何卫便向月儿道：外面有说是你哥之人找你，从北边来。

月儿正巧有个哥哥在北边，与爹娘住在一起。问何卫相貌、年龄，却又不像，颇觉蹊跷。何卫却道：姑娘，那汉子不似个歹人，文文静静的，出手甚是阔绰，你便一见又何妨?

挨到后晌，月儿推说外出购物，偷偷溜到何卫茶铺，何卫再伴着月儿从后门出去，按戴孙给的地址来到艄公家中。艄公因女儿有客，也不做生意了，带着两个儿子逛亲戚家去了。姆妈也避在外头，免得扫客人的兴。此刻，戴孙正由姑娘伺候着穿衣洗漱，见何卫到，急引进内房。

月儿一见，怒目而嗔：什么东西，敢诳称与老太师夫人有干系!

月儿道：越发奇了，何卫，看住他，俺禀过夫人，看不打他个稀巴烂。说完拔脚就要走开，戴孙慌忙阻住。

戴孙道：小姐欲禀明夫人，正合我意。只是这颗相思珠，烦小姐转交夫人，夫人一见，定知晓何事。说着，从背褡中取出金条一根，道：这是有劳小姐的一点敬意，乞望笑纳。

月儿迈不动脚了：果然不似个歹人，只是不知他葫芦里卖的啥药。也罢，既说夫人一见而知，就去禀明夫人再说，遂道：你且留着，俺自去禀过夫人。

却说王氏，一见月儿拿出相思珠，心中狂喜不已，急问缘由。月儿将何卫、戴孙之事，一一细说一遍。

当晚，王氏便由月儿陪着，去会戴孙。

至此，戴孙取出兀术亲书密信，交与王氏。

王氏先将自己的那封信捏碎蜡封，打开来读：

与卿一别，已近十载。卿曰中原无一男子，吾曰视北地无一柔媚女子如卿一般。原望渡河过江，取了临安，得与卿晤。无奈，岳飞那厮万般阻挠，今我不及渡江，又欲还北。千种恨，万般愁，纵然不取临安，欲与江南讲和修好，化干戈为玉帛，也强似今日兵戟相向。夫人当于丞相面前极力撺掇，促成和议，则吾心满意足矣。

王氏读罢，颦眉蹙额，笑颜难展，摇头叹息不已。一面向戴孙道：明日你自带蜡丸来相府，道是求见何管家，却毋须道破送我蜡书之事。俺自有办法。

当下也不谢他，叫了月儿回相府去了。当夜，也不与秦桧说知，推说头晕，早早睡了。

翌日，戴孙准时来到相府，拜谒何管家。何管家把蜡丸传于秦桧。秦桧自去房内细看。

兀术给秦桧的书信内容，天下无人知晓，因为秦桧读毕，即将其焚烧了。但数十年后，有秦桧侍妾后人传说，兀术在那书中答允高宗，永不放回钦宗，条件是：将张俊、韩世忠、岳飞三大将，召回朝廷，并杀死岳飞。

第二十二章　合兵变卦

绍兴六年，岳飞连续两次北伐，在战场上获得巨大胜利，战后，岳飞得以去行在平江府，觐见高宗。这是岳飞人生命运发生重大转折之会晤。

绍兴七年二月，岳飞到达平江府，觐见高宗。岳飞刚一到达平江府，便感到了空气中浓浓的政治气息。此时南宋朝廷正在经历一次大规模的变动。

由于在伪齐大军进攻时，刘光世率先脱离防区，把淮河地区防务拱手让给伪齐，使得南宋长江防线面临极大威胁。此后，在宰相张浚和高宗赵构联合监督下，刘光世才率军杀回淮西，与敌人作战。过去，刘光世有赵鼎暗中支持，但随着赵鼎罢相，张浚主政，张浚本就对刘光世骄横不满，自然把刘光世当成了需强硬处置，罢免兵权的对象。

刘光世军队有五万余人马。一旦罢免刘光世兵权，这五万人马由谁统领，成为朝廷和高宗面临之重大抉择。这时，高宗召见岳飞，彼此心里都明白，淮西刘光世军队下一步归属，是必须讨论的议题。但是，高宗老谋深算，并没有直接明说，而是采取了迂回战术。

君臣相见，岳飞依照礼节，首先向高宗礼拜寒暄。之后，高宗似十分随意地问起：卿在军中得良马否？

岳飞听话听音，心里明白，这是高宗给他出的第一道考题。于是，他从容回答：马匹之优劣，不在它力气有多大，而在于它之品质。臣曾有过两匹战马，让臣倍感神奇。它们每天可吃大豆数斗，饮水一斛。然而，若食不精致可口，则宁可饿死，也不吃一口。作为战马，它披挂重甲跑起来，刚开始并不很快。待到跑完一百多里之后，才进入状态。它仰天长啸，撒开四蹄迅猛前进，从午时开始奔跑，一刻不停地跑到酉时，此后还可再跑上两百里，才停下来。卸下马鞍和铠甲，它身上并没有出汗，气息也很均匀，仿佛一点都没有奔跑的样子。这马，吃得多却不随便乱吃，力气大却不逞强，此真良马也。可惜，在收复襄汉六郡和平定杨幺时，这两匹马先后死去。现在我所乘战马，则与前两匹完全不同。它每天吃不过几升，同时，它吃得很杂，饮食不讲究。每每我刚骑上它时，它总是跃跃欲试，可刚跑出去百里，它已经气喘吁吁，仿佛要累死一样。此马，虽吃得少，容易知足，可它好逞强，而实际没有多少能耐。这便是驽马。

听完岳飞的回答，高宗很满意，夸奖岳飞说：卿今言论极进。此时，在高宗心目中，岳飞已成为淮西军统帅最佳人选。在南宋五支驻屯军中，川陕吴玠与另外四人联系较少，也与朝廷联系较少。刘家军自然不可能交付吴玠指挥。而对于岳飞、韩世忠、张俊三人来说，只有岳飞能征善战，得到朝廷内外公认。其指挥大军攻城略地、三次北伐战果丰硕，如果将刘家军交给岳飞指挥，对朝廷大有裨益。

高宗在召见岳飞后，又与宰相张浚进行深层次沟通与讨论。几乎已经确定要把淮西军下一步指挥权交付岳飞。因为此时高宗，针对宋金军事力量变化，其主张北伐收复中原信心正满满的。

随之，朝廷发布对岳飞最新任命，岳飞从检校少保，晋升太尉开国公衔，官居正二品；从宣抚副使、营田使，晋升宣抚使、营田大使。这次晋升，既是对岳飞屡次北伐军功的肯定，也是宋高宗略有北伐意思之体现。岳飞对此，当然求之不得。但是，他并不清楚，他心目中之北伐，与高宗所期待之北伐，有着本质差异。岳飞北伐，就是要收复失地，直捣黄龙府，迎还二圣。而高宗所期许之北伐，无非是增加与金和谈的条件和筹码。

三月九日，高宗与岳飞一行到达建康府，岳飞又一次得到高宗召见。高宗对岳飞说：中兴之事，朕一以委卿，除张俊、韩世忠不受节制外，其余并受卿节制。这就告诉岳飞，南宋王朝对于故土的北伐行动，全部交给岳飞操作进行。除了张俊、韩世忠外，南宋所有其他大军，一律归岳飞调遣指挥。

南宋军队除张俊、韩世忠之外，尚有刘光世行营左护军五万两千人，吴玠行营右护军六万八千四百人，杨沂中殿前司三万人，侍卫亲军马军司、侍卫亲军步军司一万两千六百人，合起来约有十七万人之巨。加上岳家军本身十余万人，岳飞能够指挥北伐的军队，有二十七万之众。按照宋高宗要求，只有韩世忠行营前护军三万人，张俊行营中护军七万人，两支大军不归岳飞节制。

岳飞对高宗的信任十分感激，他上奏道：……臣一介贱微，宠荣超躐，有逾涯分；今者又蒙益臣军马，使济恢图。臣实何人，误辱神圣之知，敢不昼度夜思，以图报称。……

此时的岳飞，心头充满喜悦，他，已经成为掌握南宋帝国七分之五军事武装之统军大将。高宗也许诺，并严令有关部门，对大军北伐后勤全力支持。岳飞对即将到来之北伐充满信心，他甚至想到了，自己高举大宋旗帜，站上了黄龙府的城头。

岳飞一心想得到刘光世军，至于能否调动吴玠川陕军、刘锜军大军，岳飞并没抱多大希望。他在《乞出师札子》中写得清楚，一旦敌人进攻川陕和两淮地区，则我们可以如何应付。这也表明，岳飞根本没打算调动川陕大军，全线推进中原，完成北伐。川陕和两淮，还是以防御为主，而真正的进攻力量，则是岳家军和刘家军。

岳飞心情急切，他对高宗一再感谢与表白，让高宗感到了岳飞对收复失地的渴望，但是也深深地加重了他的疑虑。高宗之疑虑，很快便变成了让岳飞感到棘手的难题。

宋高宗许诺岳飞掌控大兵，同时心里也不舒坦起来。在岳飞返回鄂州大营后，宋高宗多次与宰相兼都督张俊，和顶替赵鼎职位的秦桧一起商议此事。在秦桧主张下，三人形成了最终意见：收回成命，刘家军不再归岳飞节制。理由是防止武将拥兵自重，尾大不掉。这是宋朝既定国策。这三个人，反对岳飞掌握如此众多兵力，出发点各有不同：

宋高宗后悔先前许诺，因为岳飞掌握军队过多。在他看来，手握重兵之将领，会威胁到王权。赵宋帝国发轫于五代十国那个混乱年代。这段历史，使得宋太祖上台后，经过太祖、太宗、真宗持续努力，最终奠定了赵宋帝国扼制武将、以文抑武的千秋家法。在宋代人眼里，武将，不论是否对权力有要求，他一旦手握重兵，朝廷就必须想方设法解除他的兵权，或者扼制其权力坐大。对武将扼制之风气，在宋代非常普遍。这已经是一种社会现象，成为人们脑袋中的既定认识。这种社会风气，也是士大夫阶层支持朝廷罢免岳飞兵权的重要原因。宋高宗本人，对于岳飞兵权的危机感，也因家法影响。如果岳飞掌握了这些大军，从表面上看，岳飞是具备了北伐的充足兵力，高宗也说“兵家之事，势合则雄”，这固然对北伐有利。然而，按照宋代家法，北宋一朝，以典前司、侍卫步军司、侍卫马军司这三衙负责指挥部队作战，而枢密司负责部队调动安排。在今天看来，部队调动和作战指挥，就是不可分家之事。在宋人眼里，唯有将大军作战指挥和调动分离，才是扼制武将权力坐大的有效方法。

张浚反对岳飞增加兵力，一来因宋代文人对武将抑制之风使然。二来，也是张浚政治上争夺更大权力之策略：岳飞节制诸路大军，掌握了全国绝大部分战区的指挥权。如此一来，岳飞虽然没有都督之名，却有了都督之实。他这个真都督，又将如何摆正位置呢？从刘光世罢兵权开始，张浚之所以积极支持，乃是他自己很想掌握刘光世的淮西军，以此作为他都督府直属兵力。现在，朝廷将刘家军交付岳飞指挥，他的都督府还是一个空壳，这是张浚所不想看到的，因此，张浚作为宰相，便极力以扼制武将尾大不掉为由，避免岳飞获得新权力。

秦桧反对岳飞增兵，理由更加简单。作为金人派到南宋之奸细，秦桧对于岳飞提兵北伐之事，无论如何不会赞成。但是，他刚因赵鼎被罢免而回到朝廷，他所有举动，尚需唯张浚马首是瞻。眼下，张浚极力反对给岳飞增兵和北伐，这自然与秦桧不谋而合。秦桧支持张浚，这让秦桧在张浚处博得了好名声，也让秦桧在宋高宗那里落了个好印象。

君臣三家，各怀鬼胎，却不谋而合。眼下计策已定，宋高宗立刻起草给岳飞的诏令。在很短时间内，岳飞接连收到三条诏令。

第一条：前议已决，不久令宰臣至淮西视师，因召卿议事。进止之机，委卿自专，先发制人，正在今日，不可失也。

第二条：览卿近奏，毅然以恢复为请，岂天实启之，将以辅成朕志，行遂中兴邪！嘉叹不忘，至于数四。自余令相臣浚作书俱道。唯卿精忠有素，朕所简知，谋议之间，要须委曲协济，庶定祸乱。

第三条：淮西合军，颇有曲折。前所降王德等亲笔，须得进行指挥，许卿节制淮西之兵，方可给付。仍具知禀奏来。

岳飞拿到这三条诏令，感到事态发展远在他意料之外。他立刻启程，去见张浚，希望可以劝说张浚，与他一起，让皇帝收回成命。可是，他哪里知道，这些变故，全出自张浚谋划。张浚既是主谋，怎肯与岳飞一起，再去劝说和说服高宗改变主意呢？岳飞只好硬着头皮，去找高宗，说明自己北伐决心，和在三年内收复中原的计划。

高宗见到岳飞，还没听完岳飞陈述收复中原计划和北伐事宜，便劈头盖脸地对岳飞说：如果三年里，你不能完成收复中原和北伐大计，金军却南下建康。我在建康，淮西军给你用了，淮西地区谁来防御？届时北伐不成，两淮丢了，建康丢了，杭州丢了，我难道还要跑到海上去游荡吗？

听到这里，岳飞知道原先计划已经不可能实施，哪怕连一点点回旋的余地都没有了。

随后，高宗又让张浚来见岳飞，可能他已感觉到岳飞的彻底绝望，想让张俊来说些婉转的话语，以安慰岳飞一片赤诚之心。可是，万万没有想到，张浚与岳飞谈话，使局面更加难堪。

张浚与岳飞讨论，淮西军主帅，由谁来接任最好。张俊说道：王德之为将，淮西军之所服也。浚以王德为都统制，而命吕祉以都督府参谋领之，如何？

岳飞耿直地回答道：淮西一军，多叛亡盗贼，变乱反掌间耳。王德与郦琼故等夷素不相下，一旦握之在上，则必争。吕尚书虽通才，然书生不习军旅，不足以服其众。飞谓必择诸大将之可任者付之，不然，此曹未可测也。

张俊道：张宣抚如何？就是说张俊行吗？

岳飞道：张宣抚宿将，飞之旧帅。然其为人暴而寡谋，且郦琼之素不服，或未能安反侧。

张浚接着道：然杨沂中耳？

岳飞与杨沂中是结拜兄弟，杨沂中是岳飞的“十哥”，他们彼此很熟悉。回道：沂中之视德等耳，岂能御此军哉？岳飞觉得杨沂中和王德等人级别相当，不足以统率这支大军。

张浚问了一大圈，岳飞一个个都否定了，十分恼火，便不冷不热道：浚固知，非太尉不可也！

这话一出口，岳飞火了。他拍案站了起来，脸一拉，张口就说：都督以正问，飞不敢不尽其愚，然岂以得兵为计耶？

岳飞是名武将，脾气性格绝不温和。淮西军控制权，本来皇帝和朝廷已经暗中许诺由岳飞来指挥，可是如今，朝廷出尔反尔，本已十分不高兴。可只能压住火儿，不能对皇上发作。今天又遭到宰相张俊无端戏弄，真是怒不可遏。

张俊走后，岳飞找来幕僚，起草上表，请求朝廷罢免自己的兵权，让他解甲归田。寄出奏章，不等朝廷回复，岳飞便带着一股怒气，上庐山守母墓去了。

岳飞一走，高宗和朝廷一时慌了手足。因为当时和议未成，金兀术大军仍然虎视眈眈。所以，朝廷此时绝对不会同意让岳飞罢兵归田。

高宗不同意岳飞罢兵权，而张俊却认为，刘光世兵权已罢，此时，岳飞主动提出罢免兵权，朝廷应顺水推舟，顺便收回岳飞兵权，以遵照祖宗家法，实现宋朝历史上第二次“杯酒释兵权”。

只是，张俊此议，高宗和朝廷多数大臣都不敢赞同，万一金军南下，岳飞离去，无疑是自毁长城。

宋廷最后决定，不允许岳飞辞职。同时，安排与岳飞关系密切的兵部侍郎、枢密都承旨、兼都督府参议张宗元，到鄂州军营做宣抚判官。这无疑是两手准备，如果岳飞不能归来，则立刻以张俊都督府总管岳家军，换言之，这次朝廷也做好了罢免岳飞兵权准备。

此时，岳家军由岳飞委托张宪代管，但张宪偶染小恙，也不在军营里。王贵也不在鄂州军营。岳家军三位最高统帅，一个也不在军营。故而，朝廷一来人宣抚，军营中便人心惶惶，谣言四起。大家暗中传言：张侍郎来，我公不复还矣！

此时，襄阳知府薛弼正好在鄂州，他立刻找到张宪，请其出来安定军心。张宪带病升帐，道：我公心事，参谋必知，盍往问之？

薛弼道：张侍郎来，由宣抚请也。宣抚解军政未久，汝辈乃如此，宣抚闻之且不乐。今朝廷已遣使，起复宣抚矣，张非久留者。

在张宪和薛弼共同努力下，岳家军人心终于安定下来。

然而，朝廷接二连三地催促岳飞还军复职，岳飞却置之不理。最后，朝廷派遣李若虚和王贵共同上庐山去请岳飞下山，并严令道：岳飞如不能回军营复职，李、王两人，将受到严厉惩处。

李若虚对岳飞说：相公欲反耶？且相公河北一农夫耳！受天子之委任，付以兵柄。相公谓，可与朝廷相抗乎？公若坚执不从，若虚等受刑而死，何负于公？

话说到这个份儿上，岳飞不能再连累他人，只好答应下山复职。

六天后，岳飞跟随李若虚等人回归，他没有直接去鄂州军营，而是先到建康府，去见朝廷要员们。此时，岳飞再也不想与他们发生任何矛盾和争执了。

高宗是这件事的始作俑者，出尔反尔，心里有愧，便在接到岳飞的请罪奏章后，给岳飞台阶下。临近会见结束时，高宗还是说出了真心话：太祖所谓，若犯吾法，唯有剑耳！所以，复令卿典军，而任以恢复之事，可以知朕无怒卿之意也。这是高宗第一次向岳飞亮剑！也是皇上对岳飞由信任到反目成仇的起始。

绍兴七年，在宋高宗人生道路上，经历过皇宫中的花花世界、命悬一线的出使生活、颠沛流离的逃亡之路、苗刘兵变的被迫退位后……现在的他，已经成为一个出手极其老辣的政治家和阴谋家。张浚也好，岳飞也好，秦桧也罢，都只是他统治棋局上的棋子。如今的宋高宗，将这些棋子玩弄于股掌间，只要时机成熟，任何棋子都是他可以丢弃的对象。这便是宋高宗的政治逻辑。

第二十三章　淮西兵变

早在岳飞与朝廷发生争执时，宋廷就收到庐州和寿州警报。原来，伪齐听说刘光世罢兵权，即派人策反淮西大军各级军官，或进行诱惑和离间。因此，有关部门曾提醒朝廷，对淮西军加强监视，并对伪齐的渗透与间谍活动予以扼制，做到防患于未然。然而，却没有引起朝廷重视，结果导致了淮西兵变。

伪齐的策反起到一定作用，部分淮西军已经开始了有组织的叛逃行动。宋廷竟没有及时制止。这正好说明岳飞预见正确。淮西军成分复杂，如果处置不当，很可能引发叛乱。

可不巧的是，无论朝廷和张俊选择王德，还是郦琼，抑或是吕祉，都没有驾驭整个淮西军的能力。他们每人之间，都互不服气，相互之间，缺乏宽容理解，更缺乏沟通。军中大量矛盾得不到合理疏导和排解，这就致使淮西军最终发生了兵变，并严重威胁到两淮地区防务和行在建康府安全。

绍兴七年二月，朝廷收回岳飞合并刘家军命令。三月，任命王德为刘家军都统制，王德实际上掌管了这支大军。郦琼作为王德的副手。吕祉未上任前，大军由王德和郦琼两名统制管理，但是，这两人之间一直不和。王德在军中素有威望，唯独郦琼和他手下对王德不服。因此，吕祉没到军中任职前，淮西军就已经分裂成两派势力了。

王德掌控大军后，在操场上升帐检阅大军。郦琼作为副手，他率领众将，以军礼参见王德。郦琼对王德说话很客气，他一边参见王德，一边对王德说：寻常服侍太尉不周，今日乞做一床锦被覆盖。

王德听了郦琼这话，知道郦琼是对他示好。自己现在是郦琼上司，郦琼拍拍马屁也属于正常。不过，王德这人对郦琼也没什么好感，他知道郦琼不过是嘴巴上说说，心里根本不服自己。于是，他在郦琼说完这话后，什么表示也没有，甚至连句安抚的话都没说，便上马走人了。

郦琼和他部下将领看到王德如此无礼，纷纷给朝廷写折子，大意是大家与都统制王德相处不了，王德在大军中没有一点群众基础。总之，是希望朝廷把王德调走。

折子到了朝廷，张宗元对宰相张俊说：琼等畏德如虎，今乃使临其上，是速其叛也。

于是，宋廷命令王德，率领所部八千人，前往建康府驻扎，郦琼暂时管理大军。不久，朝廷任命吕祉作为这支大军新任统帅。

吕祉到任后，对郦琼和王德矛盾做了安抚。但是，王德和郦琼之争端，却让朝廷看到了淮西大军不稳。此时，郦琼将原先刘光世帐下淮西转运判官告上了宋廷，他们请求宋廷将此人开除。这个消息传到吕祉耳朵中后，吕祉感到郦琼等人做事越来越张扬。于是，他赶紧给朝廷写信，希望将淮西大军分为六部分，并调杨沂中大军前来监视，以和平过渡。

吕祉本是名文官，对于武将，他向来是看不起的。所以，他自来到大军之后，对于淮西将士的情况并不了解。他本人也深居简出，很少与将士们交流。因此，朝廷调遣杨沂中大军前来监军时，郦琼感到事情发展得不对味儿了。郦琼手下将领康渊在一旁煽风点火说：朝廷素轻武臣，多受屈辱。闻齐皇帝折节下士，士皆为之用。郦琼对此没明确表态。

紧接着，发生了统制官王师晟，因个人生活问题被家人告发之事。王师晟很紧张，便开始策反郦琼。此时，吕祉正好让郦琼手下书记官朱照誊写请求罢免郦琼手下部将靳赛的折子，朱将这折子的底稿给郦琼看了，郦琼气不打一处来。在此后几天里，将吕祉发往朝廷的折子全部截留了下来。他发现，吕祉在折子里已经将大军内部军心不稳的情况报告给了朝廷。郦琼对此很生气，他感觉自己被吕祉玩弄了。此时，再加上康渊等人煽风点火：归事中原，则安矣！于是，郦琼率领靳赛、王师晟、王世忠、张全等人，来到吕祉帐下。他的部队也将吕祉大帐包围起来。

吕祉在帐中见到郦琼等人后，郦琼二话不说，掏出截获的折子，大声质问吕祉：诸兵官有何罪？乃以如许事，闻之朝廷？吕祉一看来势不好，大吃一惊，准备逃跑。可他能逃到哪里去呢？郦琼冲上前去，一把抓住吕祉。吕祉身边卫士抽刀来救，一刀砍在郦琼后背上，郦琼身穿甲胄，没有伤到肌肉。他回头一看，然后大叫一声：何敢而！便转身抓过兵器，两刀便将此卫士刺死在台阶上。

此时，大帐内已经满目刀光剑影了。吕祉被抓，关键人物全被杀死或擒获。郦琼率领大军主力，投靠刘豫伪齐去了。

淮西兵变，震惊了朝廷。南宋长江防线，四大军区之一淮西地区，立刻处于无人防御境地。宋廷上下，一时手足无措。

第二十四章　立储风波

淮西兵变后，岳飞过上了并不舒坦、不轻松的生活。主要是因为淮西兵变导致了宋廷长江防线防御缺陷，因此，岳飞所率领的鄂军，必须承担淮西兵变后留下的防区防御任务。为此，岳飞派遣四千舟师，和部分地面部队，进驻江州和池州。直到绍兴八年二月，岳飞才返回鄂州宣抚司。稍后，他给朝廷上奏《乞屯淮甸札子》，请求他率领大军进驻淮甸地区以防秋。但是，宋廷拒绝了岳飞的请求。岳飞大军控制上游地区，面对中原，地理位置十分重要。眼下淮西防御空虚，尚可以调动杨沂中、张俊和韩世忠等大军，互为照应，而岳飞一旦离开，则上游地区防御，也会空虚起来。

进驻江州和池州，只是岳飞淮西兵变后忙碌的一个原因。而岳飞根据张浚独相时所布置的进取中原战略计划，积极筹措襄汉地区军事防御，并准备北伐，这成为岳飞忙碌的另一个重要原因。

绍兴八年九月，岳飞正在江州驻扎防秋。他按照朝廷命令，前往建康行在觐见高宗，同行还有重要幕僚薛弼。薛弼从鄂州出发，东下建康，岳飞则一路慢行，两人在路上会合后，一起顺江而下，觐见高宗。

两人会合后，薛弼登上岳飞的座船，看到岳飞正在练习小楷。他拿起岳飞写的小楷作品后，很是惊讶。虽然他知道，身为武将的岳飞，对于文化一直倾心向往，可他没有想到，岳飞这样一个武将，竟把小楷写得这么有味儿。

于是，薛弼半开玩笑地问岳飞：学写小楷干什么？

岳飞见薛弼拿他开玩笑，并不生气。岳飞神秘地告诉薛弼：某此行，将陈大计！

薛弼一听，就更加好奇了。他追问岳飞：什么大计？

岳飞开始并不肯说，一副神秘兮兮的样子。但是，最终，耿直的岳飞，还是禁不住薛弼的哄诱，说出了自己的“大计”。

岳飞说：近闻谍报，虏首以丙午元子入京阙。为朝廷计，莫若正资宗之名，则虏谋沮矣。丙午元子，就是钦宗儿子。靖康元年为丙午年，代称钦宗。资宗是指后来的宋孝宗赵瑗。岳飞的话，用今天的话说就是，最近收到谍报，金人要废除刘豫，并要将钦宗长子送回开封。这是金人的政治攻势。从法律上说，宋钦宗即位比宋高宗合法。因此，宋钦宗长子即位皇帝的话，则在政治上对南宋朝廷是一大打击。因此，岳飞想建议朝廷，赶紧将赵瑗立为太子。如此一来，则金人的政治攻势就没用了。

这话一出，薛弼大吃一惊。他赶紧劝岳飞，不要糊涂，这事儿由他提出，不太合适。但是，岳飞态度很坚决。薛弼对岳飞说：你作为统军大将，不应该干预这样的事情。可岳飞却告诉他：臣子一体，也不当顾虑形迹。

岳飞到达建康后，与薛弼同一天进见高宗。

岳飞先见高宗。奏对完毕，岳飞又从袖中抽出此前写好的小楷奏折。岳飞满怀信心地对高宗说，他还有一本要奏，这是他花了不少心血，亲笔写出来的，想读给皇上听。高宗本来兴致挺高，看到岳飞在淮西兵变后仍这么卖力上班，一点不记恨他，高宗还挺高兴的。

宋高宗十分好奇地听岳飞读他写的小楷奏折。岳飞照着折子读了起来。高宗听了两句就明白过来。原来岳飞这家伙是要让我立太子。听着听着，赵构的脸色就慢慢沉了下来。可他又不好意思打断，只好让岳飞读下去。岳飞也感到了赵构的脸色不对，他心里开始打鼓，琢磨着要不要继续读下去。岳飞这么一紧张，连句子也读不好了。这时，一阵风吹来，直吹得岳飞手中的折子抖起来了。整个大殿上，除了岳飞颤抖的声音，再无别的声音了。

好不容易坚持到岳飞读完折子，高宗冷冰冰地说：这事儿，不该你这统军大将操心。然后，高宗一挥手，示意岳飞“走人吧”。岳飞也接不上话，面如死灰一般，退出大殿。

此刻，正好与准备觐见的薛弼碰面。薛弼一见岳飞面如死灰，马上明白了是怎么回事。

果不其然，高宗见到薛弼，第一句话就是：飞适才来奏，乞正资宗之名。朕谕以卿虽忠，然握重兵于外，此事非卿所当与也。

薛弼忙跪下奏道：臣虽在其幕中，然初不与闻。昨到九江，但见飞习小楷，凡密奏皆飞自书耳。

高宗没有怪罪薛弼，他说：飞意似不悦，卿自以意开谕之。薛弼看高宗这样，也不敢再多说什么，便下殿去了。

建言立储之事，是绍兴七年至八年间岳飞与高宗的第二次正面交锋。与上次合并刘家军，并大举北伐，君臣交锋一样，这次君臣交锋，无疑使君臣内心都不愉快。岳飞与高宗的决裂，源于他建言立储，让高宗感到耻辱。毕竟高宗正当盛年，如日中天之时，尽管他经过扬州惊吓，生不出孩子，几成事实，但是，生育事关男人尊严，岳飞跟赵构提出立储，毕竟使皇上很难堪。尽管事实是，很早前，就有大臣提过此事，并在皇族中选了皇储，但如今，由手握重兵的武将提起，岂能不让高宗与岳飞之间裂痕越来越大?

在这一年，尽管岳飞战功卓著，一心为宋朝江山社稷考虑，可他却并没因此得到满意的结局。先是宋廷出尔反尔，没有将淮西大军交由他掌控；接着，他愤然辞职，回庐山为母亲守墓，又与朝廷直接冲突；好不容易前两件事儿结束，高宗只是警告他“犯吾法者，唯有剑耳”。可岳飞却又因立储之事，触犯了高宗底线。一年之内，岳飞连续三次与朝廷发生冲突，而他又是这么一个手握全国三分之一精锐武装的统军大将。如此情形，高宗会怎么想呢？

建议立储，让高宗感到：岳飞十万精锐，如芒在背般压迫。如果岳飞只是一个手握万人大军的统帅，他提议这样的事情，赵构或许不等他读完折子，就已经发作了。可赵构之所以能忍耐下去，还是因为岳飞的能征善战和手握重兵。

毋庸讳言，岳飞曾经是高宗倚重的将领，他平定内乱，让宋廷站稳了脚跟，立下过汗马功劳。可现在，朝廷丧失了进取之意。岳飞手握重兵、位高权重，尤其是他还那么能征善战，一心想要收复失地，不想和谈，不好酒色，不喜田产，不爱钱财，眼下又讨论起朝廷立储大事。如此，岳飞与高宗之间，除了防范戒备，还能怎么样呢？

这一年三次君臣冲突，使得岳飞与高宗原本和睦的君臣关系渐行渐远了。

第二十五章　祭扫八陵

西京洛阳，是北宋重要的政治中心，这里埋葬着北宋历代共七位帝王，有宋太祖永昌陵、宋太宗永熙陵、宋真宗永定陵、宋仁宗永昭陵、宋英宗永厚陵、宋神宗永裕陵、宋哲宗永泰陵，以及太祖、太宗之父与祖父的永安陵，号称西京八陵。西京八陵附近，还埋葬着皇家宗室后妃、亲王，历朝功臣旧陵两百多座。所以说，西京洛阳河南府八陵地区，乃是宋朝皇家命脉，龙气聚集之地。

对秦桧言听计从的高宗皇帝，虽然打着“孝”字大旗，进行降金和议，但在认父兄母妻仇敌为父，用下贱手段，换来金人许诺河南之后，却连祭扫皇陵之类表面文章，也无暇顾及。后来，秘书省正字范如圭及时提醒，才派遣赵氏宗室正卿赵士袠一行，前往西京祭扫皇陵，并决定一切费用从岳飞大军中支出。

岳飞得知赵士袠一行前往西京祭扫皇陵，途经本大军，且取用本军费用后，他立刻上表，请求朝廷，允许他跟随前往，祭扫皇陵。岳飞奏曰：西京河南府，系臣所管地区。自刘豫盗据以来，祖宗陵寝主废严奉，臣不胜臣子区区之情，欲乞量带官兵，躬诣洒扫。

接到岳飞奏请，皇上很是高兴。他发现岳飞不再请求辞职，也不再申请罢官回家休养了。现在岳飞也认同了朝廷和议收归河南事实。打算同意岳飞申请，让他跟随，去皇陵祭扫。

可就在此时，岳飞第二道折子也来了：北虏自靖康以来，以和疑我者，十余年矣，不悟其奸，受祸至此。今复无事请和，此殆必有肘腋之虞，未能攻犯边境；又刘豫初废，藩篱空虚，故诡为此耳。名以地归我，然实寄之也！臣请量带轻骑，随二使只谒寝陵，因以往观敌衅。

岳飞这第二道折子上去后，收到朝廷给他的第一条诏令：允许他与赵士袠一起去祭扫皇陵。岳飞非常高兴，随即又上了第三道折子，满怀信心地等待与赵士袠一行共同前往，祭扫皇陵。可是，不久，朝廷在收到他第二道折子后，向他发出了严厉的诏令：已降指挥，止差将官一两员，部押壕寨人匠、军马共一千人，随士袠、张焘前去，卿不须亲往。

你岳飞想去“往观敌衅”，那是不行的，高宗担心岳飞的行动一旦冒犯了金人，和议将前功尽弃。所以，严令岳飞，不得随同前往祭扫。

岳飞万般无奈之际，只好放弃亲自前往河南计划。

赵士袠和张焘，来到岳飞军营后，岳飞将对宋金和议看法，告诉他俩，岳飞希望他们暂缓行程，以防金人出尔反尔，而致赵士袠一行处于危险境地。

但是，赵士袠等人，没听从岳飞劝说，在支取各种费用后，又一次踏上行程。

果然不出岳飞所料。岳飞为安全起见，不仅派遣部分士卒跟随赵士袠一行前往，而且暗中派军队保护赵士袠他们。

赵士袠一行没走多远，便发现远处尘土飞扬，马蹄声声。赵士袠和张焘很紧张，大惊失色之际，已经有人开始掉头逃跑。大家判断，肯定是金军骑兵。此时，后面传来阵阵鼓声，片刻间，一支人马抵达眼前。大家定睛一看，原是岳家军旗帜。岳飞亲率大军，前来接应，这让赵士袠和张焘对岳飞料敌如神惊讶不已。岳飞对赵士袠说：固谓君勿行，令董御带、牛观察已前去交锋矣。兵胜败无常，君王入，宜近属，吾以兵自里送君耳。

岳飞掩护赵士㒟和张焘一行朝回走。没走多远，董先、牛皋两支大军与敌交锋捷报传来，此时，赵士㒟问起岳飞，如何会有董先和牛皋大军在前方与敌交战？岳飞告诉他说，这是在他们出发前一天，已经安排好的大军行动，目的就是防备金军袭击。

宋金虽已和议，但金军仍不断袭扰河南诸地。由此可见，金人将河南等地交付宋朝并非真心实意。并非金人真想与宋交好，和平相处。其包藏祸心，可见一斑。

赵士㒟和张焘一行，在西京受到当地百姓热烈欢迎，此地百姓未曾想到在有生之年，还能重归大宋，因此非常激动。这让他们感到高兴。

可是，宋朝八陵破坏之严重，实在令人发指。坟墓被盗掘，财物被挖掘殆尽；放眼八陵，瓦砾遍地，荒草连天；甚至连皇帝尸骨，都被人挖出棺椁，暴露在光天化日之下。

赵士㒟和张焘一行，回到朝廷，把宋朝八陵遭到金人严重破坏情形，报告给高宗及其朝廷。宋高宗及宋廷对此无动于衷。此时，秦桧让宋高宗高举之“孝道”旗帜，以及他们所戴“孝道”面具而进行“议和”之闹剧，都被金人严重破坏宋陵的行动给撕得粉碎。

岳飞看到宋朝八陵被破坏得如此严重，心里充满气愤。同时，他想起了绍兴初年，岳家军奉命整修八陵时的情形。那时，岳飞怀着十分虔诚的心情，对宋朝八陵进行系统而又全面整修。不想数年间，八陵又遭金人如此严重破坏，实在让人痛恨不已。

岳飞对宋朝君王的感情，通过对八陵的缅怀与祭奠，得到部分抒发。这也是岳飞作为一名忠臣孝子的本性所在。

第二十六章　议和闹剧

宋金议和，由来已久，从北宋末年宋金开始交恶，议和便断断续续。北宋灭亡，宋朝南渡时，宋方军事处于绝对劣势。面对金人强势进攻，宋高宗很想通过议和，来保存南宋小朝廷半壁江山。

可是，尽管宋高宗一再卑躬屈膝，鞠躬礼拜，金人却不给赵构喘息之机。兀术大军，甚至将赵构逼上大海。那时，宋金议和几乎不可能。灭亡赵宋帝国，乃金人既定国策。

但是，从绍兴三年，岳家军兴起后，宋金军事力量发生变化。岳飞、吴玠、韩世忠接连发起军事攻击，岳飞和韩世忠还主动发起进攻战役，收复了大片失地。军事力量对比变化，使得宋金议和可能性大大提高。

秦桧归宋，迎合宋高宗求和心理，两次出任宰相，力主议和，成为宋金议和交通媒介。

宋金议和，乃赵构之梦寐以求。伪齐被废后，终于出现新转机。粘罕集团覆灭，金政权在达懒、兀术主持下，与宋廷出现略微和缓政治局面。达懒集团主张对宋和缓施政，兀术集团主张对宋军事强攻。此时，达懒集团在朝内占主导地位，金熙宗听从达懒主意，议和风潮一时酝酿成熟，宋金议和被提上日程。双方使者往来频繁，宋高宗终于等来期待已久之议和信息。使者王伦出使归来，给宋高宗带来利好消息。

达懒通过王伦传递消息曰：好报江南，既道途无壅，议和自此平达。

达懒用“江南”称呼南宋，无疑是对南宋鄙视。但高宗得此消息，却异常激动。虽然他知道，此时宋金军事力量对比宋军已略强于金，但无论是朝廷大臣，还是军方将领，以强求和，似乎不太可能。

然而，赵构和秦桧绞尽脑汁，终于琢磨出个“好主意”，来为他们倡导的议和遮羞。

秦桧对高宗美言：当以太上皇梓宫及皇太后、渊圣皇帝未还，以“孝道”治天下之理，诏谕天下臣民，以绝非议。

君臣二人不谋而合，气味相投，沆瀣一气。

秦桧与高宗以“孝”为名，作为他们向金屈辱求和依据。表面看来，于情于理皆合，然而，这正是秦桧“高明”之处，也是他卖国求荣之辉煌外衣。

秦桧和宋高宗，熟悉历史，他俩明白，历朝历代中国朝廷，都奉行以孝治天下。让宋高宗以孝道作求和口实，宰相秦桧确实没少花费心思。绍兴八年，秦桧取代赵鼎，独相宋廷。一方面，北方达懒集团主政，金人愿意和谈；另一方面，金人有意放秦桧做内奸，回归南宋朝廷，并几经努力，成为宋廷两任宰相，独霸朝纲，一意主和。而且，这二者之间，有着无数秘密交易和不可言语之内在联系。

绍兴八年秋，宋金达成议和协议，金人许诺，归还宋黄河以南土地；归还宋徽宗梓宫；许诺遣送高宗生母韦贤妃归宋。宋则奉金为上国，每年纳贡银两、绢二十五万匹。

十一月，王伦陪同金使前来“江南”。金使张通古，一路上颇现上国使者倨傲姿态。他甚至要求，沿途官员百姓，对金廷诏书，以天子礼接待。对前来迎接之南宋朝廷官员，颐指气使。

如果说这些沿途官员都能忍气吞声，接下来之事则让宋朝官民忍无可忍，难堪异常。因张通古要求，宋高宗须跪接金廷诏书。理由是：既然宋金议和协议达成，宋人奉表称臣，那么，大国之卿，如同小国之君。则赵构作为宋国皇帝，小国之君，理当跪接诏书。

此话一出，立刻激起宋廷文武大臣强烈抗议。宋廷爆发反对议和大规模抗议。礼部尚书兼侍读曾开，兵部侍郎权兵部尚书张焘，权礼部侍郎兼侍讲张九成，权礼部侍郎兼侍读尹焞，礼部侍郎魏矼，吏部侍郎晏敦复，户部侍郎李弥逊，刑部侍郎陈囊，吏部员外郎许忻，三省检正诸房文字林季仲，著作郎胡珵、张扩、凌景夏，尚书司员外史馆校勘朱松，秘书省正字史馆校勘常明，起居舍人薛徽言，监察御史方庭实，枢密院编修赵雍、胡铨等大臣，纷纷上疏，强烈反对议和。对秦桧、高宗朝廷屈膝投降，表示坚决抵制。

胡铨上疏，分量尤重。成为南宋朝野传诵、抵制议和之战斗檄文：

臣谨按，王伦本一押邪小人，市井无赖，顷缘宰相无识，遂举以使虏。专务诈诞，欺罔天听，骤得美官，天下之人，切齿痛骂。今者无故诱至虏使，以诏谕江南为名，是欲臣妾我也，是欲刘豫我也。

刘豫臣事丑虏，南面称王，以为子孙帝王，万世之业，牢不可拔。一旦豺狼改虑，捽而缚之，父子为虏。商鉴不远，而伦乃欲陛下效之。夫天下者，祖宗之天下也，陛下所居之位，乃祖宗之位也；奈何以祖宗之天下，为犬戎之天下？以祖宗之位，为犬戎藩臣之位！陛下一屈膝，则祖宗社稷之灵，尽污夷狄。祖宗数百年之赤子，尽为左衽。朝廷执宰，尽为陪臣，天下士大夫，皆当裂冠毁冕，变为胡服，异时豺狼无厌之求，安知不加我以无礼，如刘豫也哉！

伦之议乃曰：“我一屈膝，则官梓可还，太后可复，渊圣可归，中原可得。”呜呼，自变故以来，主和议者，谁不以此说啖陛下哉？

然而，卒无一险，是虏之情伪已可知矣；而陛下尚不觉悟，竭民膏血而不恤，忘国大仇而不报，含羞忍耻，举天下而臣之甘心焉！就令虏决可和，尽如伦议，天下后世，谓陛下为何如主也！况丑虏变诈百出，而伦又以奸邪济之，则梓宫决不可还，太后决不可复，渊圣决不可归，中原决不可得。而此膝一屈，不可复伸，国势陵夷不可复振，可不为恸哭流涕，长太息哉?!

向者，陛下间关海道，危如累卵，当时，尚不肯北面臣虏，况今国势稍张，诸将尽锐，士卒思奋。只如顷者，丑虏陆梁，伪豫入寇，固尝败之于淮上，败之于涡口，败之于淮阴，教之前日蹈海之危，固以万万不侔。倘不得已而至于用兵，则我岂遽出虏人下哉。今无故而反臣之，欲屈万乘之尊，下穹庐之拜，三军之士不战而气已索，此鲁仲连所以不帝秦，非惜夫帝秦之虚名，惜天下大势，有所不可也。

今内而百官，外而军民，万口一谈，皆欲食伦之肉，谤议汹汹，陛下不闻，正恐一旦变诈，祸且不测。臣窃谓不斩王伦，国之存亡未可知也！

虽然，伦不足道也。秦桧以心腹大臣，而亦为之！陛下有尧舜之资，桧不能致陛下如唐虞，而欲导陛下为石晋。近者礼部侍郎曾开等，引古谊以折之，桧乃厉声责问曰："侍郎知故事，我独不知?"则桧之遂非狠愎，已自可见。而乃建白，令台谏侍臣，佥议可否，是盖畏天下议已，而令台谏侍从，共分谤耳！有识之士皆以为朝廷无人，吁可惜也！

孙近附会桧议，遂得参知政事。天下望治，有如饥渴，而近伴食中书，漫不可否一事，桧曰："虏可讲和"，近亦曰"可和"；桧曰"天子当拜"，近亦曰"当拜"。臣尝致政事堂，三发问而近不答，但曰"已令台谏侍从议之矣"。呜呼，身为参政，不能参佐大政，徒取充位如此，若虏骑长驱，近尚能折冲御侮耶?

臣窃谓，秦桧、孙近，皆可斩也！

臣备员枢属，义不与桧等共戴天。区区之心，愿斩三人头，竿之藁街，然后，羁留虏使，责以无礼，徐兴问罪之师，则三军之士，而气自倍。不然，臣有赴东海而死耳，宁能处小朝廷求活耶！

胡铨奏疏，提出当斩秦桧之首，讽刺高宗秦桧之宋廷为“小朝廷”。此文一出，反响巨大。秦桧抵挡不住舆论压力，只有给高宗上表请辞。宋高宗极力挽留，才将秦桧留住。

胡铨这篇檄文，传到金国，也不由得君臣失色，而盛赞南朝有人。

文臣之外，武臣也很反对宋金和议。岳飞和韩世忠，自不用多说，其他武将，对此也多有抵制。负责行在临安防御之三衙长官、殿前都指挥使司杨沂中，权主管侍卫亲军马军司解潜，权主管侍卫亲军步军司韩世良，均表示反对议和。

他们对秦桧党羽勾如龙说：闻官家受敌书，必欲行屈己之礼，万一军民汹汹，即某等弹压不得。……此亦非某等生事，盖缘有大底三个在外，他日问某等云，尔等为宿卫之臣，如何却使官家行此礼数？不知使某等如何辞对？

“大底三个”，是宋朝口语，意思是三个大的，指岳飞、韩世忠、张俊三人，为武将中的领袖。其中，除张俊暗中支持秦桧和议外，岳飞、韩世忠是坚决反对和议者。但表面上，张俊、韩世忠、岳飞，都是反对和议的骨干力量。尤其是在议和初期。

宋廷上下，一致反对议和，宋高宗真成了孤家寡人。他感到议和进行困难，但他却不愿放弃议和。因此，秦桧主动与高宗商议，以高宗皇帝父丧期间不便接受诏书为由，让宰相秦桧代接诏书，当然也就是代行跪拜之礼了。

秦桧又找到张通古，与之协商疏通。最终，张通古同意如此操作。但其他仪式程序，一切不得改变。

绍兴八年十二月，秦桧等执政级高官，来到张通古居住的使馆，接受诏书。秦桧上演了一出屈膝投降丑剧。秦桧率领文武百官，前往扈从，接受金国诏书。但是，许多官员拒绝前往，而导致人手严重不足。秦桧没法，只好安排政府机关小吏，穿上官服，假扮成相应级别文武官员，加入扈从队伍。如此尴尬场面，两宋独此一家。而秦桧，无疑是这出闹剧中最出色的小丑。

第二十七章　顺昌大捷

绍兴八年至九年，宋金和议获得成功，金人内部，达懒集团主政并掌权，乃关键因素。

尽管议和条款中将河南之地归还南宋朝廷，可是，金国兀术集团，一直把此作为达懒集团把柄，而加以攻击，并不断派遣军队，对这一地区，进行军事骚扰。金人这些行动，让宋高宗和秦桧，以及文武大臣们感到，金人归还河南之地，绝非出于诚心，而是权宜之计。这也是岳飞多次上表，言说金人不可轻信之重要原因。

金人归还河南之战略企图，是欲将宋军引诱至平原地区，而后，充分发挥骑兵优势，加以彻底消灭。宋军大部分为步兵，一旦离开长江防线，进入平原地区，便失去地理屏障优势，则成为金军骑兵马蹄下冤魂野鬼。这是不争的事实，也是金人之险恶用心。可是，宋高宗在秦桧诱惑下，竟然如痴如醉，如饮甘饴。

达懒集团在金朝，执政时间不长。新即位的金熙宗，不甘心被达懒左右，而渐与兀术等人，越走越近。使兀术在金朝内部权力斗争中，完全占据上风。达懒失势，他所力主之议和，立即面临崩溃。宋金之间政治分歧，立刻出现裂缝。

王伦出使金国时，已发现达懒与兀术之矛盾。兀术一汉人亲信，乃王伦故吏，他把宋金将重新开战的消息，悄悄告诉了王伦。

绍兴九年春，新达成之议和协议不过数月，王伦感到事出紧急，立刻致书宋廷，予以通报。他请求朝廷，安排张俊，守御东京开封都督府；韩世忠，守卫南京应天府；岳飞，守御本部河南府；吴玠镇守长安。张俊重建都督府，以节制诸路大军作战。

此外，绍兴九年，岳飞大军中，接纳了一位金朝官员，名叫宋汝为，他从北方投诚而来。他告诉岳飞，金人叛盟是迟早之事，朝廷切不可因此荒废武备。

王伦和宋汝为仅是宋廷收到的两处情报，其他情报，源源不断到达朝廷后，高宗和秦桧十分震惊。他们千方百计经营之议和局面，立刻因金人毁盟而破灭。只不过，他们还不相信，真的会出现此类情况，还在幻想着议和美梦。而对防御河南之地，手足无措。

绍兴九年七八月间，兀术将达懒赶下台后，金人重新开战，已成定局。岳飞、韩世忠，以及朝中大臣，纷纷上奏，要求朝廷安排东京、西京和南京战区防御驻守事宜。可宋高宗和秦桧都置之不理，不置可否，甚至一拖再拖，直到绍兴十年，宋金重新开战。

宋廷对金人归还之河南，几乎不设任何防御。岳飞请求驻防河南，遭到宋高宗和秦桧拒绝。却安排刘锜军三万多人马，前往东京，刚进顺昌地界，便仓促遭遇兀术大军。

绍兴十年五月，兀术率领十万大军，分三路进攻河南。迅速夺取河南土地。兵锋所指，直奔顺昌。宋金之间全面开战。宋廷骤然面临十万兵马巨大压力，毫无准备，手忙脚乱。河南土地，瞬间全归金人所有。顺昌府很快暴露在金兀术十万大军铁蹄之下。金军兵临城下，刘锜所在之顺昌府危在旦夕。

这时，宋高宗方想起岳飞，他给岳飞发去诏令，要求岳飞从远在千里之鄂州，派兵远赴东北，火速进兵陈州淮宁府、蔡州府地界，去支援刘锜，解救顺昌之围。岳飞明知远水难解近渴，但还是坚决执行命令，并就顺昌城守卫向刘锜阐明其军民联防战略构想。

刘锜自幼习武，乃身经百战的大将。他所率军队，正是此前王彦之八字军。

十八日，刘锜率领八字军，进入顺昌城内。此时，军心有所动摇。刘锜一方面严令大军撤退，并毁掉所有船舶；另一方面令人在家中堆满柴火，对外宣布，一旦作战失利，将点燃柴火，全家人誓与顺昌共存亡。刘锜此做法，稳定了军心。

顺昌知府陈规也积极配合守城。陈规乃守城专家，曾著有《守城录》。他为顺昌守军提供大量军粮和物资。他那守城经验，也给刘锜守军以极大帮助。同时，他还组织了城中民众，协助守军，共同御敌。创造了南宋战争史上，军民联防之典型范例。

刘锜作为一名身经百战的宿将，他十分清楚，八字军若离开顺昌城防工事，进入广阔平原，立刻就会成为金兀术十万铁骑蹄下之冤魂。

此时，宋金双方交战大军，都有相当战争准备。金人攻城器械主要是石炮阵，也就是抛石机械。当时还没有炮弹，只有石块作炮，靠抛砸打击敌人，摧毁城墙。这种炮阵，对宋朝防守城镇，破坏力巨大。此外，就是云梯，乘载兵员攻城。在攻城中，守军因被石炮击中、打砸，而伤亡之数众多。因此，顺昌城防御能力，关键是如何减小石炮对城池的破坏和威胁。

传统守城，无非是借助高大的城墙和宽大的护城河，防御敌人进攻。但是，随着宋金双方攻城技术提高，城墙和护城河都变得脆弱起来。

面对武装到牙齿之金军，刘锜感到压力很大。他必须依靠宽大之护城河和高大的城墙作为掩护工事，防御金军铁骑攻击。陈规给刘锜巨大帮助，他建议刘锜，扩大城区纵深防御。将顺昌府加大了以城墙为主之防御纵深。

在陈规的改造下，顺昌城形成了羊马墙、外濠（护城河）、主城墙、里壕、里城五道府城防御体系。

羊马墙处于最外侧，高八尺，加上二尺底座，一共有一丈高。羊马墙也很厚，墙脚五尺，墙头三尺。羊马墙上，每隔一段距离，留有一些观察孔，用于了解外部情况。羊马墙距离主城墙三丈远，这段距离上，有一条护城河，护城河与羊马墙之间，可以用于守军防御，同时也安置了一些排叉木，用于防御和阻碍敌人进攻。

羊马墙有效阻止了敌人攻城，设备无法接近主城墙，也阻止了敌人填埋护城河；羊马墙很高很厚，不易被毁。羊马墙里有军队防御，因此，敌人很难逾越。加之羊马墙距离城头只有三丈远，因此，敌人攻城，一旦进攻羊马墙，便会遭到羊马墙内守军对羊马墙守军之配合。因此，羊马墙有效地配合了护城河和主城墙防御。

主城墙内，又挖了一条与外部护城河对称的里壕。里壕也是一条护城河，甚至略比城外护城河宽一点。里壕宽五丈，深两丈以上。里壕边上修建里城，里城高两丈，上面再建护城墙。一旦敌人攻克主城墙，就会发起对城内攻击。而里城和里壕，则阻止了敌人的进攻，又起到城墙和护城河的作用。

陈规对主城墙也进行了必要改造。他命令士兵将顺昌城四角由直角改造成圆弧形，从而使得顺昌城由方城变成了圆城。四角上的角楼也一并拆除。这样一来，敌人很难测定圆形城墙上随意流动的士兵防守之具体位置，也就无法用石炮摧毁守城阵地。同时，一处受到攻击，其他各处随时可以给予支援。而且，守城石炮，还可同时还击攻城敌人。如此一来，主城墙防御薄弱环节就少了许多。

根据金人擅长骑射特点，陈规还将顺昌城女墙增修一层平头新墙。加上基座高度，共高八尺。从高度上保护了守军不被敌人弓箭射中。此外，在女墙上，悬挂许多笆篱等编织物，用以缓冲巨石对城墙之破坏。在女墙和平头墙之间，横贯三道横木。平头墙上，有“品”字形孔，用于防御和观察敌情。如此布局，即使敌人爬上主城墙，也必须再徒手翻越横木，而这又成为守军攻击攻城军队之有利时机。

城门是城市门户。一般城池，只有一道城门。而经过陈规改造之顺昌城，却有三道城门。城门外建造有高过主城墙之掩护墙，不让敌人看到城门虚实，主城墙内侧城门，再建造相同墙壁，因此，从门洞里，无法判断城门的准确出口。一旦敌人进入城门，犹如进入迷宫，没有方向。

城外掩护墙，在羊马墙里，敌人进入这一区域，会遭到守军夹击。如果敌人攻破这个区域，则会遭遇第一道城门阻拦。这道城门有两扇，分别在掩护墙和主城墙墙体两侧，以圆木凿眼，串起来形成城门。

第二道城门，便是以前就有的那一道城门，但这道城门，比以往的城门加厚许多。

第三道城门，与城外城门一样，安置于掩护墙两侧。城门如此布置，显然是比以往城门防御更难攻克。

与城门建设相匹配的是城楼，将原来一门一楼，改变成三重门，两层楼。最高一层城楼，便可以发挥宋军远程弓箭优势了。

在顺昌守卫战中，陈规还建议充分发挥石炮作用。城头安排炮兵观察弹着点。每门石炮都有专门观察员，用以随时校正弹着点。大型石炮旁边，还配备了大量小型石炮，这些小石炮，投掷的都是黄泥制作之弹丸，每个约五斤重，小炮用于攻击步兵和骑兵，不论这些人马穿多厚衣甲，一旦被小型炮击中，轻者骨折、内出血，重者立刻毙命。大炮用来摧毁敌人攻城设备和大型目标。如此，轻重结合，火力搭配，在充分发挥石炮威力的同时，又因置身城中，很难被敌炮击中，战场上生存概率大大提高。

如此布置炮阵，守军石炮能打击到敌军炮阵，敌军炮阵却无法打击到城中炮阵。宋军因此而占有炮火方面绝对优势。

经过如此精细准备，宋金双方于五月二十五日开始激战。

二十五日，金军韩常和翟将军两支大军，陆续开赴顺昌战场。刘锜在城下设伏，抓获金军两名千户，经审讯，搞清了金军韩常和翟将军驻屯地点。二十六日夜，刘锜果断劫营，迫使韩常等人后撤。

二十九日，金军龙虎大王突合速和三路都统葛王完颜褎，率领三万大军，抵达顺昌城下。这个葛王完颜褎，便是金朝后来的金世宗完颜雍。刘锜不与金人交战，他命令士兵将顺昌城门全部打开，大唱空城计。这让突合速和完颜褎不知所措起来。他们认定刘锜足智多谋，一定准备充分。因此，二十九日当天，金军没敢发起对顺昌城的进攻。次日，金军对顺昌城发起进攻，羊马墙和城墙上之防御设施，发挥了巨大作用。刘锜所准备的城防设备，正好有效防御了金军长于骑射的战术特点。金人将许多箭矢，射到了城头的木板上。而没有对八字军将士们形成多大威胁。相反，刘锜在城头上的强弓硬弩，却多次射中敌军攻城部队将士，金军屡次被击退，进攻陷入停滞。

可是，当金军攻势刚一减弱，刘锜立刻指挥步兵，对撤退中的金军，予以打击和尾随追击。金军被如此追杀，坠入护城河者、淹死者，不计其数。

白天，金军没占到便宜，打算晚上好好休息一晚，次日再与刘锜一决胜负。可是，当晚，刘锜也没给敌军以喘息之机，他命令五百士卒，身穿黑色金军服装，口衔枚，马摘铃，乘夜袭击金军大营。那天傍晚，正好天降大雨，电闪雷鸣，刘锜命令士兵，闪电一起，则大家立刻砍杀身边编发之人；闪电一过，则所有人伏地不动。听到竹哨一响，大家就朝声音方向集中。一晚上这么袭扰，金军大营尸横遍野，整夜不得休息。刘锜五百士卒，则全身而退，没什么伤亡。完颜褎等人，扛不住刘锜进攻，被迫将大军撤出顺昌外围，等待兀术主力到来。

兀术本来很看不起刘锜，对于顺昌久攻不下，更加恼火。因此，他狂傲地宣称，只要他用脚尖一踢，就能将顺昌城一脚踢倒。但是，接下来之战事，却让他吃尽了苦头。

刘锜见兀术大军来到城外，对校尉曹成说：我派你去金军做奸细，成功后，我重赏你。如果我的计谋实现，敌人绝对不敢杀害你。你出马侦察，遇到敌人后，佯装落马，敌人将你俘获，敌帅问你我军情况，你就跟他说，我是太平时期边境大帅的孩子，喜欢声色犬马生活。朝廷因为宋金议和，派我去东京过安逸生活。

这校尉果然被俘，如上所言，兀术闻言高兴不已。对周围将领说：此城易破。因此，兀术放弃了大军攻城之设备，率领部队轻装前进，前来攻打顺昌城。

次日，金军开始攻打顺昌城。攻城前，金军将昨日俘获之曹成，就是那位校尉，送到城下，刘锜将他系上城来。他带来了兀术战书。刘锜看了以后，啥也没说，立刻放火烧了战书。此时，兀术正在大军中，责备那些先期前来攻城之金军前锋部队。那些战败了的将领纷纷诉说，宋朝现在用兵，已经不是以前了，大帅亲自督战，便会感知。可是，兀术根本不将这些人的话放在心上。

刘锜传言，他要与金兀术决一死战，但是，考虑到顺昌城外，有大河阻挡，金军不敢渡河，因此，他可为金军架五座浮桥，方便金军过河攻城。

兀术听到此话，笑得合不拢嘴。他认为刘锜也太嚣张了吧，竟敢这样侮辱金人主力大军。于是，兀术传令，明日，全军发起对顺昌城总攻。大军明日中午，到城里开饭！

刘锜之所以给兀术架设浮桥，并非脑子发热，而是有意设置圈套。刘锜在河水中下了毒。农历五月，天气炎热，金军攻城作战，口渴难免，河水便会被人畜饮用。如此一来，金军饮用了投毒河水，还没战斗，便遭到非战斗减员，定有不小损失。

刘锜一路用计，整治得金军十分气恼。好不容易金军推进到顺昌城下，刘锜却又闭门不战。农历五月，午间虽艳阳高照，但早晚却天气凉爽，可刘锜紧闭城门，就是不与金军作战。他将两万多战斗兵员分成几支，每支部队五千多人。城头只留下少量部队。其他部队，轮流休息。日上三竿时，刘锜才让士兵们穿上晒得发烫的铠甲，与早已疲倦的金军交战。结果，宋金战士刚一交手，金人便是一片狼狈：铠甲没穿的，队列不整的，马鞍没挂的……八字军因此战斗非常顺利，金军进攻则屡屡失利。

兀术见如此进攻不成，便转换方式。派出最精锐重甲骑兵，对宋军步兵方阵进行合围式包抄。决战时刻，终于来临。

刘锜以居于弱势兵员和步兵，借助顺昌城，连续击败金军进攻。尽管已取得很大战果，可若要彻底击败敌人，须击败兀术主力。刘锜告诉将领们，击败韩常等人进攻队列，是轻松之事，可是若要真正扼制金军进攻，就必须击败兀术主力进攻。因为兀术主力部队，都是身披重铠甲之铁浮图。也就是说，兀术大军主力，三人为伍，贯以韦索，每进一步，即用拒马拥之，人进一步，拒马亦进，退不可却，也被金人称作“铁塔兵”。此乃兀术创造之骑兵战术。

刘锜的智慧再次在战斗中发挥作用。决战前，刘锜给五千士兵每人准备了个竹筒，里面装满煮熟的豆子。大军进入战场后，士兵将竹筒豆子全部倒在地上。因此，战场上一片豆香，一片狼藉。金军铁浮图发起冲击时，奇迹发生了：战马并没有撒开四蹄狂奔起来，那些战马早已饥渴难耐，循着豆香，在战场上吃起煮熟的豆子。刘锜见状，立刻指挥大军，砍翻马匹四蹄。战马虽全身披挂装甲，可那四蹄却没有保护。而一匹马倒下，另外两匹马便被拖累住，行动不便。那些身披重铠甲的骑兵也很悲惨，因为身上铠甲过于沉重，虽可起到很好的保护作用，可一旦摔倒，很难再站起来。

宋军一拥而上，挑开头盔，大斧便砍下去，或用斧断其手足，将其击毙。

几番冲击下来，金兀术主力精锐损失了十之七八。眼看会战得手，刘锜却并不急于追赶，他看到金军撤退，立刻令人在城外放置拒马，然后收兵回城。

兀术看到刘锜如此安心吃起午饭，气不打一处来。可他却没办法，因有拒马阻拦，骑兵不能靠近顺昌。烈日下，兀术草草让大军吃点午饭，饭后，两军再次交战。金军依旧以重装骑兵冲击刘锜阵列，刘锜故技重演，金军再次败绩。

宋金双方，从早上七点，一直战到下午五点，方才结束。金军惨败，兀术精锐之师铁浮图几乎损失殆尽，兀术遭遇了从东北起兵以来前所未有之失败。

此乃南宋军民团结、共同抗战之胜利。顺昌之役，结束了绍兴十年金军的战略进攻，同时也开启了宋军战略反攻序幕。为岳飞大军联结河朔，与金人决一死战，开辟了通道。

第二十八章　联结河朔

岳飞联结河朔战略思想，从绍兴三年就开始实施。

河朔地区，是中国自古以来，对黄河流域北部之称呼。岳飞本人是河朔人。联结河朔战略思想，最初由宗泽提出，岳飞继承宗泽思想体系，坚决执行并连续贯彻，最为坚决和始终如一。一直坚持到绍兴十年，岳家军第四次北伐，与金军最后一战。

用今天的话说，联结河朔的战略思想，等同于毛泽东人民战争战略思想。其实，在顺昌战役中，刘锜就是运用人民战争战略思想，充分发挥陈规地方力量，取得了空前大捷。

岳飞一心想要收复失地，然而他却不得不对国内动荡进行军事镇压。岳飞在文章中多次提到，唯有安定国内环境，才能有足够的力量对外作战。一个四分五裂的国家，国内不稳定，定是对外抗战最大的障碍。岳飞对此有清醒认知。因此，在积极主张收复中原的同时，岳飞还主张对国内叛乱进行军事围剿。岳飞这一思想，具有一定时代局限性。但是，以岳飞所处历史环境而言，岳飞能有如此想法，无疑是正确的。绍兴初年，岳飞对河北签军和被俘百姓宽大和善待，正是这一思想的充分体现。岳飞和岳家军，获得最广大人民群众的拥护和支持，更是岳飞人民性之重要体现。

后来，岳飞无论是平定杨幺，还是平定吉、虔二州，都严格贯彻执行严惩首恶，教育胁从指导思想，没执行高宗及朝廷“屠城”指令。这虽然也引起朝廷和高宗对他不满，但岳飞始终认为，理应如此。否则，岳家军岂不成了屠杀百姓之血腥工具？

岳飞联结河朔战略思想，在广大人民群众中有着良好口碑。两河地区百姓，对岳家军多次北伐，均给予大力支持和倾力帮助。

两河地区抗金组织，主要是忠义民兵和百姓。他们深受金人骚扰迫害，对金军深恶痛绝，对岳家军盼望久之。

绍兴十年，宋金交锋后，岳飞同样得到两河地区忠义百姓积极支持。这些抗金武装中，涌现出李宝、梁兴、赵云、李进、董容等战功卓著的领袖人物。这些人后来归顺了岳家军，在岳飞帮助下，又回到河北地区，从事敌后抗金活动，形成抗金之第二战场。他们暂时蛰伏下来，等待岳家军大军到来，策应岳家军大规模抗金斗争。

除了上述人物，还有一个著名人物，就是孟邦杰。他曾是岳家军的敌人——伪齐河南府尹，也曾经被岳家军击败过。但是，绍兴十年，他带领军民，加入了抗金敌后战争之中。

两河地区抗金武装，与正面岳家军强大的攻势，相互配合，有力地支援了岳家军第四次北伐。

李宝是兴仁府乘氏县人。兴仁乃今天山东菏泽地区，宋代属京东路。李宝年轻时不务正业，但他很讲义气，经常替人打抱不平。乡人称之为“泼李三”。京东地区沦陷后，李宝聚集了三千人起义，反抗金人统治。他率领起义军，准备杀死金人濮州知州，却没有成功。失败后，他逃亡南宋濠州。濠州守将将李宝送到行在留用。但是，李宝归来时，正是宋金和议时，朝廷以为李宝是抗金分子，不可留用。因此，朝廷打算将李宝派到韩世忠军中听命。

李宝是个倔脾气，死活不愿到韩世忠军中去。恰好此时，岳飞来行在，李宝因此得以见到岳飞。李宝很想到岳家军中听命。岳飞便将他带回大营军中，并安排他当了一名骑兵。李宝在岳家军，看到大军并没有北伐之意，心里很是怀念在沦陷区的那些兄弟。因此，他每天怏怏不乐，很想回到北方去，继续与金人作战。

李宝暗中联络了四十多个岳家军士兵，准备去江边夺取船只，回到江北去。他没敢把这想法告诉岳飞。但这消息还是被岳飞得知，他将李宝等四十多人全部逮捕，押解到宣抚司衙门台阶下站着。岳飞出来后，严厉地训斥他们。此时，李宝挺身而出，他将责任全部揽到自己身上，也将事情的来龙去脉告诉了岳飞。

听了李宝的话，岳飞很是感慨。他没按照军法惩罚李宝等人，只是将他们关进监狱，拘留了三十九天。当岳飞得知金人即将叛盟，与南宋重新开战时，立即放出李宝等人，并向他们详细询问敌情。李宝一一告知。最后，岳飞派李宝潜回江北，带领河北忠义民兵与金人作战。

李宝回到京东路后，多方组织联络，很快便组织起一支八百人的敌后武装。岳飞知道后，对李宝的能力很是赏识。此后，岳飞向朝廷申请，给予李宝武翼大夫、合门宣赞舍人、河北路统领忠义军马官职。并给李宝一些空头官诰，用于奖励李宝部队中立功人员。

绍兴十年五月，李宝率领军队，依旧活跃在敌后抗金战场上，当时，宋金尚未全面开战，李宝敌后武装，正是在金军重新占领区，与金军发生冲突，揭开了绍兴十年宋金全面交战的大幕。

李宝在河南地区与金人交战，最出名的战役是荆堽之战。

绍兴十年五月十日，李宝率八字军到达曹州地区，准备与金军作战。兀术前军，有四个千户，率领四千人马，陆续来到曹州宛亭县荆堽地区下寨。探知敌人动向后，李宝于五月二十四日晚，率领本部人马，夜袭金军大营。

当晚一更时分，李宝率领人马，突然杀入金军大营中。金军猝不及防，一片混乱，当场便被李宝杀死多人。有些金军士兵，在慌乱中四处逃跑，却掉入黄河。这一仗，李宝率领的民军，斩杀金军千户三人，并缴获战马一千余匹。

六月二日，李宝率领部下与前来的金军正面交战。金军敌不过李宝所部，向荆堽以南逃跑。李宝率部追击。此役，斩杀金军不计其数，并缴获众多物资。

李宝在京东路沦陷区作战，有力地配合了刘锜正在顺昌城的战役，兀术进攻顺昌时，也不得不对其后方有所顾忌。

李兴在敌后作战，也对岳家军进军起到了配合作用。宋人在和议中，得到了河南之地，李兴为河南皇马钤辖，率兵镇守河南府。金军发兵十五万南下之时，河南府是首要目标。金军大将李成，以数千骑兵，兵临城下。李兴手里，没有多少部队，他看到金军到来，便勇敢地带领七个骑兵，迎击敌人。金人一看，李兴只率领七个人前来接战，心里不免有些疑惑，担心李兴使诈。因此，没有接战便退去了。

敌人一旦退去，城中百姓和官员便纷纷出逃。这让金人看到了河南府防御之空虚，于是金军卷土重来。李兴率领少量士卒，与金人且战且退，从天津桥，一直转战到定鼎门。天色渐晚，李兴和他的士卒几乎阵亡殆尽。李兴也多处受伤，倒地昏迷，直到半夜，才从死人堆里苏醒过来。李兴熟悉河南府地形，摸黑逃出了河南府地界。死里逃生后，他搜罗残兵，又招募不少忠义百姓，迅速组织起万人大军，继续与金军在河南府周旋。在李兴努力下，伴随着岳家军进攻中原攻势，李兴陆续配合主力大军，收复了河南府周边伊阳等八县。李兴是幸运的，他所活跃的地区，正是岳家军主力进攻地区，因此，他尽管作为敌后武装力量与金军周旋，可他最终却与岳家军主力配合作战，进而收复了更多失地，因而名垂青史。

同样活跃于这一地区的，还有孟邦杰。他在岳飞进军中原，兵锋直指河南府时，配合岳家军与金军作战，并成功收复了多处地方。

敌后抗金武装积极出击，造成金军后方不稳。一时间，中原大地、大河南北，处处活跃着忠勇民军身影。他们高举岳家军旗号，四处出击，导致金人在这一地区政令不行。此前，曾经作为使臣出使南宋的巫陵思谋，在这样的形势下，只有无奈地对当地百姓说：尔等各抚谕子弟，无得扇摇，南朝军来，吾开门纳王师。此时，巫陵思谋已经做好了向前来进攻的宋军开城门投降的准备。他每天晚上都惊恐睡不着，大半夜独自一人披着衣服坐在窗前发愁。家人问他为什么不休息，他不无感慨地说，担心自己死无葬身之地。

敌后忠义民军攻势凌厉，作为正面战场的宋军，主力集团岳家军，六月间，启动了第四次北伐的作战程序，岳家军来了！岳家军终于来了！

第二十九章　清扫堡垒

绍兴十年五月，宋金之间全面开战时，金军兵临城下，刘锜的顺昌府危在旦夕。宋高宗给岳飞发去诏令，要求岳飞火速进兵陈州淮宁府、蔡州府地界，去支援刘锜，解救顺昌之围，而且一连发出多条诏令。

岳飞首先派出张宪率领姚政等人，进兵陈蔡地区，支援刘锜作战。之后，又派遣舟师屯驻江州，构筑长江防线。出征前进行岳家军全军战前总动员，所有将士都与家属告别，他们与家人约定，一定要在中原故乡与家人再次团圆。岳家军为这次北伐中原进行了三年时间的准备，目标只有一个，那就是：收复中原，收复旧疆。大军出征，士气高昂！

岳家军兵分多路，出兵中原。岳飞迎来了第四次北伐，这是他人生中最后一次北伐，也是规模最大、影响范围最广、战果最辉煌的北伐。

岳飞出兵时，刘锜已基本击溃金兀术顺昌攻城部队。

金军攻势刚一减弱，秦桧和高宗便转换思想，他们害怕岳飞大军进攻过于猛烈，攻势过于凌厉，打破他们利用军事上之局部胜利而要挟金人重新和谈的美梦。因此，高宗立刻派遣岳飞老朋友李若虚前往岳飞军中，送去他的手诏，表面上鼓励岳飞积极作战，实际上却希望岳飞“重兵持守，轻兵择利”，“兵不可轻动，宜班师！”

在宋高宗看来，既然金兀术不再进攻江南，则河南之地完全可以丢弃，宋军也没有必要为此与兀术纠缠，将兀术赶出宋朝现有领土即可。

李若虚带着皇上诏令到达鄂州岳家军大营时，岳家军已出发。他只好快马加鞭，沿着岳家军进军路线，一路追赶。在德安府追上岳家军。当他把皇上诏令和旨意传达后，岳飞对皇上又要岳家军班师很不高兴。他对李若虚详细分析出兵原委，想趁如今大好形势，一举收复中原故土，完成恢复祖国河山心愿和志向。

李若虚家乡，也在中原。听了岳飞的陈述，李若虚也非常激动。他拉住岳飞的手表示：他一定全力支持岳家军北伐。矫诏之责任，由他一人承担。他没有别的要求，只希望岳飞率领大军勇猛杀敌，早日收复中原!

岳家军这次北伐，以张宪和姚政为先导，此后，岳家军战略计划设定为多路并进，逐步扫清东京开封外围，而后会战郾城和颍昌，最终进军开封。收复开封后，岳飞再率领大军，渡过黄河，兵出燕云。

六月，岳家军与金军正面交锋。牛皋出兵京西，发起对金军的两次攻击。一次在汝州一带，击溃金军。另一次则是在靠近黄河地区，击败敌军。乘牛皋取胜之机，岳飞率领大军主力，与张宪、姚政两支先头部队靠拢，参加了光复陈州府与韩常军队作战。

月初，张宪、姚政等人支援顺昌，并进攻蔡州，由此，爆发了岳家军正面战场的第二场战役——蔡州战役。六月十二日，顺昌府金军撤军，张宪等人无须再去救援顺昌，因此，大军折头西北方向，发起了此次战役。

岳家军在此次战役中首先攻取的是蔡州。蔡州本是第三次北伐时就计划收复的城市，但由于敌人布好了圈套，要诱骗岳家军，当时岳飞果断放弃了这一目标。这次张宪和姚政对蔡州的进攻，却相当顺利。他们在救援顺昌的路上，突然折头转向西北，突袭蔡州，出其不意，一举成功。六月中旬，张宪收复蔡州，派岳家军统领马羽镇守蔡州。

张宪在加强蔡州防守的同时，开始对许州颍昌府进攻。六月十九日，岳家军进攻到距离许州四十里处。在此遭遇到金将韩常军列阵阻拦。张宪指挥姚政和傅选各领人马，对韩常军发起冲击，韩常军抵挡不住岳家军三支大军冲击，被击溃后，退入城内。张宪等人发起攻城战役，六月二十日，许州颍昌府被攻破。韩常率军撤走。兀术设置的东京防御圈外围堡垒，四破其一。

六月中旬，岳飞率大军主力抵达蔡州，蔡州成为岳家军扫清东京外围的指挥中心。六月二十三日，岳家军统领孙显，在蔡州外围及陈州淮宁府之间，与金军鏖战。当阵斩杀金人千户排蛮，取得相当规模之战役胜利。之后，岳家军主力与牛皋部会合，大军直指陈州。此时，岳飞接到朝廷和皇上犒赏三军命令，岳家军士气得到空前鼓舞和激励。张宪奉命，继续指挥陈州战役。由于得到主力部队补充兵员，战斗力更加强盛。二十四日午时，张宪大军在距离陈州十五里处遇到三千金骑阻止。岳家军总共十万余人马，分十二支大军，每支大军约万人。张宪的万余人马，与三千金骑对阵，无疑胜利是属于张宪了。金军首领远远看见张宪率领岳家军大旗，知道自己遇到了强硬的对手。他们不敢发起进攻，只有列阵对峙。张宪占据优势，立刻指挥骑兵发起冲锋。金军一看岳家军大军掩杀过来，根本无心交战，掉头就朝陈州方向逃跑。

张宪大军，在离陈州十里时，终于与劲敌翟将军相遇，展开恶战。同时参战的，还有金军从东京派出的援军。双方势均力敌，狭路相逢勇者胜！张宪命各路大军齐头并进，直接压迫金军列阵。这是何等气势！张宪的进攻颇有成效，金军被击溃。陈州之战，生擒金军王太保，斩杀、缴获无数。陈州淮宁府被收复后，东京四大堡垒，已破其二。

六月二十五日，由王贵指挥发起郑州战役。王贵派杨成率领部队从郑州城南方向进入战场，与前来接战的金军守将，万户漫独化部，五千骑兵对阵。杨成作战无比英勇，他身先士卒，率先冲入敌阵，与敌人鏖战。战至数十回合，漫独化支持不住，向郑州方向撤退。杨成紧追不舍，一举收复郑州城。漫独化无法进入郑州，便率领大军，向兀术在东京开封的主力靠拢。当天，王贵率领中军占据郑州城。

二十九日，王贵手下准备将刘政追击漫独化至中牟县，趁夜袭击其大营。漫独化部猝不及防，被刘政部杀得大败。漫独化也不知下落。此役，岳家军缴获战马三百五十多匹，驴子和骡子一百多头。东京外围的第三个堡垒，被彻底攻破了。

西京洛阳是东京外围的最后堡垒，也是王贵攻击的第二个目标。

七月一日，王贵派中军副统制郝晸，率领军马进军西京洛阳。大军进发到距离洛阳六十里处下寨。洛阳守军是李成所部。他手下有金军七千多人，战马五千多匹，此外，还有食粮军三千多人。实力也不算弱。

郝晸以张应、韩清两人先与李成接战。张、韩二人作战勇猛，迟滞了金军李成兵马的推进。此时，郝晸将剩余兵马投入战斗，张应、韩清得到增援，果断发起攻击，李成抵挡不住，败下阵来。

郝晸紧追不舍，不给李成喘息之机。李成退入城内，郝晸立刻安排士卒攻城。李成慑于岳家军威力，当天夜里，悄悄出城，率领残兵败将，弃城而去了。

七月二日，岳家军中军副统制郝晸，率领大军进入西京洛阳。至此，东京开封外围的四大堡垒，全部被岳家军攻破。

第三十章　两大会战

绍兴十年七月，岳飞率领岳家军，与金军展开两次大规模会战，几乎将金军彻底消灭，创造了宋金战争史上，空前绝后的辉煌胜利。

顺昌战败后，兀术退守东京开封，经一月休整，于七月初八，率十万大军，以一万五千骑兵为先导，径直向岳家军之郾城扑来。

岳飞得到情报，立刻准备迎击敌人。郾城县城中所有人，都知道即将面临一场生死恶仗。宋军只有一万多人，且郾城城墙低矮。宋军要面对的，又是由兀术亲自率领的十多万主力进攻。战前动员时，每人都明白，这是一场生死较量，每人都抱有必死决心。他们都知道，此前，岳家军一直没有真正与金军主力交过战。这次，对双方都是一场真正的生死考验。

岳飞站立在“精忠岳飞”大旗下，更显得刚毅无比。岳飞手指大旗，慷慨陈词：击败兀术，在此一战！

紧接着，他将岳云唤出：必胜而后还，如不用命，吾先斩汝矣！

岳云应命跨马，高举令牌：背嵬、游奕马军，随我迎敌！

岳飞继续布置其他将领，率领步卒出城列阵迎敌。

宋军列阵完毕，只见城北烟尘滚滚，战马嘶鸣，大平原上，传过来低沉雷鸣。金军以一万五千骑兵为先锋，已经推进至郾城北二十里列阵，只待兀术下令，便可发起攻击。金军个个衣甲鲜明，装备精良，俨然是兀术起兵以来所率领的最精锐骑兵集团。好钢用在刀刃上。宋金双方最精锐的骑兵，就要在绍兴十年七月初八，于郾城一决高下了。

申时许，金军骑兵发起对岳家军骑兵方阵的进攻。岳云毫不退缩，岳家军战鼓阵阵，岳云骑兵迎击上去，双方立刻交战起来。

岳云手舞双锥枪，左右开弓，横贯敌阵。他所率背嵬军神勇无比。背嵬军是岳家军精锐，个个乃军中佼佼者。每个士卒，都有以一当十英勇气概和超群的武艺。

金军第一轮进攻很快被岳云击退。金军马军退后，经过短暂排列阵形，立刻发起第二轮进攻。岳云依旧率领骑兵，迎面抗击上去。第二、第三、第四回合，战斗依旧如此，背嵬军八千骑兵，在游奕军骑兵配合下，将金军一万五千骑兵先锋，阻挡在郾城北部，无法推进。

然而，就在此时，金军十万大军，陆续进入战场。其中以兀术亲率之铁浮图最为引人注目。金军十万大军迅速到位，原来那一万五千骑兵，暂时收敛了兵锋。重新排列阵势，准备主力部队与岳家军血战。岳飞也调整部署，积极应对兀术大军的对决。

兀术新一拨进攻，仍旧采用金军惯用战术：中央突破，两翼包抄。金军首先发起步兵集团冲锋，步兵在金军大军编制中属于二三流军种，步兵主要由河北汉人签军组成，他们的主要任务，是大军缺粮时，被当成军粮吃掉。

步兵进攻，在岳家军列阵前，丝毫不起作用。于是，兀术等人开始使用骑兵，发起两翼进攻。金军骑兵冒着宋军密集箭雨，一拨又一拨地发起进攻。宋军远程、中程和近程的弓箭，完全覆盖了金军骑兵前进的道路。而当金军冲出了无尽而又绵厚的宋军箭雨后，岳云和杨再兴率背嵬军骑兵，却又如闪电般，冲击到他们面前。

背嵬军以少击众，以一当十，挫败了金军一批又一批骑兵的冲击。金军左右两翼的“拐子马”战术，无法取得实质性突破。兀术眼看战况并无进展，便将全军压上。郾城会战高潮来临。

兀术两翼“拐子马”，左右包抄岳家军战阵。他亲自率三千铁浮图，投入中央战场。兀术的出现，无疑表明，他认定的决战时刻，已经来临。兀术将三千铁浮图，投入战场，中央突破，以期撕裂岳家军之中央防线。

岳飞看到金军战术如此调整后，转身对身边参谋和将领们哈哈大笑。岳飞马鞭一指，对着远处的铁浮图说：这支部队，是兀术主力，但是，在顺昌大捷中，已被刘锜击破。既然兀术还要使用这支骑兵，靠它进攻来打开局面，那就让他再尝尝我们的厉害吧！

岳飞转身下令：背嵬军迅速出战。士兵们个个身披重铠，几人一组，早已练就了专打金军重甲骑兵的战法。他们很快列阵，只待兀术骑兵冲来。

那边，兀术一声令下，铁浮图们带着低沉的马蹄轰鸣，扬起滚滚尘土，向岳家军重装步卒冲过来。背嵬军个个沉着冷静，远处以神弓搭箭，贯穿铁浮图的重甲；近处则几人一组，以麻扎刀下砍马足。铁浮图三马一组，以索连接。一马摔倒，则另外两匹也被牵连。背嵬军步卒英勇奋战，金军三千精锐铁浮图，几乎被斩杀殆尽。

铁浮图失败，并不意味着岳家军劣势地位彻底改变。双方发展到此，已经进入全军接战地步。上自主帅，下至普通士兵，无不投入了对抗金军的战斗之中。战斗最激烈时，岳飞亲率四十名背嵬军骑兵出战金军。岳飞身后大旗飘扬，主帅出战，对士卒是极大的鼓舞。岳飞边战边喊：汝等封侯取赏，建功立业，正在此举！

岳飞身边的都训练霍坚，对岳飞说：相公为国之重臣，安危所系，奈何轻敌！

岳飞听后，扬鞭抽到霍坚手上，一指金军：非尔所知！然后策马冲入敌阵，走到尽头左右开弓，箭箭命中敌人。

杨再兴神勇无比，也与岳云一起，多次冲入敌阵，杀得兴起。如此大规模会战，使他愈战愈勇，独自一人杀入敌阵，左冲右突，枪挑敌人数百名，并在马上高声呐喊，要活捉金兀术归来。杨再兴本人也数十处受伤，血人血马，回到大军阵前。

宋金双方，从申时开始交战，一直战到天色全黑。金军进攻极其顽强，宋军也打得不知疲倦。在这次敌众我寡的交战中，宋军取得了最后胜利。兀术大军几乎全军覆灭。这结局，兀术本人，万万没有想到。岳飞与兀术这次正面会战，以兀术失败而告终。此战，宋军杀得金军“僵尸如丘”，弃尸漫山遍野，不计其数。缴获战马两百多匹。宋军获得郾城大捷空前的胜利。郾城会战到此结束。金军将领阿李朵孛堇毙命。兀术打算以优势兵力偷袭郾城，并消灭岳家军主力之计划，彻底破灭了。

宋廷接到郾城大捷奏报后，对岳飞给予极高评价。诏书曰：

> 自羯胡入寇，今十五年，我师临阵，何啻百战。曾未闻远以孤军，当兹巨孽，抗犬羊并集之众，于平原旷野之中，如今日之用命者也。盖卿忠义贯于神明，威惠孚于士卒，暨尔在行之旅，威怀克敌之心，陷阵摧坚，计不反顾，鏖斗屡合，丑类败奔。

郾城会战的胜利，是南宋立国十五年来宋军野战成绩最显著的战役。

郾城会战后，岳飞敏锐地感觉到，下步金军会寻找宋军主力，继续会战。而下次的战略重点，就是宋军屯驻的颍昌。因此，岳飞命令岳云：贼犯郾城，屡失利，必回锋以攻颍昌，汝宜速以背嵬援王贵。

岳云遵命率背嵬军北上，支援王贵，赶在金军前面，到达颍昌城下。

金兀术大军，经过短期休整，于七月十四日，重新集结大军，对颍昌发起进攻。颍昌会战，成为绍兴十年岳飞第四次北伐之第二次大会战。金军集结了十三万大军，黑压压地冲颍昌杀过来。其中包括兀术、韩常、龙虎大王完颜突合速和盖天大王完颜赛里等四个兵团。相比较金军庞大的兵力，宋军处于绝对劣势。只有董先的踏白军、王贵和郝晸的中军主力、选锋军副统制胡清所部、姚政的游奕一部，以及岳云的背嵬军骑兵。

首先抵达的是金军的三万骑兵，他们在城西列阵。随后金军十万大军，也陆续到达颍昌。金军摆出惊人的阵势，大阵绵延十多里，战鼓擂得惊天动地，直震得颍昌城晃动起来。

王贵面对如此强大的敌军，以董先的踏白军全军和胡清的选锋军守城。王贵亲率中军、姚政的游奕军主力和岳云的背嵬军骑兵，出城接敌。

岳云告诉将士，战斗中，不要把注意力集中在抓俘虏和牵战马方面，要全力集中，努力斩杀敌人有生力量。宋军出城后，骑兵居中，重装步卒则形成厚重的大阵，与骑兵互相照应。岳云出城后，立即率领八百背嵬军骑兵冲入敌阵，如入无人之境。金军则故技重演，依旧采用“拐子马”战术。金军以骑兵左右包抄岳家军，但是，金军骑兵每次进攻，都会遭到岳家军骑兵顽强的反冲锋。

宋军重装武卒，也颇让金军骑兵头疼。他们所装备的远、中、近程各种弓弩，让金军骑兵吃尽了苦头。金军作战向来以骑兵见长，加之金军士卒普遍披挂重甲，因此，宋军若非强弓劲弩，很难对付金军士卒，形成有效的威胁。

金军作战有四大特点：弓矢、重甲、骑兵、坚韧。金军自己也说，若不能与敌人交战百回的骑兵，不算是骑兵。金军骑兵尽管一次次被击败，但很快就能重新组阵应战。

岳飞和王贵都是与金军交战百回之老将，他们熟知金军骑兵优势，所以针对金军骑兵特点，在作战中扬长避短，一次又一次地给金军骑兵以沉重打击。

金军长于马上射箭，但这种只有七斗劲力的弓箭，难以射中远程的宋军人马，所以，对宋军难以造成严重创伤。而宋军的强弓硬弩，正好与此相反，因力量巨大，射程较远，对金军骑兵能够形成有效射击。重装武卒作用在战，而不在运动。金军骑兵长于运动。岳飞深入研究宋金两军各自特点，在作战中加以灵活运用，每每取胜。岳家军还充分利用近战优势，以重甲步卒，大马刀砍杀马腿，并杀伤大批金军骑兵。

岳云是岳家军中最英勇的将领。他身先士卒，带头冲锋陷阵，率背嵬军在敌阵中横冲直撞，砍杀敌人不计其数。他自己也全身挂彩，当岳云从敌阵中杀出时，已经人是血人，马是血马了。

面对如此强大的金军，王贵不免动摇起来，惧怕起来，怯战心理油然而生。此时，岳云果断地制止了王贵的怯战行为，他厉声斥责王贵，王贵才醒悟过来。这是一场生死存亡的大会战，如果岳家军此时战阵松动，则大军必将全军覆没。

从早至午，岳家军整整鏖战了一上午，双方交战数十个回合，未见分晓。双方野战部队，已经非常疲惫不堪了。谁可以坚持到最后，谁便是最后的赢家。

可就在此时，战况发生了巨大变化。董先和胡清在城头上看到岳家军苦苦支撑，金军进攻疲软，却占据了兵员优势，二人果断放弃城防任务，率领踏白军全军和选锋军一部，加入城外战团。

颍昌会战的转折点由此到来！

踏白军和选锋军两支大军，一万多人的加入，立刻使战场局势发生了逆转。宋军得到补充，士气高昂，立刻对金军发起了反冲击。金军作战已进入疲惫状态，最终被宋军击败。兀术大军终于溃败了。

颍昌会战，是一次史无前例的空前大捷。宋金双方，比郾城会战投入的兵力更多，规模更大。颍昌会战，兀术的女婿夏金吾也被斩杀在战场上。同时斩杀千户五人，生擒渤海、汉儿王松寿，女真、汉儿都提点、千户张来孙、千户阿黎不、左班祇候承制田瓘以下七十八人；生擒女真士兵两千多人，缴获战马三千多匹，其中有枣红色宝马一匹；缴获高级军官使用的金印七枚；金军撤军以后，金军遗尸漫山遍野，不下五千余尸，负伤的金军更是不计其数；缴获各种战斗物资不计其数。金军撤军以后，金军副统制粘罕孛堇伤重，在被送往东京的路上，不治身亡。

绍兴十年以前，金军与岳家军之间，没有太多的机会交战。岳飞进行的前三次北伐，面对的敌人主要是伪齐，而不是金军，更不是金军精锐兀术部队。绍兴十年，岳家军两次与金军主力兀术部队交战，大破了金军铁浮图和“拐子马”战阵，取得了空前绝后的重大胜利，也使金军闻听岳家军而丧胆落魄。岳家军的威名更加威震四方。

郾城和颍昌两次大捷，是真正意义上的金军主力与岳家军主力大会战。双方在战场上各显其能，结果是岳家军以少击众，取得了会战的最后胜利。

第三十一章　设宴罢兵

话说戴孙得了何立赏来的五个赤金元宝，正是欢喜异常，便又去阿囡家中与她快活几天，然后回北方去了。

秦桧得兀术蜡书，心中着实为难。一时，也实在想不出个办法。岳飞正当大捷，朝野钦仰。又兼兀术败盟，皇上震怒，下诏历数兀术之罪。眼看议和岌岌可危。秦桧便以腿疾为由，告病在家，整日闷闷不乐。

王氏劝道：相公，有何心事，与妾说一说，万一妾有一二计策，可供相公择用。

秦桧道：兹事体大，夫人想必是知道的。岳飞屡胜，议和难成；议和不成，相位不保；相位不保，你我富贵荣华顷刻冰消雪融啊！

王氏道：那四太子书上，与相公都说些啥？

秦桧一惊，四下张望，看看无人偷听，然后于王氏耳边低语一番：夫人，这实在是难办。若是不说，皇上是不会召回岳飞的；若是向皇上说了，纵然召回岳飞，皇上心中也必怀疑我等。

王氏一笑道：相公真是聪明一世，糊涂一时。此事只可意会，不可言传。岳飞那厮，不是连胜吗？咱就再夸大些，说他已派精锐去五国城救驾，迎还钦宗。皇上定然不悦。这些，也无须相公自己去说，那罗汝楫、万俟卨等人，自然会说，相公这边只作不知。以兀术遣使求和为由，以皇上的名义，给岳飞一日连发十二道金牌。

他如回，和议便成了；他若不回，问他个抗旨罪，除去他就越发容易了。

正是“心有灵犀一点通”。秦桧本有此意，只是一时不曾说出。王氏的计策，竟比他想的更加周密。秦桧闻而大喜，且道：俺也有许多追随逢迎的，这番可用得着他们了。

正说着，早有院子来报，给事中范同来见。秦桧请即召见。范同老远叩下头去，道：闻老太师贵体有恙，我来探望。这两日，皇上不见太师上朝，眷念得很哪。

此刻，何立已将范同礼单呈上。秦桧一看，倒是不薄，南海明珠十颗，名贵何首乌二十株，人形千年人参一株，兼有其他珠宝名玩，一时也不及细看了。秦桧本不贪财，只是窃据相位，逢迎者如云，那财宝看得多了，不觉渐渐喜欢。何况如今门面大了，一家三百多口，光吃用花销，也是常人难以想象的。秦桧看毕，一笑道：老夫生受了。

范同道：哪里，哪里，区区不成敬意。听说老太师为岳飞事不畅心，学生特来向老太师献计，以供老太师择用。

秦桧道：喔！难为你了。

范同道：昔日，老太师与吕颐浩，分掌相位。后吕颐浩建镇江都督府，以领军事，老太师独理庶务。如今吕颐浩罢官了，这军事，却并未归老太师所掌，毕竟与成规不合。老太师可密奏皇上，召三大将回来，论功行赏，他们不敢不回。然后封他个枢密副使，却以宣抚使掌理军队，让军队隶属于枢密院。则老太师为宰相，自可直领军事了。

秦桧道：范大人所见果然不差，只是皇上未必肯依。

范同道：依学生之见，皇上对岳飞，虽颇多眷顾，然也多有顾虑，因建炎四年苗、刘之变，皇上对拥兵者，向有疑心。所谓“精忠岳飞”之类，其实是笼络他的意思，比不得皇上赐您“一德格天”金匾。

范同这个马屁，拍得秦桧舒服极了，但秦桧城府极深，喜怒哀乐，从不形于色，说道：只是，听说岳飞已率精锐之师北上五国城救驾去了。

范同大惊，道：真有这事？钦宗若回，将置皇上于何地？比不得道君梓宫及太后是容易处理的。岳飞这厮，越发胡闹了！

秦桧道：老夫也作如是想。只是皇上是极孝顺的。皇上说迎得钦宗归，“当禅让”。

范同道：真是奇了，自古有皇上与太上皇故事，没听说有皇上与兄上皇啊。

秦桧道：难得范大人如此赤心为国。朝中诸臣，无不畏首畏尾，皇上至孝，这话却如何说得？

范同道：这个无妨，老太师，有用得着学生处，学生在所不辞。

秦桧道：如此最好。你明日入朝，即可上奏。所谓点到为止，不可太露骨。朝中若有人说三道四，老夫自能让他身败名裂。

范同辞了秦桧，匆匆回府。宰相用他妙计，擢升自在眼前。即忙修书一封，差心腹，直送张俊军中。张俊虽也出身行伍，却是自私狭隘，见风使舵。老太师意思，谅他不敢不从。范同又与他私交颇厚，今有书去，理当知难而退，支持和议。张俊既退，世忠力薄难支。剩一个岳飞，怎成气候？

范同即日也联络几名大臣上奏，说：兀术知难而退，复欲通和，若再穷追猛打，则将推钦宗于军前为质，决一生死。

此招果妙，一时，高宗不知如何是好。

万俟卨乘机奏道：陛下孝悌，天下皆知，今之议和，不为受金人册封，实为亲情所系，所谓投鼠忌器也。

高宗落得一个台阶下，对万俟卨所奏，颇为赞赏。

恰于此时，范同一封密书起作用了。

张俊得书，大惊，他深知“未有权臣在内，而大将立功于外者”道理，如今秦桧高居相位，如日中天，皇上对他言听计从，这是断然违忤不得的。

张俊想：秦桧老贼，他想要我班师，我就班；他想要赏我，我就受赏；他欲收我兵权，我就自个儿将兵权交还于他，乐得清闲；他欲除掉岳飞，却还有借重我处。主意已定，吩咐部下，守住营寨，自回京中受赏去了。

韩世忠既得诏书，怎敢不归！二将既归，秦桧即令军中宣抚使，督领军事，不日班师。大军浩浩荡荡，撤离河南，南渡长江，于湖州、九江、建康、镇江、江阳等处驻防。

秦桧领了圣旨，进封张俊、韩世忠为枢密使，岳飞为枢密副使，以诸军隶属枢密院，宣抚司执掌军事。军权收回相府枢密院。可惜，岳飞并不回京亲领册封，仅仅写一书，道谢而已。

然而，张俊、韩世忠既已撤兵，岳家军两翼暴露，四面受敌。更兼敌众我寡，兀术虽新败，毕竟主力犹在。何况，此刻河北悉在金人控制之下，粮草运载不便，供给困难。此一时，彼一时，完颜兀术的转机来了。

第三十二章　泪洒朱仙

岳家军郾城大捷、颍昌大捷后，驻军朱仙镇。

这朱仙镇，距北宋的都城汴京开封，仅四十五里。

金军元帅完颜兀术就驻守在开封城内。

岳飞领兵五六万人，虽另有河北义军数万，也不足以向开封发动攻坚战。然而，若不攻占开封，对宋金两家形势将产生深刻影响。

两河百姓义军无不翘首，以盼王师北伐，金人在中原之统治，岌岌可危。

岳飞深明其中道理，不敢有半点骄傲，乘此大胜，极欲与兀术主力决一死战。故遣岳云、徐廷佐两员小将，到开封城前挑战。

兀术老谋深算，不敢轻举妄动，下令，凡擅自出战者，毋论胜败，斩！

这一日，岳飞由张宪领着，前往先皇陵察看。虽已修葺，到底被金兵蹂躏过，仍有诸多残败，破旧不堪，更兼所过之处，风沙尘埃，千里荒芜，满目凄凉。

岳飞止不住泪流满面，遂下令张宪上祭品，先向宋朝列帝拜祭一番，复为河南、河北不幸罹难的百姓拜祭，拜毕，吟词一阕：

遥望中原，荒烟外，许多城郭。

想当年，花遮柳护，凤楼龙阁，

万岁山前珠翠绕，蓬壶殿里笙歌作。
到如今，铁骑满郊畿，风尘恶。

兵安在？膏锋锷；民安在，填沟壑。
叹江山如故，千村寥落。
何日请缨提锐旅，一鞭直渡清河洛！
却归来，再续汉阳游，骑黄鹤。

曲调悲凉，吟至“叹江山如故，千村寥落”时，语噎而涕，泣不成声，随从诸将，无不感极而泣。

张宪更加愤恨，向岳飞道：元帅，如今，兀术大兵，龟缩不出，正可迂回渡河，直捣黄龙老巢，叫他后院起火，首尾不能相顾。

岳飞道：此计正合我意，完颜兀术，被我破了“拐子马”、铁浮图，劲旅遭挫，军心动摇，不敢出战。俺理当乘勇穷追！诸位将军，须勤练兵士，用心哨探，以便进兵，直捣黄龙。

张宪道：是！

牛皋却道：大哥也忒谨慎，兀术屡败，伎俩已穷，大哥只管下令，俺们掩杀过去就是。

众将帅祭罢皇陵，回至军营。

岳元帅升帐议事，以决进兵。

众将军各献奇计妙策，指望着不日破敌，岳飞心中大喜。

忽然，小卒飞马来报，远远望见朝廷使者驰来。岳飞遂令，安排香案接旨。钦差大臣下马宣旨：

尔河北制置使、武昌郡开国公、少保岳飞，久在行伍，屡建奇功，今特加尔太尉、同知枢密院副使，着即日班师回京，以副朕眷。钦此。

岳飞一听，几乎昏厥过去，抬起头来，盯着钦差，张口欲说，竟一时合不拢嘴巴。岳云见状大惊，猛扑过去，扶住岳飞，道：爹，怎么啦？快，快传医官。

岳飞被岳云这一喊，慢慢缓过气来，吐一口血痰，急道：请问天使大人，贼势下蹙，下官连战连胜，飞报朝廷去了。汴京计日可复，兀术计日可擒，便当收复中原，迎回圣驾，如何会有班师之诏？

钦差见岳飞情状，吃惊不小，回道：岳元帅，这是朝廷旨意，小官不过前来宣读，至于缘由，小官如何知道？我看哪——你即日班师，回京领赏受封，可谓建功立业，姓名远扬，何乐而不为啊！

岳飞道：唉——这功名，乃一家之私，唯天下，乃陛下之天下，百姓之天下！天使大人，且于馆驿歇息，容下官与诸将从容商议。

众将官无不惊诧，而又愤慨。

岳飞仰天长叹，自高宗建都临安，改元绍兴，至今十年，诸将无一日不欲尽复失地，报仇于金贼，如今，怎令十年之功废于一旦！

岳飞不胜悲愤：皇上啊，皇上！不是俺岳飞无用，实在是奸臣误国！

钦差才去，小卒又报：天使又到。岳飞才欲跪接，第三拨、第四拨天使奉三号、四号金牌又到，岳飞只得一起跪接，几乎连站起来的工夫都没有。

奉圣旨，敌势稍缓，安静为福，和为贵。今发二号金牌，即催岳飞回京，勿得逗留生事。钦此！

奉圣旨，连发三号、四号金牌。岳飞着即回京，不得滞留。

宣读毕，岳飞好不容易得空起身，首先安排各位钦差歇息。

真可谓“好事不出门，丑事天下闻”。高宗召岳飞班师消息，附近各处百姓，早已知道，众百姓遂由三五位长者领着，向军中请命来了，为首一位长须美髯、鹤发童颜的老者，正是颍昌城里知名绅士胡老先生。

原来河南、河北百姓，久陷北朝金蹄，只待岳元帅收复燕云，重还家园。如今，忽闻朝廷召唤班师，怎不惊疑？众百姓由胡老先生领着，齐集于帅帐外呼道：我们都愿随岳元帅去杀兀术，大家求见钦宗皇帝一面，切不可撤军，使亲者痛，仇者快。

岳飞疾步走出帐外，向众乡亲道：下官也不愿班师回朝，也欲在此杀灭金贼，无奈，朝廷四道金牌下来，俺岳飞正是上愧朝廷，下负百姓啊！

胡老先生道：岳元帅，也别管什么金牌、银牌了。朝廷是主上，钦宗皇帝也是主上，岳元帅，纵然不肯救我们百姓，也须看在老皇帝分儿上，而留下大军。

但见眼前，黑压压一片，众百姓跪地不起，岳飞好不心恸！

正叹息间，早有小卒来报：钦差奉五号、六号金牌到。

岳飞照例跪听宣旨，诏曰：

曾闻君命召，不俟驾而行。诏取岳飞班师，如违，取罪不小。钦此！

董先在旁，怒道：朝中奸臣，怎忍平白坏我长城！

胡老先生也抢着道：还望天使老爷，转奏皇上，俺中原父老乡亲，恰似燕归旧宅，怎忍心让俺不能栖居旧巢？

钦差闻说，甚是恼怒：何方刁民，阻俺皇差！

岳飞见状，忙道：钦差大人，且请馆驿暂住，下官即与众将商议班师。

汤怀一向谨慎，此刻也忍不住，拔刀挺前一步，怒目而视：你道谁是刁民？

牛皋更是闹将起来，跳过去一把扯过钦差手中的诏书，喊道：什么圣旨？分明是秦桧奸贼的伪诏！说着，揉成一团，掷于地上，复用大刀剁得稀烂。军士百姓见状，欢声雷动，将个钦差唬得直打哆嗦。

正闹着，又有报至：枢密院差官捧七号金牌，中书省差官捧八号金牌到。

天使宣读圣旨毕，向岳飞耳语道：岳太尉，与你明说了罢，这些皆是秦丞相主意，违忤不得。如今，圣上对太师，可谓言听计从，太尉当多为自家性命、功名想想。

军中副都统王俊也道：元帅，朝廷是皇上的朝廷，中原是皇上的中原，他若不要，元帅又能怎样?

岳飞听天使所言，不觉义愤填膺，听王俊又如此说，不觉怒发冲冠，骂道：本帅与天使说话，你焉敢插嘴?中原，是父老乡亲之中原，怎忍将百姓弃置死地而不顾?

众将士无不怒目相向，枢密院使倒也不惧，向众将道：诸位皆是极爱惜元帅的。何况岳太尉，功高如山?不是丞相有旨，谁人敢轻撤帅帐?你们这些人，倒不是爱惜太尉了，反而害他。还是快快束装整营，即时启程。不然，岳太尉立地有祸!

岳飞道：两位天使且先请到馆驿小歇，下官与诸将再作商议，不时即来回话。

天使说：小官不敢，丞相吩咐，要俺们看着岳太尉班师回朝。

枢密院使、中书省使硬是不走。正纠缠时，又有小卒来报：九号、十号金牌到!

岳飞等人听到那两位使者宣旨道：

奉圣旨，张俊、韩世忠军俱已班师回京，唯岳飞孤军深入，决难与金人硬拼，更兼金人已遣使求和。今遣印绶监太监一名、司礼监太监一名，同往军前，催以返京。“精忠岳飞”乃朕手书，岳飞不得有负朕望，少延取罪，钦此!

岳飞闻旨痛哭：罢了，罢了!兀术数十万大军当前，如今，张、韩二帅俱已班师，俺五万岳家军，也是孤掌难鸣！

胡老先生在那儿听得仔细，朗声说道：只怕金牌是假的，骗元帅回去而已。岳元帅还需仔细，莫受奸臣诓骗！

太监闻言大怒，回身斥责道：老不死的，竟敢妄言朝政，攻讦重臣，送去衙门里，还经得住打吗？

胡老先生冷笑一声：俺中原百姓十数年来，何止死过一次？奈何以死惧之？况岳太尉一走，此间非复朝廷所有，你倒是送老朽去谁的衙门中？

太监顿时语塞，遂好言道：老丈，圣上的旨意，岂是岳少保可以违忤的？人说天威难测，岳太尉比不得尔等寻常百姓，朝廷命官，圣旨难违。你等也需劝告太尉尽快班师才好，怎可反而引火烧身？

胡老先生不意太监这么一说，一时倒也无话。

只有岳飞愤愤道：吾身何足惜，听由天命！只是中原父老乡亲啊，怎忍心让你们再入虎口！

俄而，张宪急驰而至：元帅，有钦差大臣、司农少卿李若虚，奉十一号金牌至。

原来，李若虚是岳飞故友，恃着旧情，先交代张宪，此番却是皇上亲笔御书，元帅是非回不可了。

岳飞无奈，只得依旧跪拜接旨，但听李若虚朗声念道：

敌方议和，留兵不便，何况张、韩先还，若岳飞孤军深入，胜负难料。今差司农少卿李若虚亲至军前，守催岳飞返京，不得稍迟，有误军国大事。钦此！

读毕，李若虚复向岳飞道：岳太尉，事已如此，留也无用，不必迟疑了。

在场百姓，无不将圣旨听得一清二楚。胡老先生情知再也留不住岳家军，却仍然向李若虚跪道：老爷乃国家大臣，今敌势屡败，兀术穷蹙，中原故土，指日可复，钦宗皇帝，指日可还。如何频催岳元帅回军，误国家大事?

李若虚道：唉！小官此行，实出无奈，叹铜铊空埋他乡，恸利戟自折内院！只是丞相，一力主和，皇上悉听他作为。岳太尉啊，束装起行吧！

李若虚禁不住老泪纵横，岳元帅忍不住失声痛哭，众壮士无不扼腕长叹。真是英雄泪垂两三行，旌头光掩三千丈，忍叫幽燕沉沦北方！一时，在场百姓哭声震天。

胡老先生匍匐而至岳飞脚下，哭道：岳太尉，老朽年已八十有八，所剩时日无多，没有怕死的道理。只是，河东、河南父老百姓，见岳家军来，哪一个不是戴香盆、负粮草，父送子、妇送夫，以助官军，力克敌寇。这些事，金贼皆知。如今大军一撤，百姓岂有生还之理?

岳飞恸极而不能言，李若虚在一旁，也是手足无措。胡老先生又道：岳帅既欲班师，不妨多住一日，让百姓黎民随军而南，庶几，可免一死。

岳飞再无他法，遂向李若虚道：老大人请先行，俺岳家军一寸地，一份功，皆与父老乡亲息息相关。今先令张宪、王贵护守两翼，俺岳飞父子殿后，防他金兵来追。这些个百姓，随俺南去。

徐廷佐听了，向前道：禀元帅，俺廷佐愿随岳小将军，一同殿后。

李若虚巴不得早日离开这是非之地，匆匆去馆驿，同其他钦差会合一处去了。岳飞则一一分派，众将领拔营班师。当下朱仙镇内外，一片混乱。数万百姓男女混杂，老少相向，有哭爹的，有叫娘的，有找不着儿的，有失落了女的。岳飞见状，痛心疾首。遥望北方，顿足长叹：

狩北龙车空凝望，

陵宫王气复草莽！
忍将壮士十年血，
换了秦贼一夕丧！

大军即时拔营，岳飞在马上，频频回望。

才到朱仙镇外岔路口，复有钦差赶到。宣旨：

奉圣旨，发下金牌第十二道，勒取岳飞还朝，如再迟延，即以抗旨论罪。钦此！

第十二道金牌似乎已是多余的了，仅仅再让岳飞多跪一次而已，再为卖国贼多作一道注解。

马蹄声碎，沙尘翻滚，岳家军一步三回头，最终撤离河南，返回南国去了。

第三十三章　功败垂成

岳家军全军南撤，早被金军探子得知，慌忙回报。

兀术且惊且喜。惊的是，让秦桧南归，果然是一着妙棋，不想他今日能有这么大权势，恰如将南朝皇帝捏在手心也似，任我玩耍；喜的是，岳飞既退，则宋国守兵再无可畏，新近岳飞夺去之州县，理当再夺回来。于是，兀术亲自打先锋，领大军直往南去。不多时，已到朱仙镇。

朱仙镇早已人去屋空，遍野皆是岳家军留下的砖灶。兀术着人数一数，算来竟有十数万人马。兀术有点纳闷儿，岳家军最多五六万人，何来十多万？莫不是他的疑兵之计，怕我去追，故而多砌了灶头？又一想，岳飞既被朝廷金牌召回，照他的意思，本不欲回朝，我若缠住他厮杀，正好中了他的圈套！他汉家不是有“将在外，君命有所不受”说法吗？正好，他又可以杀回来了。

兀术将这想法说与哈迷蚩听，哈迷蚩道：元帅，岳飞诡计多端，果然不肯心甘情愿，撤回江南。俺若追去，正中其下怀。不如先将各处州郡夺回来再说，等到河南各处安定，再渡江南下，也不晚矣。

主意已定，兀术当即下令：立时起营拔寨，往南挺进！

不几日，金兵来到禹州城下。前哨扎住阵脚，着快马前往察看。不一会儿，骑将飞速赶回，慌道：不好啦，撞着鬼啦！岳爷仍在，那儿城下遍是“岳”字旗。

先锋闻说，顿时不知所措，有胆大兵士往前去看，一样是飞也似的逃回来。先锋不得已，只好火速回报中军。兀术也是大惊，亲领了一万人马前来。但见吊桥高悬，城门紧闭，数十面“岳”字旗迎风招展，城垛中隐隐约约有人影晃动。

兀术道：真是见鬼了！哪一位将军替我打头阵，夺头功？

没有人应。

兀术又喊：哪一位上？得头功者升三级，赏千金！

一名千人长怪叫一声：横竖是死，杀呀！拍马冲向前去，部下的几位百人长也只好紧紧跟上。

听不见一个人呐喊，看不见一支箭射来，也没有一块石块掷下来。那千人长率五十余骑，直至护城河吊桥下，仍是毫无动静。几名喽啰兵泅水过去，用力将绳索砍断。砰的一声，吊桥落下来。

城门是虚掩的，金兵壮一壮胆，推开城门向里冲去。却哪里有一个守兵？寥寥落落，街巷里，只有三五个老弱妇女在晒太阳，城头上有七八个顽童在戏耍，再看店铺，十家倒有九家是空的，余下一家，也是门户紧闭。

兀术率大军开进城来，不知是该喜，还是该怒。城中百姓竟敢妄举“岳”字旗来诳他！不由得他心头火起，下令：屠城三日，各取所需。可怜禹州，也是一座不小的城池，三日间，老少无存。兀术又令：凡攻陷诸城，一律纵兵三日，割一首级，毋论青壮老弱男女，皆赏百贯。

王师既还，城守已空，兀术自然所向披靡，唯有老百姓，能跑的跑，能逃的逃了，但总有跑不掉、跑不动的留在城中，如今悉成金人刀下之鬼。这些是临安府宫殿中高宗所不知道的，也是宰相府中秦桧所不知道的，却是枢密院中岳飞预料之中而终究又无能为力的。

禹州失陷后，又有数城为兀术攻占。不几日，兀术大军即向当初大败其下的颍昌进发。

颍昌城上军旗招展，比禹州城更具声势。一个老大的“岳”字赫然在目。然而，这一次虚张声势的军旗，再也骗不了“屡战屡败”的金军。金兵毫不迟疑，蜂拥而上，直冲于城下。

突然，一声撕心裂肺的炮响，城头上，似有从天而降的千军万马，发一声喊，箭矢、巨石、砖块等等，如雨点般砸下。可怜冲在前面的百余名金兵，全部命丧城下。

金军这一惊，非同小可！兀术确信岳飞早已班师回京，却哪里来这等义勇，打着岳家军旗号，与他大金铁骑为敌？也不知城中还有多少人马，粮草是否充足，一时间，兀术也难以判断。

哈迷蚩道：主帅，守城者定为山间草寇，甚不足惧，也必定兵马不多，粮草不足，况颍昌先经大战，百姓逃亡，无人助宋兵守城，此城不日可破，殿下尽管高枕无忧。

然而，兀术是在岳家军旗号下输怕了的，怎敢高枕无忧？当下即令大将乌陵思谋，点一万精兵，直到城下，令其三日破城！

其实，哈迷蚩倒是猜对了。守城者不众，马也不壮，不过五百名宋兵而已。城中居民，俱皆老弱，为数不多的壮年，心知城破必死，城不破也死道理，个个登上城头助战。

金兵开始攻城，数十架云梯搭在城垛上，金兵战战兢兢，爬上城来。守将喊一声：打！众战士早把云梯扳倒，将金兵摔成肉饼。如此三番，金兵爬城作战，屡战屡败，直至日落。金兵只得收兵回去。

第二日，颍昌城仍是纹丝不动。这可急坏了金将乌陵思谋，再有一天，不能破城，则小命难保。当下发令道：明日继续攻击，城不破不得回军，不攻下城池，提头来见！

第三日，天刚蒙蒙亮，金军便大举攻城。一万人马如潮涌来，光云梯就有几百架，城上勇士，才砍下一个头又有一个头，顶上来，马刀砍得卷了刃，敌兵却络绎不绝。宋军守将，亲自上城，连砍五六十名敌兵，身带数十处枪伤。金兵无计可施，又推来高架战车，这车比城墙还高，上载五六十人，居高临下，强弩劲矢，净往城中射来。而城中可战之卒，已经寥寥无几，眼看城破即在眼前。宋将召集将士道：拼着性命也要守住今日，城中百姓，可着人即刻转移，从旧地道出城。然后撤退，且让给他一座空城吧！

商议完毕，复上城鏖战。

此刻，北门左侧城墙，被敌军炮火轰开一个大豁口，金军顿时蜂拥而上，宋军将领亲率五十骑杀去。迎头撞见金军一员敌将，正是，仇人相见，分外眼红。宋将挥刀就砍，金将猝不及防，被大刀砍下头颅。众喽啰兵卒见主将殒命，哄的一声，逃散而去了。

鏖战一日，天已大黑，城墙豁口，早已被宋兵补上了，乌陵思谋气得吐血，正欲再想攻城之策，小卒来报：四殿下到！

乌陵思谋慌忙出迎，兀术进帐，不等坐稳，便冷冷一笑道：身为大将，统领万名大军，敌不过区区数百名宋军，是何道理？

乌陵思谋惊恐万分，辩道：不是小将不用命，实是敌人有几万守军在内。殿下稍等，小将即刻率兵亲自乘黑攻城。

兀术不紧不慢地说道：哼！俺大金士兵的性命，本帅焉能让你随便糟蹋？左右，拉下去，斩首！号令三军！

众将齐声告饶，哈迷蚩也代为求情，无奈兀术本有除他之意，今得着机会，怎肯饶他？

不一刻，吏卒呈上乌陵思谋的首级。兀术吩咐道：号令下去，好生将其头颅缝在尸体上，着人送回大金国安葬。

此刻，已是子夜时分，城中百姓已从地道中走出。宋兵押后，也安全撤出城外去了。

翌日，兀术用哈迷蚩的“锁城法”，将颍昌城团团围住。所谓“锁城法”，就是在城外用土砖泥巴石块垒起一座小山，皆高过城墙，然后射箭发石，只把城团团困住，待守军粮尽，城池自破。兀术才垒起第一座小山，已有小卒来报：城是空的。

颍昌既陷，举凡汝、郑、陈、曹、光、蔡、偃等诸州，指日而克。旬月之间，兀术尽占河南之地。河南既得，兀术又领十数万大军进逼安徽，直抵两淮地区，不日已至安徽寿春。

至此，岳家军苦战数年得来的河南诸地，中原故土，再次沦陷金军手中。

岳飞抗金报国，十年之功，毁灭于赵构、秦桧之手。随着朝廷一日颁发的十二道金牌，岳家军被迫班师，放弃了中原故土大好河山。

中原大地再次阴云密布，人民重蹈水深火热之中，生灵涂炭，民不聊生。

第三十四章　群奸兴狱

岳飞回到京城，高宗即日召见。岳飞心中毕竟为撤兵而愤愤，见了皇上，唯叩头而已，竟不肯多言。

高宗自然知他心里所想，也不责备。直到岳飞乞解兵权，高宗仍是好言相慰。岳飞固辞，高宗只是不许。而秦桧在一旁却正中下怀。

众臣退朝，秦桧奏曰：陛下，前日连发十二道金牌，好容易将岳飞召回，他心中自然怨恨。今既乞解兵权，不若就恩准了他。大将在京中而握重兵，威震朝廷。岳飞虽非苗傅、刘正彦之辈，然陛下也不可不防。

秦桧这一番话说得高宗心眼又活动起来，毕竟苗、刘之变记忆犹新。丞相所言，也正为社稷着想。于是，高宗接受了岳飞乞归兵权之请求。

至此秦桧完成了计划的第一步：三大将张俊、韩世忠、岳飞，兵权俱解，军队悉归枢密院执掌。但不能开心得太早，倘若再有战火燃起，朝中各将必有复用，必须将岳飞彻底清除，方可保和议不败。

三大将中，唯张俊与秦桧私交甚厚，又兼张俊一向妒忌军功高于自己的岳飞。高宗车驾南幸时，正是张俊握重兵勤王，不料，头功倒叫这个名不见经传的小校夺去了。以后岳飞恩宠擢升，更令张俊妒火中烧。能借机排挤岳飞，也是大快心怀之事。

给事中范同密书至，张俊不等朝廷来召，将军事托付副帅，第一个回到临安，接受朝廷的封赏。韩世忠不明就里，也回到临安受封，两人皆为枢密使。到圣旨下诏班师，张、韩主帅不在，副帅怎敢有半点违抗？迅即班师，唯岳家军迟滞多日。张俊既然赞同和议，丞相自然刮目相看。张俊也是投桃报李，凡丞相所言，极为奉承照办。

有一次，高宗曾问岳飞：天下何时可得太平？

岳飞不假思索道：文官不爱钱，武官不惜死，不患天下不太平！

岳飞不知，毋论文武，还有另外一件大事，那就是：权势！如果秦桧并不以独居相位为天下第一要事，则其未必会始终如一坚持和议；倘若张俊并不趋炎附势，不嫉贤妒能，则其未必力助秦桧陷害岳飞！

虽然兀术大军已至淮河流域，夺了张俊丢下的寿县，但是毕竟离长江还有老大一段距离。何况南宋京城临安，正是十月时节，阳光和煦，秋高气爽，好一派歌舞升平景象！秦桧抽个空隙，遍请朝中大臣至秦府赴宴。

王氏不便在此等场合公开露面，此时正躲在书房里，隔着一张垂帘，看着诸位大臣阿谀奉承之丑态，倒也乐在其中。

张俊第一个赶到，院子捧着名帖来报：张枢密使驾到。

秦桧即传召见。照例有一份厚礼，无非珍珠宝玩美姬娇妾之类。秦桧微微一笑道：老夫生受了。

两人坐定，一盏杭州名茶碧螺春敬上，秦桧向张俊说道：议和原是为国为民，诸将多称不便，唯张枢密一力赞同，真乃老夫一个好帮手。

张俊忙道：哪里，哪里，太师老成之见，自与那行险侥幸、贪功图名者不同，便是称臣，受他金国册封，何损皇上一根毫毛？却也落得安稳。难道图着一个虚名不肯受屈，硬要与大金争个你死我活，害得生灵涂炭，百姓遭殃？他们带兵为将的，再不肯从大处计议，只管向前厮杀，无非贪恋兵权而已，哪个如老太师一般，肯为皇上、为国家、为百姓着想？

王氏在书房中几乎笑出声来，张俊口口声声“他们带兵为将的”，好似他张俊不曾是“带兵为将”的。

秦桧笑逐颜开，道：好好好，俺的心事，只有张枢密说得透，老夫因见张枢密雄才大略，昨日已经奏明皇上，悉罢诸将兵权，由张枢密一人独掌。

张俊又道：老太师有所不知，大将之中，只有岳飞那厮，专跟老太师过不去。一味地说什么忠君啦，爱国啦，二帝啦，恰似天下只有他一人忠君爱国似的。

秦桧微微一笑，张俊果然知趣，主动说到岳飞了，遂装作不解道：咦，岳太尉与张枢密，本为同列，理当与公志同道合，为何却屡梗我和议？

张俊佯作蹙眉道：唉！老太师，晚生与岳飞那厮结怨已非一日，绍兴四年，金兵进犯淮西，明明是我防地，与他岳飞什么相干？他偏卖弄本领，抢了大功，不正是以他之长，显我之短吗？绍兴七年，扫荡湖州钟相、杨幺之役，晚生寄书给他说：粮饷短缺，漕运艰阻，不可行师。他偏偏逞英雄，侥幸获胜。更可气的是还在皇上面前说我坏话，骗得皇上御札称赞他：转饷艰阻，卿不复顾，忠义如此，中兴有望矣！你道可气不可气？

秦桧一怔，轻声道：谏议大夫万俟卨，绍兴七年，湖州之役，岳飞以乏饷为辞，逗留不进，我让人曾参了他一本，以此可做一宗罪案。张枢密这么说，那倒是为他做了一通辩状呢。

张俊急忙辩解道：只是老太师说，晚生与他志同道合，晚生因此叙说。太师若不喜欢，晚生只道没有此事便了。

王氏在帘后默念：他俩果然并非“志同道合”。

两个正说间，院子来报，谏议大夫万俟卨到。万俟卨才进客厅，也不管张俊在旁，向秦桧道：老恩相果然高明，诸大将起于行伍，知利而不知义，怕死而不畏法，高官显职，子女玉帛，极尽其欲，再不管一管他们，天下何有太平之日？

一番话，将个张俊说得面红耳赤。秦桧则乘机向张俊问道：那赵鼎、韩世忠是什么好人，岳飞却偏偏与他们交好？

张俊道：臭味相投罢了。前日赵鼎被黜，岳飞当众叹息，妄称朝廷不公。韩世忠前时战败落职，我欲与他分了韩世忠所部，他不仅不从，反而拿话来抵触我。真是气煞我也。岳飞不死，不若我去寻死了罢。

万俟卨哈哈大笑：张枢密大才，朝廷正欲重用，死不得的。该死的是岳飞那厮。

秦桧提醒道：这却不可任意胡为，岳飞也是朝廷大臣，当遵国法处置。

张俊道：这个不难。岳飞麾下，有王贵、王俊二将，俱是挨过他杖责的，与岳飞父子也算有仇。将他两人叫来，老恩相再奖掖几句，如若不从，胁之于祸，不怕他不捏情出首。

万俟卨也插嘴道：要他捏情，甚是方便。岳飞手下，还有一位副帅张宪，一起抓来，严刑拷打，逼勒成招。则岳飞乃瓮中之鳖也。

秦桧大喜道：万俟卨大夫果然妙计，张枢密更有理。只不知王贵、王俊何在？

张俊道：他两个就在门首等着。待晚生唤他进来，不怕他不从。

王贵、王俊俱为岳飞麾下牙将，王贵与岳飞更是同乡兼结拜兄弟，虽其战功不及张宪，又兼受过责打，毕竟有兄弟情分。王俊就不同了。虽与岳飞同为宗泽老元帅手下，可一个贵为节度使、开国公、太尉、少保，另一个却仍是牙将而已。更何况牛头山一役，岳飞曾因王俊临阵脱逃，以军法责打。此恨可谓刻骨铭心。所以二人心态十分不同。

王俊是早被张俊说服了的，听丞相发话，无不应承。而王贵则如坠五里雾中。

秦桧道：久闻你两人，在岳飞部下，憨直招尤，几至身命不保，沉埋许久，今经张枢密举荐，不日即可大用了。今日但需用心，出首岳飞。

王贵道：什么出首？出什么首？

王俊道：是的，俺是来出首的，军中副帅张宪，谋据襄阳，与岳云暗中书信往来，想帮岳飞夺还兵权。又兼岳飞虚申警报，震惧朝廷，纵放逆贼，养寇自重。

王贵道：什么？王俊，你是昏了头了，害起元帅来了？

王俊不急不忙道：王贵，你才昏了头了。颍昌之役，岳云说你怯战，几乎将你正法，及至凯旋，怒犹未消。当时天下大雨，你帐下小卒取了民家芦苇筏以盖军粮，岳飞将你重责一百，你倒全忘记了？

王贵立时大怒，反手给了王俊一巴掌，骂道：无耻的东西！俺大哥打俺一百，关你啥事？

万俟卨见王贵打人，怒道：什么东西？竟敢在宰相府里胡作非为！你泥菩萨过河，自身难保！丞相叫家丁来，先打你个半死再说！

王贵也怒道：你又是什么东西？在本将面前逞能！本将死且不怕，奈何怕打？

秦桧嘿然一笑，张俊不冷不热道：王贵果然是个不怕死的英雄，下官还知道王贵是个孝顺的儿子。咦！你不是有个老娘吗？难道说，你也愿意让她老人家跟着受累吗？想当年，你一家接济岳飞一家，可算功不可没，岳飞待你如何？吹毛求疵，随意责打，全无兄弟情义。你还要为他这样一个人身受煎熬，而且还要让老娘跟着受苦。这是何苦呢？

张俊道：如今，你老娘正在刑部拘着，你不怕打，难道你母亲也不怕打吗？

王贵顿时语噎，王俊乘机道：兄弟，出首吧。进一步，可上天揽月；退一步，则命归黄泉。何苦呢？

王贵还在犹豫，秦桧发话了：既然王贵不从，就让他去吧。好在大理寺也不缺他一条首状，有王俊一条，也就够了。只是王贵，枉搭了一条小命，更添了他娘一条老命，却对于岳飞父子，丝毫无益。

真乃姜是老的辣。秦桧一言中的，王贵顿时全面崩溃，喊道：天哪！岳大哥，你叫俺王贵作何打算？

张俊阴险地说道：你们结拜兄弟，你的老娘，就是他岳飞的老娘。岳飞也是极孝顺的，他能理解你的苦处！

王贵嘶叫一声，道：罢，罢，罢！岳大哥，对不起，权当俺爹娘不曾接济于你，俺只得出首了。

王氏在书房又是一阵暗笑：看来，所谓英雄，也不过如此，也有致命的短处。

首状早已由张俊令文书吏写就，王贵、王俊无非是在上面按个手印，题个名儿而已。

看着大拇指上殷红一片，王贵心如刀绞，拔出利刃，向张俊喝道：俺娘亲若有不测，俺身为厉鬼，也当嚼你骨头！九泉之下，俺等你算账！说毕，向秦桧怒目而视。

万俟卨向张俊道：张枢密果然出奇制胜。只是听说，张宪平生勇猛，宁折不弯，他可有什么把柄，在枢密手中？

张俊回道：张宪父母俱亡，还不曾娶妻，听说他想娶岳飞大女儿安娘，那样，他就成了岳飞的女婿。将他和岳云一起拿来，小官自有办法，让他开口。到时候，就不怕岳飞不来认账。

秦桧道：就烦贵衙门拿来拷问，老夫自当竭力帮衬。

顿时，张俊不免心花怒放。岳飞既除，韩世忠不足道也，看来，兵柄必当归我一身独掌。张俊立即辞别丞相，打道回府，派人去捉拿张宪和岳云。

张俊门下承行吏王应求，曾与张宪有一面之交，一向颇为叹服岳飞忠义，张宪勇猛，当下即向张俊道：大人，只怕这，不是大人衙门里该做的事，按着朝廷旧例，为官者犯法，当由大理寺推勘。

张俊道：真是胡说八道，本老爷权掌枢密院，管着天下所有的将官，倒拿不动一个小小的张宪?

王应求辩道：适才老爷说要拿来审问，只怕衙门里没这旧规，众臣面前也不好交代。

张俊道：狗才，这般啰唆！快快写下堂牒，取人犯过来，再去大理寺拿齐了刑具，只怕他浑身是口，也不能言，遍体排牙，也说不得词。却有谁管他什么交代不交代！

第三十五章　千古奇冤

岳飞自朱仙镇班师以来，被封了个枢密副使的闲职，收了兵权，皇上恩准他在家休假赋闲。但他无时无刻不在关注着国家大事。听说兀术早已打到寿县，方欲与宋国议和：以淮河为界，且须宋国对金称臣，世代子孙谨守臣节，每年输银二十五万两，输绢二十五万匹。岳飞对此悲愤难抑。

岳飞自从绍兴初年，得知汤阴老家中的结发妻刘氏夫人，因护卫家人，不得已，被迫改嫁赵渊后，为照顾年迈的老母和家庭，经人介绍，在鄂州军中又与李纲的小女儿李娃结婚成家。之后，又生了岳霖、岳震、岳霆三个儿子和一个银瓶姑娘。如今，老母姚氏在庐山已经病逝九年，安葬在庐山之麓的风光无限处。

李娃夫人难得能有丈夫在身边陪伴长住，心里十分高兴。

岳飞常年征战在外，真正的夫妻两人在一起生活的日子，加上岳飞在庐山母墓旁为母亲守孝的时间，也没有一年。如今夫妇双双三十八岁，可得好好享受这天伦之乐了。

岳飞治军，可谓雷厉风行，法令严峻，即使如父子兄弟，也必秉公无私。闲居家中时，却也慈爱可亲，一副蔼蔼儒者风度。

岳飞在庐山居住的后院有块闲地，岳飞闲着无聊，便与十岁的岳霖和十三岁的银瓶去种些黄豆。岳飞平时最爱吃煮黄豆，闲来无事，又开始了以酒消愁，煮黄豆下酒，是他在家乡跟着乡亲们学会的最简单的生活消遣，如今又被他拾了起来。此外，岳飞还喜爱吃家中自己磨的豆腐，可以用黄豆去磨些来供自己享用。闲暇时，也就教儿女们些农桑田麻之类，让孩子们也略知农家事事艰难。

在岳飞的五个儿子中，岳霖最不喜欢舞枪弄棒，岳飞也不强求，只要他苦心读书，研习圣贤经典，将来做个忠臣也好。

一天晚饭后，家里人都在听岳霖读书。岳霖读道：

民为贵，社稷次之，君为轻，是故得乎丘民而为天子，得乎天子而为诸侯，得乎诸侯而为大夫。

岳飞问道：霖儿，大凡读书，不可死记硬背，须领会其要义方可。儿刚才所念，是什么意思？

岳霖回道：孟子秉承儒家道统，只是其民贵君轻的意思，却与孔子大不同。孩儿以为，孟子的主张更胜一筹。大凡天子即等同于国家，须爱民、为民、惜民，岂可以天下为一己之私产？只因黎民百姓乃国家之根本。水能载舟，也能覆舟。于水上行舟，理当以水为本，以舟为用，不可颠倒。

岳飞想要说些什么，欲言又止，或许他正要与孩子说些君轻民重的道理，但显然是说不清的。于是岔开话题：霖儿，再读些别的吧。

岳霖又诵《庄子》道：

朝菌之不知晦朔，蟪蛄之不知春秋，此小年也。楚之南有冥灵者，以五百岁为春，五百岁为秋；上古有大椿者，以八千岁为春，八千岁为秋，此大年也。而彭祖乃今以久特闻，众人匹之，不亦悲乎？

又读《荀子》道：

故不登高山，不知天之高也；不临深渊，不知地之厚也；不闻先王之遗言，不知学问之大也。干、越、夷、貉之子，生而同声，长而异俗，教使之然也。《诗》曰：嗟尔君子，无恒安息。靖恭尔位，好是正直。神之听之，介尔景福。神莫大于化道，福莫大于无祸。

岳飞正要责备他，怎么圣贤书不读，倒读些什么《庄子》！忽而儿子又读起《荀子》来。直到一句："神莫大于化道，福莫大于无祸"，不免勾起心中千思万绪。荀子与庄子也有相通之处。难道真的该清静无为、洁身自好？若我天天在家种田念书，那河南、河北的百姓，谁去解救他们呢？兀术直打到临安来了，我又如何种田念书？岳飞百思不得其解，万千惆怅，叹一声道：时候不早了，都去歇息吧！

留下岳飞独自长叹，李娃不免劝慰几句。

岳飞道：俺岳飞出身贫寒，自从 19 岁上失去父亲，后来，经母亲刺字铭志，从军报国，先后投靠张所、宗泽，备受重用，俺不忘他们知遇之恩，身经百战，出生入死，32 岁封为节度使，至今贵为公侯，沐浴皇恩，怎可不为国为民计？可恶那秦桧老贼，一味求和，置国耻君仇于不顾！

李娃道：相公，话是这么说，可是人家贵为宰相，皇上又只听他一人之言，你又有什么办法呢？何况，皇上虽对你颇为眷顾，毕竟还是依着秦桧。

李娃的话正刺着岳飞的疼处，不觉又令他想起儿子所念的"民贵君轻"的句子来。唉！要是皇上也这么想，就好了！

银瓶见爹爹不快，自然也不快活，回到房中睡去了。

晚上，月色初照，岳飞正要睡觉，忽然，军中徐廷佐小将军来报：禀元帅，昨晚张枢密遣人来将张宪、岳云二位将军请了去。张将军怕有事变激起，着牛将军、吉将军暂摄军事，又遣小将来禀告元帅，要元帅早做准备。

岳飞道：有这回事？想那张俊也不至于任意妄为。王贵与王俊呢？

小将道：他二人已不见多日了。连张将军也不知其去向，有人说好像也是张枢密府中的人叫去的。

喔？岳飞这才意识到事态的严重。打从朱仙镇班师，岳飞即知已入秦桧圈套，但这是他明知而又不得不入的圈套啊！

岳飞别无选择，难道他能抗旨不回吗？

难道他能投降兀术去追求荣华富贵吗？

一位年仅38岁，却已征战了20多年的骁将；

一位能文能武，敢比韩信、彭越、灌婴的名将；

如今不得不在家中，思量起自己的后事来了。

这不仅是岳府、岳家军的悲哀，也是华夏民族的悲哀！

岳飞自知大祸临头，遂安排家事，命夫人李娃带着四个孩子坚守家中：俺岳飞保家无能，卫国无门，拖累夫人及子女了。言罢，泣不成声，泪流满面。

李娃更哭得泪人似的，原以为，夫君不再为官，可以尽享天伦之乐。如今，竟面临妻离子散的下场！可怜她一个妇道人家，无论如何也想不明白其中的道理。

岳飞对夫人说：王贵、王俊已经被张俊召去，王贵未必肯诬陷我，王俊则难说了。此君懦弱胆怯，而又狭隘贪心。俺想，岳云和张宪定然凶多吉少。秦贼为相，被他贬谪虐杀的大臣何止千百？俺料定凶讯不久即至。

正说着，老家院王安急匆匆赶来禀告：门外杨沂中将军驾到。

原来，杨沂中将军，领着四十名军卒，备了器械枷锁，奉旨来拿岳飞。毕竟杨沂中与岳飞还有些老交情，颇欲行个方便，免得岳飞去大理寺受苦，遂诓左右道：俺假作访友，赚他出来，然后你等一拥而上，拿住回京。

杨沂中进了岳府，岳飞迎住道：十哥，别来无恙？不知今日光临寒舍，有何事体？因杨沂中在宋朝十大将军中年龄最小，人称十哥。

杨沂中支支吾吾说：也没啥事体，访友而已。

岳飞道：噢？我看十哥来的意思不太好。

杨沂中十分尴尬，欲直说，却开不了口。若不说，又如何交差？正在为难，岳飞已看出详细。

岳飞道：杨将军且暂坐片刻，俺有些家事交代，稍后再叙。岳飞不等杨沂中有所反应，撇下他进屋去了。

杨沂中眼看岳飞进屋，不说也不是办法，便将堂牒取出，交给岳府家人王安：请速送给你家老爷，不得有误。

大约一盏茶工夫，有小厮奉酒而出，道：老爷着我送酒给杨大人喝，令小人看着杨大人喝下去。

杨沂中心中一惊，心想：这是为何？小厮捧杯敬酒，颇为蹊跷，或许他知我让他自绝的意思，敬我这杯，与他同赴死地？罢罢，岳公既入秦桧陷阱，必死无疑。我杨沂中与岳飞交厚，必当步其后尘。横竖是死，不如为友而死，还留个侠义名声！

主意拿定，杨沂中举起酒杯，一饮而尽，复向里间呼道：岳飞，俺已喝尽这第一杯，快请出来，俺与你同饮，一醉方休！

岳飞换了一身朝服，冠带而出，步履沉毅，走出屋子，说道：路遥知马力，日久见人心。平生仗忠义，今日任风波。十哥果然侠义心肠。

杨沂中一脸狐疑，道：老弟既已饮尽此杯，老哥为何还不饮酒自决？

岳飞笑道：此酒无药，纵然有药，俺也不肯饮的。

杨沂中长叹一声：唉！张俊那厮先提了王俊、王贵去，出首告你。昨日又将岳云、张宪拿了去，张俊命狱卒拷掠。其属下王应求道：枢密院无推勘旧例，他也不听，亲自刑讯，备极惨毒。俺想你官至三品，如何去受那番极刑，还是自绝了罢。

岳飞仰天大笑道：俺岳鹏举行得正，立得直。苍天有眼，必不使忠臣蒙冤！

杨沂中道：假如——假如苍天无眼呢？

岳飞一愣，道：万一不幸，也何所逃？俺怎肯自家轻死？沙场上九死一生，虽死无憾。此行倘得生还，俺仍要报效国家。

杨沂中不胜悲戚，叹道：老哥，你主意已定，下官只得开读圣旨了。

岳飞不得已，跪听宣读：

岳云、张宪无知妄为，虚申警报，谋据襄阳，欲夺还岳飞兵柄，罪同图谋不轨，先行拘拿。岳飞身为主帅，教导失策，乃更与其朋比为奸，其罪难赦，即刻拘提。钦此！

岳府上下，不分男女老少，无不听个明白。

李娃头一个失声痛哭，大喊“皇天不公”！顷刻，数十人哭声震天。

廷佐持刀在旁，怒目而视。几欲将钦差劈成千万段！

杨沂中步出庭院，示意众吏卒来拿岳飞。

廷佐再也忍不住了，飞起一脚，将为首的狱卒踢出三五丈远，又一刀将木枷劈个粉碎，厉声喝道：谁敢对岳爷无礼，小爷我将他剁成肉酱！

众吏卒见岳府家丁个个手持利刃，怒目而视，遂不敢相强。

为首的一位哼哼唧唧地从地上爬起来，向岳飞道：岳大爷，我们也是当差的，没办法呀。

岳飞向廷佐骂道：混账，退下去！复向银瓶和岳霖说道：听你娘吩咐，去你贡伯伯和刘伯伯家住些日子，好生保重。

不料，女儿却说：爹爹不回，小女不出门，在家死等爹爹回来。爹爹要是回不来，小女也不活在这肮脏的世间！

李娃悲痛欲绝，死死抱住岳飞不放，轻轻问道：快吩咐，家人中谁人可来救你？

岳飞答道：快让人把霖儿送到贡文宪处，把银瓶送到刘允升家中。无须谁来救我，徒然赴死而已。

杨沂中的人带着岳飞尚未出院，万俟卨又带着百余号人马来到，将岳府所在的街巷围个水泄不通。

闪开！闪开！皇上有旨：着将岳飞家中所有书札，尽行搜去。

岳府上下，顿时一片狼藉。万俟卨搜出几十封书信，都是黄绫包裹。银瓶见状，上前怒道：这是皇上御札，你也敢搜去？

万俟卨把手臂一挡，将银瓶推倒，冷笑道：丞相要的，就是这球玩意儿。

廷佐虽被岳飞收了兵器，见万俟卨这等无礼，也管不得了，跳上去向万俟卨就是一拳。万俟卨平生只会出奸计的，哪经得起打？一时气急败坏，喝令军士齐上。

廷佐早已从窗口逃走。

万俟卨连问三声：这狗奴才是谁？只是无人答应。

万俟卨被打得脸上红肿，轻轻一笑，自语道：正是，下官我也不认识。

第三十六章　为国尽忠

杨沂中拿了岳飞等人，回宫里交差。岳飞当日被解往大理寺。

大理寺是北齐时始设之刑狱机关，分为左、右两寺。左寺复审各地方奏劾与刑狱之案，右寺则专掌京师百官刑狱。大理寺与提起奏劾之御史台以及刑部，并称三法司，大理寺右寺是京官们最不愿去处。

如今，岳飞正在大理寺右寺。

大理寺丞李若朴，倒是个正直清廉的好官。平生从不曾与岳飞有什么交往，但也慕岳飞忠义正直，也恨那个专权奸臣秦桧。

这一天，相府专门派人来，请李若朴去相府议事。

李若朴情知必为岳飞一案，心中不免惴惴不安。到了相府，何立传进名帖，自然是一番寒暄，礼物却是没有。

秦桧倒不恼他，开门见山道：今日请你过来，也不为别事，只因岳飞那厮罪案。前时有谏官劾他一本，为湖州逗留不进之事，今又扯上张宪与岳云，谋夺兵柄私书。你可用心鞫讯，我这里重重拔擢，格外恩赏。

丞相乃六部之首，真是一人之下，万人之上。今请他李若朴来，已是“格外开恩”了。秦桧说话一向含蓄，此刻却开门见山，锋芒毕露。

李若朴情知岳飞大事不妙。然而，既食朝廷俸禄，便须为朝廷做事，但朝廷是皇上之朝廷，万民之朝廷，不是秦桧一人之朝廷。

人生在世，终有一死，若只图眼前富贵荣华，岂不赊下死后报应？何况陷害忠良，千古奇冤，我李若朴莫说拼了这个官，便拼了性命，骨头也是香的！

李若朴想好，便道：丞相吩咐，理当照办。只是岳飞一案，难于推勘。岳飞忠直，天下皆知。唯一人恨其不得早死，此人乃金国四太子完颜兀术，何况皇上还赐他“精忠岳飞”旗一面，以彰其忠呢。

秦桧老大不高兴：这是什么话？皇上赐旗，乃一时之兴而已。秦桧之所以没有立时发火，只因为这一套貌似忠直的说辞，他秦桧不知听过多少。只要诱之以利，胁之以祸，到头来哪一个不是束手就范？

李若朴道：话虽如此说，岳飞毕竟是一代名将。丞相还是多多恕免他些个，也见得大人肚量。

秦桧终于发火了：越来越不像话了！俺一代宰相，岂可为显一己之仁，就放纵了谋反逆贼？我看你李若朴是不是书读得太多，反而糊涂了？

儒者多迂是事实，可这样当面责他糊涂，李若朴虽官小位卑，也决不肯忍受。李若朴回道：下官读的圣贤书，想必丞相也是读过的。孟子曰：“鱼我所欲也，熊掌亦我所欲也，二者不可得兼，舍鱼而取熊掌。生我所欲也，义亦我所欲也，二者不可得兼，舍生而取义。生亦我所欲，所欲有甚于生者，故不为苟得。是故，所欲有甚于生者，所恶有甚于死者，非独贤者有此心也，人皆有之。一箪食，一豆羹，得之则生，弗得则死；呼尔而与之，行道之人勿受；蹴尔而与之，乞人不屑也。”孟子此语，丞相想必亦能倒背如流。丞相明鉴，湖州逗留一事不实。贼寇既平，何有“逗留”之说？张宪、岳云谋夺兵柄，亦是大谬，岳飞数次上章，乞解兵权，今得皇上恩准，告假居家，有案可稽。以此案付属下，推勘鞫炼，属下问心有愧，难以奉命！

秦桧嘿嘿冷笑，道：你这番话，是仔细斟酌过才说的，还是凭一时意气用事？岂不怕惹祸上身？苦海无边，回头是岸；进退之间，可是祸福迥异啊！

李若朴一股火气直往上冲，怒道：罢了！俺不如将此官诰送还宫里去吧！李若朴说到做到，真的将官帽朝服脱下，朝秦桧脚前一掷：秦桧，秦桧！俺常将冷眼观螃蟹，看你横行能几时？

言罢，也不拜揖，扬长而去了。

秦桧果然好涵养，不急不恼朝他背后一揖：不送，不送。

李若朴才出大门，秦桧暗自恨道：你不做官，难道朝中还少了你个出色的寒儒？你想得倒美，不做官就能了事？待俺奏明皇上，叫你皮开肉绽，生不如死；世世子孙，永不叙用！

秦桧自忖片刻，向门帘内问道：夫人，可在里头听着？

王氏轻轻一笑道：妾在里头听得多时了。李若朴人虽瘦小，比张俊那厮，更像个男子汉。相公莫急，李若朴不识抬举，大理寺中有的是人。不是还有个中丞叫何铸吗？先时曾与万俟卨、罗汝楫同来拜谒过老爷。

秦桧道：夫人果然好记性，也怪老夫太心急，竟看错了人，这本是棘手之事，只有干练些的人，方才做得好。

王氏道：若说干练，非万俟卨莫属。此君寡廉鲜耻，老练豁达，虽也读得几本书，全无半点书生迂腐。你听他说话：“诸大将知利不知义，畏死不畏法，高官显职，子女玉帛，已极其欲，盍示于逗留之罚，败亡之诛，不用命之戮，使知所惧。”足见其对诸将，无不恨之入骨。

秦桧道：老夫也甚看重万俟卨的才干，但眼下，他乃监察御史，非大理寺中人。想那何铸，不敢违忤老夫旨意。

王氏道：相公，不如即速擢升万俟卨为大理寺卿，一面即着何铸推勘。总不能叫岳飞有一日好过。

秦桧细想，觉得也只有这么办了。当夜无话，各去房中歇了。

翌日，秦桧早早上朝，料理庶务。先将奏章写妥，大意说枢密院编修官、吏部员外郎、监察御史万俟卨，于绍兴初年，避乱沅、湘间，会有湖荆地区剧贼曹成攻掠州县，万俟卨召集豪杰丁壮，殊死守城，贼遂败退。其时岳飞宣抚湖荆，抑其功不报。又兼前时，上本议和，辞理晓畅，忧君忧国之心，溢于言表，拟擢升大理寺卿，罗汝楫副之。奏章写毕，即着人去通知大理寺中丞何铸，令加紧推勘，用心鞫炼，必于旬月间结案才行。

诸事妥帖，众官散去，秦桧留下，独向高宗奏事。其时，秦桧大权独揽，几乎将皇帝架空了。百官无一人敢向高宗直接奏事。虽然，按着惯例，百官须依次一个一个地向皇帝奏事，可百官所奏，不是颂扬秦丞相功德，就是攻讦忠正之士。纵有欲作不平之鸣者，又怕犯了什么禁忌，被高宗无意间透给秦桧，以致招来杀身之祸。因此，天下中外之事，高宗仅能从秦桧一个人的口里听说。此刻，秦桧单独留下奏事时，竟然意外地看见给事中范同，那个曾献妙计解了张俊、韩世忠、岳飞兵权，又将张俊拉拢过来的范同，竟正从御殿里对奏出来。

这显然是有意避开他老秦，擅自在皇上面前奏对！秦桧这一气，非同小可。秦桧向来锱铢必较，且也毫不掩饰。范同这一次遭了殃，先是被罢了官，随后又被贬到岭南。

却说何铸，虽与万俟卨、罗汝楫为伍，不过是个贪生怕死、趋炎附势的小人而已，还算不上大奸大恶。这一日，忽听院子来报：秦府差人传丞相的话，何铸忙洗手换衣，传进差人。

差人道：丞相爷拜上何爷，叫小的传话，说岳飞一案，一定要何爷用心鞫问，务必旬月间结案。

何铸大惊道：有这等事？此事由李若朴大人主管，与俺是不相干的。

差人道：何爷莫推，李大人惹恼了丞相爷，不说再不是什么大理寺丞了，只怕性命也难保了。如今丞相爷顶器重的，就是你何爷了，何爷，小人告诉你这个机密，大人应该厚厚赏赐小人才是。

何铸道：唉！怎么偏偏要我问？岳太尉的事，举国上下，谁人不知，哪个不晓？俺真要推勘不出事来——说着，何铸想起横竖不妙，慌忙向差人道：这样吧，俺赏你十两银子，就说俺告了假，不在家中。

差人道：何爷说得有理，俺回府如实禀告相爷就是。说完，起身要走。

何铸急急拦住，道：俺重重赏你二十两银子，可千万不要说俺不肯问。此事也没啥难缠的，俺用心推问就是了。

差人甚是乖巧，就此转舵道：谢何爷恩赏，相爷面前，小人一力奉承。

何铸接了这桩没头官司，好不沮丧。可丞相吩咐下来的，焉敢不从？何铸冠带朝服，上下整整齐齐，前往大理寺。

大理寺果然高墙大院，壁垒森严，四处静寂，无一丝杂音。岳飞被解到大理寺已有数日，因一时没有主审官，暂居别室。又岳飞位至公侯，吏卒也不敢胡来，妄加拷掠。何铸既到，即令升堂。

何铸故作镇静，把惊堂木重重一拍，喝道：岳飞，皇上下诏，丞相传旨，叫拿岳飞，你知罪吗？

岳飞气宇轩昂，堂堂正气，道：俺岳飞深蒙皇恩，赤心为国，何罪之有？

何铸道：还敢抵赖！湖州逗留，拥兵不进，虚传警报，谋夺兵柄；久据襄阳，养寇自重。哪一条不确，哪一条不实？

岳飞道：中丞所言，皆无稽之谈。岳飞一腔热血，报效国家，天下皆知。只为抵触奸相秦桧，故有此冤狱，中丞焉能不知？

何铸道：一派胡言。想你武人出身，不读诗书，不懂礼法。左右，替我夹上刑具，好生侍候！看他招也不招？

岳飞仰天狂笑，不待吏卒上绑，猛一扯，将上衣撕碎，袒露胸背，以示何铸。但见“尽忠报国”四个大字，赫然在目，针针深入肌肤，再怎么褪也褪不掉的。

岳飞道：俺岳飞是怕打的吗？这“尽忠报国”四字，虽刺在肌肤，实生于心肺。

何铸一惊，心想：从来只听说河北招抚司都统制王彦，渡河而北，招抚各地义勇，组成军队。军中所有将士为表示誓死抗战，不负朝廷，有死而无降，脸上都刺有“赤心报国，誓杀金贼”八字，人称“八字军”，所向披靡，战无不胜，攻无不克，威震中外。却不知岳飞背上竟也有刺字！人非草木，孰能无情？何铸也是熟读圣贤书之人，心里焉能无愧？当下喝住吏卒，向岳飞道：国家不曾亏负于汝，汝未必不负国家，此事务必多方对证，方能水落石出。左右，带人犯岳云、张宪上来对证。

岳云、张宪早在枢密院就被张俊用过毒刑，解到大理寺后，又被用刑，此刻两人赤足露背，浑身血污，苦不堪言。何铸令其三人对质，张宪、岳云一如前言，毫无可疑之处。何铸大感头疼：此事实在棘手！

毕竟良心未泯，何铸之能当上大理寺丞，正为一份上疏，颇得高宗欢喜。疏曰：“士大夫心术不正，徇私舞弊，沽名而求利，言不由衷，而首尾自相矛盾，行险自售，而设意相倾者，为事君之失。乞圣上大示好恶，申饬中外，各务正其心术，毋或欺诞。”高宗见之大喜，遂加擢升。所以，何铸主推岳飞一案，史有定论，尚不失公正。

大理寺中的狱卒，也有曾从军的，也有从河南、河北迁徙而来的，虽然位卑言轻，待岳飞父子及张宪，尚称仁义，并不刻薄。其实，大理寺右寺所系，无一不是高官大爵之辈，所谓此一时，彼一时，一时皇上高兴，又拿去当了大官，狱卒小吏，却如何担待得起？岳飞三人，一时倒没什么性命之虞。

这一边，却急坏了秦桧。完颜兀术又有密信至，称岳飞不死，和议不成，指日发兵，往江南搜山捡海。这一招甚是灵验，秦桧如促不成和议，兀术若打过长江，秦桧必死无葬身之地！

秦桧一时急得如热锅上的蚂蚁，本期望由何铸旬月结案，将岳飞父子及张宪定成死罪，如今两个月过去了，案子毫无进展。皇上喜怒无常，若一时高兴，复用岳飞、韩世忠等，后果不堪设想。

这一日，秦桧特着何立去传何铸来相府。如果何铸果然无能，便打算立时换人。

何铸战战兢兢来到相府。秦桧怒形于色，斥责道：不知何中丞近日在哪里逍遥？一晃两个月过去了，岳飞一案，竟毫无进展！

何铸道：禀丞相，岳飞一案，属下详加推察，多方取证，查无其实，是故不能定罪。

秦桧怒道：有罪无罪，早有定论。既有王俊、王贵首状，其事则必有无疑！本相着你要紧用心处，是他三人的招供。不打不成招，我且问你，用刑与否？

何铸道：岳云、张宪在枢密院早已用过酷刑，岳飞……

秦桧道：怎么？岳飞呢！

何铸支支吾吾道：属下……用过的了。

秦桧阴险地道：大理寺用过刑的，居然不招？何中丞，该不是在蒙骗本相吧？

何铸好歹也是朝廷命官，虽说位居下僚，被秦桧当作家人一般申斥，心中到底不舒服，狠一狠心，壮起胆子向秦桧说道：俺何铸岂是为一区区岳飞？强虏未灭，大敌当前，无故戮大将，失士卒心，失天下心。俺无非为社稷计也！

秦桧一时语塞，斥责道：本相与岳飞，无冤无仇，岂欲杀一大将？此乃皇上旨意，与我何干？何中丞既不肯为，将地方让出来，自有敢为者为之。

何铸也恼了，道：丞相差矣。区区何铸，亦朝廷所命，非圣上旨意，岂肯弃官？

秦桧大怒，令人送客。即时穿戴朝服入对，又遣王次翁、罗汝楫等人入对，尽言何铸的不是。秦桧更奏请，将何铸贬往岭南，高宗不听，最终，将何铸贬居徽州。

数年后，高宗复用何铸，何铸吃了不少苦头，学乖了。自此对秦桧言听计从，位至台谏，所劾者，皆一时忠良，一代名人，皆受其害，可谓晚节不终。

第三十七章　万俟卨炼狱

何铸既去，万俟卨复至。

万俟卨是开封武原县人，进士出身。虽是读书人，但胸中并无半点墨水，唯有一腔坏水。居心叵测，性极贪婪。但凡得知他人有些许不好之事，虽于他无半分利害，他也要笑上半年；只要打听到哪家有些略好名声，虽与他无半点怨仇，他也要恼成一病。做出无穷身份，先算计博得当朝顾盼。管他什么背地里有人口诛笔伐，只愁没出色的奴颜婢膝。喜欢现在兴头，常思量享尽举世荣华富贵。万俟卨为人为官更有一秘诀：倘若万一才不副志，却不是癞蛤蟆想吃天鹅肉？他纵然生就移山填海好手段，假如命不逢时却哪里去发达？

万俟卨这不识抬举的东西，如今好运来了。大理寺卿！何等好官！只看拘押的疑犯重案，家里人哪个不是罄尽所有，换一条性命去？更不用说，右寺所拘，无不是王公贵族，到那时，哼！你家中的美姬侍妾，铜钱银子、家宅地产，哪一件不是我的？

如今，更撞上了天大好事：岳飞惹恼了丞相，丞相必欲取他性命，又兼丞相秉承皇上旨意。万俟卨我随便用个什么法子，胡乱弄死岳飞，世人自然也怪罪不到我头上。至于大敌当前，自毁长城，戮杀名将，那就更不用我担罪名了。江山社稷与我万俟卨毫不相干，二帝是赵家二帝，中原是赵家中原，国家是赵家国家，万俟卨我只想着我自己就行了，管不了那么多事情了！

这一日，不等丞相来传，万俟卨便急匆匆地来到相府汇报：禀老恩相，何铸将岳飞系于大理寺狱，待他却如同祖宗一般，好酒好肉侍候，将他三人养得白白胖胖，幸亏老恩相知人善任，将他罢了官。

秦桧叹气道：唉！老夫用人不当，险些耽误大事。如今你可要勇敢地挑起这副重担啊！

万俟卨道：恩相莫急，晚生赴任，必当马到成功！俺前时抄了他的家，私人书信虽不曾抄得，但御札却搜出数十件，尽入我手！

秦桧急忙道：真的？御札你可带来了？

万俟卨道：那些为岳飞歌功颂德的御札，让我全给烧了，从此，岳飞是有口难辩，永无书证了。

秦桧大惊：啊！全部焚毁了？事不宜迟，限你大理寺旬月间结案。

万俟卨道：老恩相放心，学生毋须旬月，必报捷于恩相府下。

秦桧大喜，欲留下他吃饭。万俟卨道：只怕俺连睡觉的工夫都没了，还说什么吃饭呢！

万俟卨言罢，也不回去换装，便直接乘轿前往大理寺上任去了。

万俟卨果然与何铸大不相同。才到大理寺狱，且不问岳飞等人，先将二十多个专管此案的狱吏、狱卒唤来，一一询问。并将按何铸交代，给岳飞三人送饭的狱卒各打二十大板。众吏卒顿时一片鬼哭狼嚎。人说“新官上任三把火”，谁承想这位新官竟是先将属下各打二十大板！

毕竟执刑吏与狱卒皆为同事，手下留情，二十大板，打着屁股噼里啪啦响，决伤不着筋骨。万俟卨也是内行人，看在眼里，嘿嘿一笑。杖责之后，众吏卒起身要走，万俟卨喝道：不听号令，擅自退堂，再责二十杖！

真是雪上加霜！一个下马威，众人面面相觑，跪地求饶。万俟卨即令狱卒将人犯舍中所有床铺、碗盏、桌椅一概撤去，且将岳飞与岳云、张宪分开拘押。众人退去后，万俟卨又问：执行吏何人主管？

一位身材魁梧的汉子应道：卑职在。

姓甚，名谁？何方人士？

小人姓施名全，建康江宁人。

噢，与本朝丞相倒是同乡。我且问你，适才用刑，可曾尽力？

不曾。

万俟卨道：大胆！何敢不尽力？

施全道：俱为同事，碍于情面，望老爷恕罪。

施全在大理寺卿万俟卨老爷面前，竟然从容不迫，镇定自若，不免令万俟卨暗暗吃惊。适才的下马威，竟未将他吓倒。

万俟卨道：本老爷从不恕人罪过！趴下，其余五人，各重重地打他五板，敢不尽力者，加倍用刑！

施全不告饶，自个儿趴在地上，那五人再不敢不用力了，照着施全的屁股尽力打去。五五二十五板。奇怪的是，没将他的屁股打烂，只打起一个个青白的大肉疙瘩。万俟卨大怒，亲自用刑，不管他怎么用力，就是打不烂他的皮肉，气得他将杖板掷于一边，喝道：起身，将岳飞等三人带来！一会儿用刑，敢不尽力，俺砍了你的狗头！

岳飞一如平日，气宇轩昂，冷峻刚毅。岳云、张宪比从枢密院来时也要好了许多。身上疮口大多已经结疤。万俟卨看着，真是气不打一处来，像何铸这般推问，恰似养病一样，岳飞等人如何肯招？

岳飞，你身上的罪过也忒多，须一一招来，免受皮肉之苦。

岳飞道：俺岳飞身上只有“尽忠报国”四字，毕生只做忠义仁孝之事，何来罪过？

万俟卨讥讽道：这四个字在你身上，却不在你心里。今有你部属王俊、王贵首告状在此，出首告你湖州逗留不前，岂不是事实？你闲居家中，却令儿子岳云与张宪书信勾搭，令其措置，以谋夺兵柄，又复虚传警报，以震朝廷。样样确凿，件件是实。

岳云抢道：纯属子虚乌有，我爹爹屡次上章，乞解兵柄，无奈，奸相秦桧欲加害于爹爹。

万俟卨喝道：大胆泼贼，敢当众攻讦朝廷重臣！拉下去，打五十大板！

众狱卒才受过刑，心有余悸，敢不尽力？可怜岳云，顿时被打得体无完肤。旧疮未愈，新伤又添。

岳飞道：湖州逗留，实无其事，有皇上御札为证。本帅当时从速进军，不日克敌，皇天可鉴！

万俟卨道：既有御札，拿来我看。真有此事，本官也可不日结案，回复圣上了。

岳飞道：奸贼，你先将御札搜去，叫我怎能拿得出来？吾既落入秦桧奸贼之手，使我为国忠心一旦都休！吾到冥府，亦必与你面对不休！

万俟卨喝道：好哇！大胆逆贼，口出狂言，又这般狡辩。拖下去，重责一百大板！

岳云已受刑毕，见爹爹将受刑，与张宪两个齐道：且慢，小人情愿代受杖责，加倍受刑！

万俟卨狂笑一声，道：有这等事？好一个孝子！本官成全于你。加倍可以，代受不行！拖下去！岳飞一百，岳云、张宪各二百！

古人的刑具，不止杖责一种，然而，仅杖责一种也足以置人于死地。一切全掌握在执行吏的手中。他可以让你轻轻松松地死去，也可以让你痛苦万分，求死不得。当下，六个执行吏，两个伺候一个，粗重的木板，一左一右飞将起来，鲜血便随着木板四处飞溅。岳云、张宪开始忍着不出声，及至后来，到底忍痛不住，惨叫声此起彼伏。

施全走在前头伺候岳飞，却向同伴使个眼色，两人会意。大木板一起一落，岳飞硬忍住不吭声。实际上，岳飞也不觉得疼到了不能忍受的地步。

万俟卨是何等精明的角色！当时唤住施全两人，自己举起木板，作样朝岳飞挥去，半路里一个转向，竟向施全头上砸去。施全哪里防备他竟来这一招，门面上早吃了他一板，顿时仆倒在地，鲜血直流。

万俟卨骂道：怪不得岳家父子不招，原来是有你这样的贼坯子！拉下去，砍了！

施全同伴赶紧向万俟卨耳语道：老爷，施全是老太师门下，大管家何立何老爷亲眷，砍不得的！

万俟卨喝道：既是老太师门下，用刑敢不尽力？老太师晓得了，照样砍头！也罢，饶他一条狗命，轰出去，再不许在此当值！

施全因同情岳飞而被赶出大理寺。但何立是有能耐的，又将他安排去当了个殿前小校。这是后话。

万俟卨赶走了施全，心中更怒，喝道：杖责可以有假，小的们，将他三人用夹板夹起来！

夹板倒是十分简便。两块大小形状相同的木板，一头以活木榫为轴连着，另一头松开，将要夹的物件置于夹板之间 ，由几个人将另一头拼命往下压，只要有工夫，便是一块金元宝，也能将它压扁。

这一招，丝毫掺不得假。通常人犯，不用夹板，但是，对岳飞，万俟卨急欲结案，也不管别的许多了。

等吏卒将三人按倒，便欲施刑时，万俟卨忽然说道：岳云上来，你写书给张宪，要他谋据襄阳，虚传警报，夺还兵权，真可谓行险侥幸之小人也。快快招来，也好救你爹爹一条性命。

岳云道：俺爹与俺们一生忠义，绝对无此事！

万俟卨喝道：还敢强辩！夹起来！着实敲！真是！如今造假塘报，恐吓朝廷的，都是忠良了！快招！

岳云道：纵然敲死，俺也无甚可招！

着实敲！

可怜岳飞英勇一世，骑马提枪，令金兵闻风丧胆；如今虎落平阳，受万俟卨之类鼠辈毒刑拷掠，一时也忍痛不住。但岳飞不是呻吟，而是叫骂：秦桧！秦桧！你欲置我于死地，好下议和令，好将国家卖于北寇。可怜两河中原父老啊，再无还家之日了！

岳云突然叫道：叫俺招了也行。

万俟卨大喜，道：快招！

你拿出俺给张宪的书信来，俺就招！

你们怕事情泄露，当下就焚烧了。

既然已经焚烧了，却是怎么看见、谁人听见的？王俊、王贵又是如何知道的？

好嘴硬的东西！也夹起来！放一边去。你不招，就是夹上一年也不放！

万俟卨又问：张宪，你日前在枢密院已近观过刑，如今刑上加刑，岂不更苦？他两人是父子，相互包庇，你将他父子写书于你的事都招了吧！丞相封你个大大的官做！

张宪道：万俟卨大人靠近些。俺向你一个人招了罢。

万俟卨一听大喜，忙将耳朵凑了过去。不意张宪猛一口，将他耳朵死死咬住。万俟卨疼得跳了起来，早有半个耳朵在张宪嘴里。

张宪将它囫囵吞下肚去。一口血吐在万俟卨脸上，仰天狂笑：

哈哈哈！俺张宪总算活吃到奸臣的肉了，原来这等腥臭难咽！

万俟卨疼痛难忍，恼羞成怒，大叫道：夹起来！夹起来！统统夹起来！

万俟卨这时才算明白了，何以何铸将此案一拖两月而毫无结果。真是吃苦不少。好在这些，都是要如实禀告丞相的。但若此案不能结，则尽弃，秦桧视我必像只没用的狗一般。

万俟卨正苦思冥想时，有狱吏来报，外边有一不男不女、文文静静、羞羞答答的人，来求见老爷，说有份厚礼要送上。

万俟卨将来人请进密室，来人揭开头巾，万俟卨一惊：乌公公来此，有何见教？

来人乃是宫里的太监乌孙，随李若虚出使岳飞军中时，才十五岁，如今二十几岁了。乌孙向万俟卨道：送你厚礼一件，你以何物报答？

万俟卨道：什么礼？

乌孙道：价值连城！

到底是什么？

俺乌孙包你就此定案，岳飞有死无活。

果真如此，俺报答公公黄金五百两。

一千两！

只要货真，一千两也成！

乌孙遂向万俟卨耳边道：岳飞初建节时，曾与人言：三十岁而为节度使，天下少有，仅太祖皇帝与俺二人。这不是“指斥乘舆”，欲“黄袍加身”吗？

万俟卨闻言狂喜，果然货真价实！仅此一条，即可定岳飞死罪，将岳飞置于死地。人到开心时，计谋也多。才送走乌孙，顿时计上心头：他不招就不招，俺替他招了。当下于密室写就了招供状，岳飞的“招供状”大意是：一则承认唆使岳云写信给张宪，欲夺兵权；二则承认乌孙所言“指斥乘舆”事。张宪则招供受岳飞、岳云书，谋据襄阳反叛；岳云则供与张宪书，虚传警报，以震慑朝廷。二状俱妥，万俟卨走出密室，来到大堂中，但见岳飞等三人早被执刑吏夹得昏死过去。正好，就将他三人拇指，在供状上按了手印，画了押。

万俟卨好不得意：供状画押停当，还怕丞相前来复查？何况此三人，少不得又要在我手中送归天，越发没事了。遂道：小的们，都记清了，俺也不曾用刑，他们俱皆招供了，画押了。

众吏卒怎敢有违？齐道：是的，老爷！俺们谁也不曾用刑，是他自个儿招的。

言罢，齐将木杖夹板撤去，人犯都扶回狱舍。

只一日工夫，“大功告成”。万俟卨直奔秦丞相府复命去了。

第三十八章　莫须有罪

万俟卨将审案结果上报秦桧，秦桧不由大喜。

岳飞毕竟是一代名将，朝中重臣，并非一二人即可定其生死。

翌日升朝，秦桧召集百官议事，先由万俟卨将案由细说。

最后，万俟卨下结论道：岳飞罪由，一曰指斥乘舆；二曰拥兵逗留；三曰与张宪书谋夺兵柄，同图谋不轨罪。岳云罪由，与张宪书，虚传警报以动朝廷。张宪罪由，受飞、云父子书，谋据襄阳反叛。三人罪由，由岳飞旧将王俊、王贵二人出首，且三人俱又招供。当斩首示众！

万俟卨说罢，全场哄然。宗室正卿赵士褭道：既然王俊、王贵出首，理当由出首者当廷对证。请万俟卨老爷将王贵、王俊二人传出，待下官也问他几句。

万俟卨道：这话太晚了。他二人也曾参与此事，已畏罪自裁了！

士褭道：瞎！证人已不在，如何定罪？

万俟卨道：真是废话，人虽不在，首状却在。

士褭道：岳飞大名，名闻中外；岳飞之忠，人神皆知。今以宵小之胡言乱语，而定岳飞父子三人死罪，必使将士失望，人民离心。臣愿以赵氏一百二十六口性命，保岳飞无罪。

既有敢言者言之，即有跟随者随之。寺卿薛仁辅、寺丞何彦猷皆明言岳飞无罪，且愿以性命担保。万俟卨渐渐抵挡不住。

秦桧见状不妙，道：逗留、私书之事，既已招供，众臣复何争论？唯另一件，万俟卨大人没说清。绍兴初年，皇上封岳飞为节度使，钦差乃李若虚，另有随从太监乌孙。岳飞竟然得意忘形，当众称说：三十岁建节，古来少有，唯太祖和他在这个年纪上建节。此分明是指斥乘舆，包藏祸心！假如张宪据襄阳以叛，难道不能在主帅身上披一件黄袍？

说到“黄袍加身”，其罪可比图谋不轨更为严重了。众臣一时无话。秦桧复道：老夫与岳飞，并无私冤，此乃皇上旨意，老夫无非奉旨行事。

这一句话，更令众臣哑口无言。

若是皇上要他死，谁还敢多嘴？

唯赵士褭仍心中不服，耿耿于怀，向秦桧道：丞相大人，吾当于皇上面前力谏。然为相者，当以社稷为重，主持正义，焉可随人所言，而不明辨是非？

国子监祭酒胡铨，更是勃然大怒，拍案而起：大敌当前，边境屡警，金人已至寿春，吾大宋江山，甚难保全，丞相于此时，尽解大将兵权，欲斩岳太尉，是何居心？

秦桧不急不恼，只做没听见。但向万俟卨道：岳飞既然招供，理当定罪。唯其家人，也应系官，听候发落。你从速逮拿，不得有误。

言罢，秦桧拂袖而去。

万俟卨、罗汝楫等也各散去。

朝堂上唯胡铨、赵士褭、薛仁辅、何彦猷四人犹自愤慨不已，遂相商同奏皇上。可惜黄门入报，正遇着乌孙。乌孙道：宫里吩咐，凡有关岳飞等事，一律不许奏报，悉由秦丞相主事。

也不知是真是假，反正四位见不着高宗，只得各自回家。

却说万俟卨带人来到岳飞家中，按着官府造册的岳家人口，一一检点。

此刻，岳家已经遣散了家人，唯有老家院王安及其儿子、媳妇、孙子，死守岳府不离。岳飞夫人李娃和女儿银瓶，儿子岳霖、岳震、岳霆五人，原本守在家中。只是岳飞被抓时，曾暗示夫人将女儿银瓶和三子霖儿送到世交朋友刘允升和贡文宪家中避难。夫人深知岳飞用意：既然岳飞父子被陷害入狱，岳家人全家受株连，是不可避免。岳霖是个喜欢文章之读书人，将来岳家冤案如能平反，也必须有文人出面，对这段历史进行系统整理和研究，将历史罪人秦桧钉在历史的耻辱柱上。要完成这样一项事业，其他几个儿子难以胜任，只有岳霖可以担当此任。当时岳霖只有十二岁，才是个刚入世的孩子。然而，他却按照父母安排，被秘密送到岳飞早年的朋友贡文宪家中避祸。岳雷仍在岳家军中。

除此之外，岳飞一家俱被万俟卨逮捕入狱。

银瓶听母亲安排，来到父亲的朋友刘允升家避难。银瓶在刘家住了一段时间，忽然想起要到狱中探望父亲。刘允升劝也劝不住，只好让她去试试。一天，银瓶乘着众人探监，人多杂乱机会，来到狱门口。

这天，狱中的提牢官隗顺当班。这隗顺五十来岁，在狱中一干就是十多年。反正这大理寺狱中所系押的，大多为高官显贵，不赚也是白不赚。所以，平时常敲些碎银子花。可是这岳飞为人，却是他不曾见过的。且他贵为公侯，家中竟没有一个人送茶水钱来。后来听说他家人全被拘押，心里不禁暗暗为他叫起屈来。于是吩咐手下，对待岳元帅务必留情，只做个样子给上边看。这一日既是探监的日子，隗顺即令禁子开门，放家属进来。

大门初开，乱糟糟的家属，一哄而进。至内堂时，却只有一扇小门开着。探监的男女老少，至此须得破费些了。没钱的，等一边去，钱多的，先进去，钱少的，也可进去，但不等你说几句话，禁子就来赶你。当下，也有数十个人被撵到一边去，轮到银瓶时，她取出几块碎银子，有二三两重，狱卒大喜过望，不想这姑娘出手倒大方。遂问：快报姓名，你是谁？探的是谁？

银瓶忙道：俺叫小翠，是岳太尉的亲戚。听说老爷被系，特来探望。也算尽点孝心。求军爷开恩行个方便。

禁子道：这倒奇了，岳太尉举家被拘，何来家人亲戚？你莫不是什么奸细吧？

银瓶道：军爷行个方便吧。俺可是赶了几百里地，才赶来的。说着，银瓶又塞过几块碎银子。

小人也做不了主，容我禀过提牢官。隗顺见说，过来道：这也容易，你只能远远看上几眼，见上一面，却不能说话。不然，我也得被关起来。

隗顺领着银瓶往里走，边走边道：我看你面熟得很，你的相貌很像一个人。

走过堂审的地方，又是一条走廊，两边俱是牢舍。隗顺道：再过五间房，拐弯第一间，就是岳老爷所在，再朝里，相隔五间，就是岳云公子与张宪的所在。

忽然前面拐弯处来了一名官员，穿着朝服，向他俩喝道：隗顺，那女子是什么人？

隗顺吓得魂儿出窍，忙道：禀中丞，这是俺乡里的一个亲戚，受小人娘亲所托，来看望俺的。

今天是探监的日子，人多杂乱，你当差的可要小心。万俟卨一会儿来察看，要是看见你乱跑，小心敲碎你的狗头！

是！老爷！隗顺拉起银瓶就走，快到门口时，方向银瓶说道：小姐，你的东西俺帮你转交，俺会向岳老爷说，你家女儿来看过你了。小姐快回，切不可再来抛头露面了。

银瓶见自己身份已经暴露，热泪盈眶，向隗顺道：多谢大伯厚恩，小女子今日方信，天理犹存。若有沉冤昭雪时，必当重报。

隗顺高喊一声：探监时候到！众禁子一哄而上，将探监的众人统统赶出大门。正在此时，只听有人高喊：万俟卨老爷到！

银瓶暗暗恼恨，不曾看到父亲和哥哥，同时，也庆幸不曾被万俟卨老贼撞见。

却说万俟卨取代何铸，究治岳飞之案，满朝文武大臣，何止百千，而敢仗义执言的，不过数人而已。其时，万俟卨于朝内兼职监察御史，右正言，又是个言官，主持台谏。前时，几位大臣竟敢声言岳飞无罪，又当面羞辱秦丞相，万俟卨一一上本弹劾，丞相自然照批，高宗也总是依着秦桧。于是，大理寺卿薛仁辅、寺丞何彦猷免官，赵士衮流放建州，胡铨流放海南。另有一位大臣叫刘洪道的，仅因为听说岳飞父子下狱，当众痛哭流涕，即被问罪流边，且终身不得复官。

这一系列倒行逆施，却气坏了大将韩世忠。他虽然不再掌兵权，但心中不平。按说，韩世忠与岳飞，起初并无什么交情。同为大将，岳飞名震朝野，韩世忠毕竟是前辈，心中也颇有不满，此乃人之常情。而岳飞自居晚辈，十分恭敬有礼，韩世忠也便气消了许多。此种情景，与张俊那种嫉贤妒能，暗箭伤人是全然不同的。

韩世忠毕竟是一位大丈夫，堂堂正正。岳飞剿灭杨幺水寇时，曾将两只大楼船分赠张俊和韩世忠。张俊恼岳飞在自己防地内得功，十分恼火；韩世忠却毫无妒忌，反而大喜。二人相交，由此渐密。然送礼事小，毕竟两人同时激烈忠正，爱国爱民。所谓物以类聚，人以群分嘛。两人对奸相秦桧，却是一般的义愤填膺！

绍兴八年，金人遣使议和，以“诏谕江南”为名，世忠怒不可遏，接连上了四疏，向高宗道：并不可许以和议。臣愿举兵决战，兵势最重处，臣请当之。今金人欲以待刘豫之道待陛下，举国士大夫尽为陪臣，必至人心离散，士气凋敝。高宗见疏，并不生气，恼的是秦桧。

秦桧仇恨任何主战之人，尤其是主战的将领。不过韩世忠主战，仅仅是主战而已。不涉及具体人物，意会而已。岳飞主战，对于主和者的愤慨，溢于言表，奏称：攘外必先内定国本，国本正，方可御外侮。桧等误国，诱陛下歧途。矛头直指奸相秦桧！秦桧以此，对岳飞咬牙切齿！

最先，秦桧想解除韩世忠兵权，张俊暗下与岳飞相商，各分韩世忠一半人马。岳飞哪里肯依？不仅不肯，反而告诉韩世忠，预做准备。张俊自然十分恼火。

其时，韩世忠麾下，有一名校官耿著，一次与给事中范同闲谈，很随便地说道：张、岳若瓜分韩将军所部，恐多有不便。范同是个阴险小人，立即报告秦桧，秦桧立即将耿著收系大理寺。欲以煽动军心罪，诬陷韩世忠。岳飞得到部下报告，立即派人通知韩世忠。韩世忠一刻也不敢迟疑，即去奏明高宗皇帝。自然真相大白。秦桧奸计败露，未能得逞。而韩世忠与岳飞的关系，由此更加密切。韩世忠对岳飞的感激之情，也由此而生。

朱仙镇大捷后，秦桧收了三大将兵权，将兵权暂交张俊一人。韩世忠本已居家休养，不问外事。可一听说岳飞冤狱，不禁怒火中烧。夫人梁红玉怕他惹事，不免劝道：相公，如今奸臣当道，皇上偏听他秦桧一人，你去又有何用？反而自取其祸。

韩世忠道：夫人！今日如果畏祸惧贼而苟同，他日闭眼后，必受铁杖于太祖灵前！

梁夫人道：相公，此言极是，妾也不是怕事之人。只是怕你此去，必也如岳太尉一般，有去无回。

韩世忠道：纵然无回，亦无所畏惧。夫人，“风萧萧兮易水寒，壮士一去兮不复还”！荆轲乃一布衣，犹不惧始皇帝之暴戾，俺位至公侯，倒怕了他奸佞不成！

梁夫人道：相公，请喝了这杯酒再去！

好！俺与夫人同唱一曲，以作暂别：

海门寒日淡无辉，堂深昼漏迟。

貔貅江上老，环佩梦中归。

催羯鼓，发花枝，看云飞。

收前蛮舞，北歌南哭，行酒青衣。

唱罢舞毕，韩世忠别了夫人，备一顶小轿，直往丞相府而来。院子报过，秦桧心知韩世忠也是个难缠的，不免亲自出来迎接。道：平生不做皱眉事，世上应无切齿人。韩枢密怒目圆睁，不知何以如此？

韩世忠道：无事不登三宝殿，下官到此，只为岳飞一事。

区区小事，何足韩枢密介意？

韩世忠道：大理寺中丞何铸，既证岳飞无罪，大理寺卿薛仁辅、中丞何彦猷，亦保岳飞无罪，何以万俟卨推勘，一日成招？

秦桧道：此事由万俟卨推勘，韩枢密当问他去。

韩世忠道：下官看过岳枢密供状，状纸不是枢密所书，状尾仅一指印，亦无岳枢密署名，如此供状，不足为据！

秦桧道：韩枢密与岳飞交好，世人皆知，岳飞供状，足资证据，这却是皇上旨意。

韩世忠道：敢问丞相，岳枢密所犯何罪？

秦桧道：韩枢密有所不知，岳飞常与人讲，自己与太祖同一岁上封节度使，这就是指斥乘舆了；寇犯湖州，前后受御札十七道，不即策应，这就是拥兵逗留了；又其子岳云与张宪私书，谋夺兵权，这都罪该斩首！

韩世忠道：那岳云与张宪私书今又何在？

秦桧道：书虽不在，其事体莫须有。

韩世忠道：丞相，“莫须有”三字，何以服天下？

秦桧针锋相对：路马不齿，况指斥乘舆乎？闻诏即行，况逗留不进乎？人臣不将，况其事体莫须有乎？韩枢密久与岳飞交厚，然岳飞重罪在身，罪不容赦，韩枢密切不可朋党比周啊！

韩世忠怒道：秦丞相，俺也曾蒙皇上御赐“忠勇”旗，平生只识得征战沙场，保家卫国。家不过陋室数间，薄地几顷，官不过军中之将，不预朝政，却说俺朋党比周？俺也不问别事，只岳飞一案，仅凭“莫须有”三字，难以平天下忠义之心！

韩世忠说罢，拂袖而去。从此，辞官，每日里与夫人驾小舟，携一壶烧酒，漂泊于西湖碧波之上。

第三十九章　苍天不公

岳飞身陷狱中，已经半年有余。虽由万俟卨主审，严刑拷打，岳飞等却宁死不屈。无奈之下，万俟卨乘岳飞等人昏迷之际，强取了手印，但岳飞的署名，却是赖不过去，抢不到的。故一时也甚为难。更兼狱中吏卒虽心肠狠毒，但对岳飞等铁骨铮铮汉子也不能不为之心服。如隗顺一个寻常狱官，激起侠骨心肠，多方照顾，因此，岳飞等，一时也没有性命之虞。

这一日，岳飞向狱吏要了两支蜡烛，一个酒盅，咬破手指，写下了徽宗牌位，跪下一拜再拜三拜，将一盅酒洒在地上，悲吟道：

郁郁愁怀怎禁架，叹射影含沙。刚痛那陷敌鸾舆，又遇着欺君曹马，使英雄泪堕，每长歌盈把。开高风冷泣孤臣，便把君王作路人。万里江河真堕甑，一回惆怅一沾巾。

我岳飞十年血战，频突重围，哪一处不该死，哪一日不该亡？至今才死，亦已太迟。然而，热血不洒君父前，冷眼徒知狱吏贵。狗烹何惜，兔狡难免，我岳飞自主辱国蹙，只要向前厮杀，岂可貌画麒麟？也知明哲保身，无奈情悬犬马。人皆道撼山易于撼岳，却不知刺背甚于刺心。试看那远戍埋云，惨惨昏昏，或者是二圣翠华凝望处。猛听得孤鸿叫月，凄凄楚楚，想应是后宫环佩梦归时。一事无成，万死莫赎。欲作厉鬼杀贼，风飒飒仍高擎绣字旗；只愁污血游魂，黑茫茫捣不得黄龙府。我想此时日已将落，这狱中不甚凄楚；渊圣皇帝，你在北地，思亲念国，好不凄楚也！

岳飞慷慨不已，复又悲歌：

悲风吹暮笛，寒林乱鸦。
黄尘万里浮落霞，君王应是费咨嗟。
谩言都是假，敌情多谎诈。
江左偏安，亲仇怎罢？
十二金牌乱如麻，十载成功浪打沙。
为君笑谈静悲笳，公然南牧胭脂马。
春明门外即天涯，金戈铁骑长城下！
风高杂鼓挝，雪暗雕骑画。
剑闪星文，怒把单于打？
紧将捧定南还驾。
醒来时，断砖残瓦，粉身何惜覆全家？
累君王常爱波查！
临安偶建牙，荷香十里，忘却中华。
宵小奸计欺华夏，俺这里自争差。
阵云杀气腾声价，忍气吞声如哑巴，堪惊诧。
一时不是常牵挂，闲磕牙，怎枉说，英雄话？
一腔怨恨如天，孤臣速死报官家。
奸佞头函将戟耳叉！
身已难全万事非，丹心愈劲怎支持？
天长地久有尽时，此恨绵绵无绝期！

岳飞唱罢，环顾四周，徒然四壁。忽闻牢外有脚步声，岳飞睁眼看时，却是隗顺来到面前。隗顺悄声告诉岳飞：你小女儿来看过你了。只因万俟卨突然到来，未能让你们父女说话。

岳飞此时方知夫人按自己交代，让霖儿逃出去了。想着能为岳家留下个文化人，将来有一天，自己这宗冤案定会平反昭雪。

且说朝廷中，少数几位力保岳飞无罪的忠臣，其中国子监祭酒胡铨，先时既敢将自己反对议和的奏章，私自刻印出来，散发四乡，直至金国也有人买去看的。此刻，就将岳飞冤狱乃至“莫须有”罪名等，一概刻板印出，散发全城各处。有时候，文人儒者，主持正义的力量，何输千军万马？

岳飞冤案，顿时中外皆知。朝中有个太学生叫陈东，他联络了三千读书人，诣阙上书，明言岳飞无罪，奸相当罢。军民闻之，不期而集，竟有十数万之众。一时将杭州城围得水泄不通，满城呼声震天。朝廷中派出几位大臣前来安抚百姓，皆被困在里边，进退不得。又派出御林军弹压。孰料士兵不肯向民众用武，反而同百姓一齐呼喊。高宗这才慌了，遂向秦桧说道：爱卿，不若先将岳飞放了出来吧，以慰民心。不然。乱将起来，或有歹人乘隙而入。

秦桧道：陛下，岳飞事小，陛下若向万民屈服，他们以后尝着甜头，政令何以施行，其事何以为继？

高宗愕然，秦桧果然一语中的。杀一个将领事小，朝廷尊严是顶重要的。

秦桧又道：张枢密是个很有办法的人，陛下唤他来，平息滋事，举手之劳。

张俊得令率军进城四处突击，大开杀戒。无数民众，死于骑兵铁蹄之下。张俊本想进宫领赏，不料，高宗大怒：

秦丞相，你怎么招这等人物进京？让他驱散民众，谁让他大开杀戒？似这等心怀不轨之人，岂不是苗、刘重来？

秦桧忙道：陛下，臣用人不当，罪该万死。张俊有累皇上厚德，臣即刻上章，罢了他的官。

高宗道：罢官是一定的。念他过去勤王有功，留他一条性命。丞相亦须注意，毋叫激迫生变。

秦桧果然老奸巨猾，借刀杀人。既平息了暴乱，又夺回了张俊的兵权。真是一箭双雕。下一步就是对付陈东这伙读书人了。这倒省了不少事。

一日，秦桧回家，躲进一德阁书房，不让任何人打扰。

天将晌午，仍不见出来。王氏迈着轻盈的步子来了：相公可好？贱妾特来看望。

秦桧听见夫人声音，开了门。王氏又道：相公独自一人，在此冥思苦想些什么？

秦桧道：除了岳飞，还有何人来烦我？

王氏道：万俟卨极是能干，为何此事仍未停当？

秦桧道：那厮，如今也不那么俯首听命了。又加上狱词不甚服人，皇上颇有疑惑。

王氏道：相公从来做事利落，如今倒婆婆妈妈起来。依妾之见，相公再使出些手段，还怕皇上为一个小将而错怪于丞相？

秦桧道：夫人有所不知，那谋夺兵柄，说他有书信，又拿不出实据；湖州逗留，往来月日甚是明白，不过是胡乱附会的。几日前，韩世忠还为此大闹了一场，休官归隐去了。我如今用何法才可堵住众人之口，方可杀了岳飞？

王氏道：原来如此。相公须知，擒虎容易纵虎难，今日无论如何不能让岳飞逃过此劫。岳飞不死，相公不安。相公若怕人议论，不如当初不去拿他，相公务须果断！

这时，玉儿捧着一筐柑橘进来。秦桧拿出一只，左思右想，左看右看，将拇指与食指夹住橘子，猛一用力，橘子破了。

秦桧道：橘破计成。俺将黄橘挖空，写一密信藏在里边，叫人转送狱官，叫他即于今日夜里三更时分将岳飞结果了。我看何人敢说个“不”字？

王氏大喜，端起一杯酒，向秦桧道：祝贺相公有了决断。常言道："无毒不丈夫。"相公此举，可保和议立成。兹事体大，须派何立亲自前去督促。

当下，秦桧写了密信，交给何立，转交狱官执行。王氏仍担心：那岳云、张宪又当如何处置？

秦桧道：这个就容易多了，待岳飞一死，就说是自知理亏，寻了短见，拟一道圣旨，令万俟卨将他两人押付曹市，斩决了事。

这一日，隗顺正在狱中值班，一位四十多岁的男子直入寺中，院子根本阻不住他。

隗顺正要责骂，被堂官止住：不知何爷到此，有何吩咐？

来人正是何立，他一揖道：此事不得有外人参与。

堂官心有灵犀，轻声道：此乃狱中节级隗顺，不是外人。狱中要务，下官也要借重他的。

何立见说，遂道：也罢。老太师有绝密吩咐，不得毫微有误。说着，就从怀里掏出一只黄橘，鲜亮光润，好似刚从枝上摘下来一般。

堂官道：这是什么？

待接到手中，感觉分量不对，待打开一看，不觉吃了一惊。

何立待堂官看过秦桧手谕，又道：老太师吩咐小人，务必照看着，待大事办妥，方可回府复命。

隗顺从堂官手中接过纸条，看了两遍，心中惊怒，又听何立如此说，十分不快，向何立道：事无旧例可循，狱决人犯，外人不可旁观。

何立道：丞相大人吩咐，小人不敢有违。事成之后，老太师必有重赏。

堂官道：既有台命，也没什么可说的了。暂请何爷隔壁小歇，稍后再来验看好了。

堂官将何立延至隔壁歇息，向隗顺道：丞相密令，立时斩决，由何立管家验看。大事休矣，还是烦请隗爷去与岳老爷明说了吧。

岳飞在狱中都是隗顺伺候的，当然推辞不得，遂向堂官说道：岳老爷贵为公侯，向无斩首的规矩。今狱中尚有毒酒，不妨让岳老爷自便吧。

堂官：唯恐秦太师怪罪。

隗顺道：大人，俱是一死，丞相想来不会怪罪。况吾辈杀人如麻，也要积些阴德。

堂官答应，隗顺便令狱卒在岳飞牢舍中，备好酒壶、饭菜。岳飞一见，心中了然。待隗顺进来，便问道：隗爷，有话尽管说。

岳老爷，也实在不用说了。

岳飞道：怎么不用说了？看这副架势，无非要我死罢了。难道我岳飞是怕死的不成？我年已三十九岁，军中将士不及三十而死者，何止千万？此身常作已死，活着已是便宜，不为其他，仅为二帝未还，故地未复，隗爷何妨直说？

隗顺只得说道：岳老爷，也不干小的事，适才狱中接着秦相爷手令，要俺们结果了你。此刻秦府管家正在隔壁等候着，说要验看后，才肯回去复命。

岳飞道：原来如此，一死而已。

岳飞大笑：俺死不足惜，而二帝未回，中原未复，国耻君仇未雪。如今万事俱休，你且等俺辞过故帝再说。

隗顺轻声说：岳老爷！不辞也罢。有何后事吩咐，俺隗顺一定帮忙。

岳飞唱道：

一息尚存，还望中原，却休怪壮心难酬。何忧？

便终教名遂功成，少什么藏弓烹狗！

怎叫我，等不到当烹时候！

天高厚，叹孤忠，成画饼。
一死更何有？叹你马角未生，
良栋先摧，终于陆沉神州。
掣肘，忍见国破君危，不如朿朽。
看胥涛，忠魂同赴江河。

岳飞唱罢，道：隗顺，俺如今家破人亡，再无后事吩咐。

隗顺道：岳老爷，时已三更，请饮酒吧。

岳飞道：圣上遗训，卑职赌咒，不到黄龙府不饮酒！今虽临死，怎肯自毁誓言？

隗顺道：岳老爷，和酒而下，药性发作很快，可减少许多痛苦，还是喝酒的好。

岳飞道：也罢，也罢！俺游魂先到黄龙府，杀金贼，后向相府讨秦贼！

岳飞言罢，将桌上鸩酒一饮而尽。大呼：

天日昭昭！天日昭昭！

是年，岳飞三十九岁，绍兴十一年十二月二十九日，除夕之夜，即1142年1月28日。

这是中华民族历史上最黑暗的一天。

这天，岳飞，这位伟大的抗金民族英雄，死在了赵氏大宋朝廷、皇帝赵构和奸贼宰相秦桧设置的陷阱之中。

《宋史·岳飞传》云：西汉以下，如韩信、彭蠡、灌婴等名将，代不乏人。求其文武双全、仁智并用而如宋之岳飞者，绝无仅有。史称关云长通《春秋左氏传》，毕竟未有文章传世。岳飞北伐，军至汴梁朱仙镇，有诏班师，岳飞亲自写表答诏，忠义之言，出于肺腑，真有诸葛孔明之遗风。而卒死于奸相秦桧之手，盖岳飞与秦桧势不两立，假如岳飞得志，则金仇可复，宋耻可雪；秦桧得志，则岳飞有死而已。从前刘宋杀檀道济，道济下狱，怒目嗔道：“自坏汝万里长城!”高宗忍自弃中原，故忍杀岳飞，呜呼哀哉!

当下，隗顺默默为岳飞洒泪一番，亲自料理停当，反身告诉堂官，两人验看之后，遂请何立。何立看得极仔细，确认岳飞大气已绝，心已不跳，方直起身来，向两位道：好生看住岳云、张宪，不得丝毫有误。否则，取罪不小。五更过后，万俟卨老爷即带人过来。结果他俩性命，也不过一二日间事。

隗顺听说，不免惊恐万状。岳老爷一家忠良，竟遭此惨祸!

第四十章　隗顺背尸

天尚未明，万俟卨带五十名健卒来到大理寺。见到岳飞已死，颇感意外，心中甚恼秦桧对他的不信任，但一想，岳飞并非死在自己手上，也没什么不好，遂向堂官与隗顺道：

岳飞乃朝廷要犯，你两个胆敢私自用刑，置他于死地？小的们，给我捆起来！

堂官吓得直发抖，叫道：老爷，冤枉啊！是丞相的手令。

万俟卨道：噢！是老太师的旨意？也罢，老太师的手书，拿来我看看？

堂官急得直跳，道：老爷饶命，那密书被何立拿了回去，小人也不敢与他顶撞。

万俟卨怒道：放屁！你二人非杀不可的了。左右，拿下去。

隗顺不紧不慢地道：且慢！堂官所言须臾不差。何管家虽非朝官，小人一样不敢与他争执。适才他向堂官要去了橘中密书。小人知道那是性命攸关的事物，故乘他不备又偷了过来。

说着，隗顺就从袖中取出秦桧密书，递与万俟卨。万俟卨一看，丝毫不差，果是老秦的手迹。不觉冷笑一声，向隗顺道：

算你老辣，且饶你性命。只是切切记住，老太师的手书不是你可以收藏的。今日事不得外露，否则本官叫你生不如死。

说着，就将那纸条塞进自己袖中。

隗顺也管不了那么多了，近些日子，已经当值好几昼夜了，随即向堂官告了假，出了大理寺，直奔家中。到了家中，倒头便睡，睡了约莫两个时辰，醒来胡乱吃了些东西，放心不下岳飞的事情，便又回到狱中。

今日牢舍，竟不似往日那么静寂，众囚犯又胡闹起来。有的哭，有的笑，有的叫，有的喊，早上万俟卨老爷带来的士兵此刻一个也不见了，去岳飞牢里一看，但见岳飞尸体横地，竟没人收拾。再看岳云、张宪，却是人去牢空。隗顺赶紧叫一个狱卒来问，狱卒说道：堂官已被革了职，遣回乡下去了。岳公子并张宪将军，被万俟卨老爷转往他处去了。

隗顺暗暗吃惊，想到可能又有新情况。只是岳老爷遗体，虽经验明，却无人收拾。想他生时，何等威武？马上一声喝，不知吓死多少金虏，如今倒在狱中任他腐烂发臭，何等凄惨。苍天有眼，怎叫正人君子屈死冤狱？圣上啊，你果然圣明，怎叫奸贼继续为相？

隗顺心中越发不忍，心想，拼着这个狱官不做了，这口皇粮不吃了，也要将岳太尉尸体安葬了，日后，或有明君，总有沉冤昭雪的一天！

想到此处，隗顺便叫来两位狱吏，令他们将各处牢舍紧紧锁住，然后将钥匙交来。各处狱吏，每人发一钱银子去买酒吃。不许听任牢中犯人胡叫胡闹。先将几个闹得凶的，当众责打二十大板。

此招果然灵验，牢中顿时肃然。众狱卒十分开心，买了酒菜聚在一起，吃喝去了。猜拳行令，好不快活。吃至初更时分，醉的醉，倒的倒，酒气熏天，鼾声如雷。

隗顺看看众人，再没一个清醒的，遂去取了绳索，缠在腰里，背起岳爷尸体，打开边门，出了大理寺狱。

才拐进一条胡同，就遇见一个打更的，好在却是隗顺认识的，诳说是狱中兄弟吃醉了酒，被他撞见只好背回家去。走了老半天，来到河边，看见一只小舢板，也不管是谁家的，解了绳索就走。约一个时辰，已到外城了。

隗顺早已看好了一处城墙塌了一半的地方。弃了船，上了城头，从腰间慢慢放下城去。将另一头系在城垛上，然后自己縋城而出。小心解开绳索，又背岳爷往北山走去。

到了北山，夜色朦胧，天地混沌，只有山间的青松随风响起，一片松涛。隗顺放下尸体，气喘吁吁，忽然想起并无掘地的铲子，只好折了一根树枝，就在山上挖掘起墓穴来，树枝折了，复用手指，挖了一个多时辰，才挖成一个勉强可放进一人的小坑。

隗顺将岳飞放入墓穴，口中说道：如此荒凉地方，岳爷你暂且将就。你不得将残躯随帝辇，反衔恨黄泉。此处愁深地浅，暂栖冤魂。这是你平日常用的玉环，从不离身，说是先母所赐。今仍系在你腰间，日后可做个凭证。你背上刺有“尽忠报国”四字，只怕针针入骨，日久纵然肌肤腐败，骨上字样应隐约可辨。俺于你脚下前面再挖一个小坑，有一日，奸臣死后，俺也背来，一把火焚在你面前，再将他埋下，叫他日日跪在你面前请罪。

隗顺念叨罢，手捧黄土，将墓坑填埋。那黄土渐渐地掩埋了岳爷，渐渐地与地平了，渐渐地垒起一座小丘。然则此坟终需有个标记。正好，不远处却有两棵野生的橘树，移过来不是更好？隗顺顾不得两只手已经劳累，在坟前又挖了两个小坑，移来两棵小橘树，一切妥当，隗顺在坟前一拜再拜三拜，且道：

岳侯爷，你若英灵犹在，一一听我言。往复平陂天道旋，有时恩昭雪忠冤。月满则亏，水满则溢。奸相如日中天，中天当转。日后昭雪，必然求尸改葬。我如今预识契约，复向我儿说知，异日昭雪时，好去报官寻取，也不枉我一番苦心。

隗顺一步三回头，渐渐地去了。夜幕中，一座孤坟，直指苍穹；两株野橘，傲对霜雪。似欲对苍穹大地，一白冤屈！

隗顺离开岳飞坟墓，天空骤然风雨大作，转而雪花大团大团，飘飘洒洒，形成一片混沌世界。

话说银瓶小姐探监回来，整日闷闷不乐。想着父亲和哥哥以及一家人大多受累，只有自己和三弟霖儿脱险，十分苦恼。自己今年已经十三岁了，初通世事，想着父亲安排留下霖儿弟弟，是为日后冤案平反，可自己一个女儿家，既不能为岳家传宗接代，承继香火，倒不如随父亲死在狱中的好。

这一天，刘允升回家，报告岳飞被毒死狱中的噩耗，银瓶顿时六神无主。待定下神来时，却已抱定了以死殉父的念头。乘着刘家人晚间入睡后，银瓶悄悄来到后院，在一口井旁坐定，默默念叨了半个时辰，然后抱着一个心爱的花瓶，这是父亲留给自己的，纵身一跳，香魂已随父亲去了。

待到夜半时分，刘允升一觉醒来，梦中似有恶魔纠缠，想起银瓶小姐，起身去看，门虚掩着，心中一惊，忙唤家人，举火把四处寻找，才在后院井边见到小姐衣物，派人打捞上来，小姐早已没了气息。

刘允升大痛，哭喊对不起岳侯爷重托，有负于岳家。因在后院井上建冢立亭，纪念银瓶姑娘。

第四十一章　大祸株连

万俟卨见秦桧传书两个狱官，结果了岳飞性命，反置自己这个大理寺卿于不顾，心下十分着恼。但转念一想，此事跳过自己，如今那密书及黄橘却被自己截取，日后有啥干系，万俟卨我反而容易脱身，他秦桧聪明一世，反倒栽在一个机警的狱吏手中，心中也甚欢喜。万俟卨借故支开堂官，解了他的职，赶他回乡下去了，远离这是非之地。只是一个隗顺，才着人去拿他，却让他跑了。

前些时期，朝廷内为岳飞冤案而起的风波，让他万俟卨惊恐万状，总以为是有人在其中做了手脚。虽经张俊平息了动乱，但毕竟民愤难平，恐有后患。又兼原岳飞军中不少将领，如汤怀、吉倩、董先等，纷纷辞官而去，下落不明。还有岳飞一男一女漏网，若有差讹，将来后患不小。因此，当夜将岳云、张宪提走。

何立回来，报告岳飞已死，秦桧大喜。但黄橘及密书不曾带回，到底有所顾忌。何立再到大理寺去找，堂官已被解职，也不知去向。秦桧想着，密书可能已入万俟卨之手。这厮越来越不听召唤了。从岳飞家中搜出的御札，他说烧了，分明是给自己留后路，哼，早晚有你好果子吃！

此次不再用密书了，他直接奏明皇上，说岳飞已经在狱中伏罪自杀了，岳云、张宪罪行也都明白无误，案牍齐备。高宗见他说得头头是道，再加上金人大兵压境，只求诛杀岳飞，于是降下圣旨，着将岳云、张宪两人斩首示众。

秦桧领了圣旨，立即遣内使，直送万俟卨居所，令其从速监斩。

万俟卨领旨，急赴狱所，绑出岳云、张宪，喝道：你二人时辰已到，午时斩首于市曹。

狱吏道：老爷，按着旧例，斩决人犯，俱应酒肉侍候。

万俟卨道：古圣人言，不可暴殄天物！死都死了，还要酒肉何用？快快押出，误了时辰，不是玩的。

狱卒道：老爷，此时才辰时三刻，还有两个时辰呢，也不急。

万俟卨道：放肆！管他什么午时辰时，即刻绑上市曹。

众狱卒从未见过这等监斩官。一时没法，只得将岳云、张宪绑得结结实实，加上一面大号木枷，推出狱去。万俟卨害怕岳云、张宪在大街上胡言乱语起来，惹出麻烦，命令狱卒抄小路直奔市曹。

还不到巳时，两辆囚车已经到了法场。一路上不少孩子妇女围观。万俟卨从后面赶上，看着人多杂乱，便用骑兵开道，将围观群众乱棒打开。巳时三刻，还差一个时辰，万俟卨便说：

等不得了，即刻行刑。将岳云、张宪验明正身，处以斩刑！

三声鼓响，全场肃静，只听行刑吏念道：犯人岳云，与都统制张宪，虚传警报，要挟朝廷，图谋不轨，奉圣旨斩首！犯人张宪，得岳云手书，谋据襄阳，替岳飞谋夺兵柄，奉圣旨斩首！

刽子手手执大刀，向岳云、张宪道：有话但请吩咐，临刑烈酒一碗，二十年后又是一条好汉。

岳云叹道：无话可说。唯小将年仅二十三岁，今生有憾，唯金寇未灭，失地未复，壮志未酬，秦贼未死！

张宪道：我也无话。但憾不得与岳元帅同日赴死，有违结拜之义！

刽子手道：果然英雄！但请二位将军行个方便，将黑布蒙住双眼，小人好用刑!

岳云怒道：不必！我等岂是怕死的?

张宪也道：休得啰唆，下手利索点就是。

两个刽子手，一人一把大刀，高举在空中，寒气逼人。围观的众人无不屏住气息，紧盯着那两把鬼头刀。只听“咔嚓”一声，两颗人头落地。一股鲜红的热血，直往上涌，霎时染红了天空。人群中哭声顿起。

刘允升身着白色衣裤抚尸痛哭：苍天何以不公？圣上何以不明？将忠臣皆尽屠戮，奸臣却窃据相位。大将遭戮，长城毁坏，俺蒙尘故帝何日得回？俺中原失地何时得复?

言讫，又是痛哭不已。

万俟卨顿时恼将起来。哭岳飞父子也就罢了，还口口声声骂着秦桧。

当即令狱卒擒住，问道：你是何人？与岳云、张宪什么关系？敢在法场上胡闹!

俺乃布衣刘允升，秦桧、张俊陷害忠良，俺曾伏阙上书，如今又见你为虎作伥，杀害岳公子和张将军，亏你下得了手！将来忠臣义士为岳元帅报仇鸣冤，必当拿你偿命!

万俟卨道：原来你就是上书鸣冤的漏网之鱼刘允升啊！正好，今日撞上来，拿下，到大理寺再说。

刘允升也不答话，上前猛撞过来，撞倒了万俟卨。自己又向法场上的木桩撞去，顿时血流遍地，一命归天。

岳飞既死，更无人阻挠和议。秦桧遂派何铸前往金国求和。

何铸先前多次去过金国，在金国也有不少相知的。

兀术见其来，即问岳飞事如何了。

何铸不得不明言，岳飞已死，兀术也知道何铸在大理寺狱中曾力辩岳飞无罪。如今，岳飞既死，则必是老秦的手段了，可见秦桧是真正想和。

于是，议和遂成。

其实，金国也早已厌战，兀术大军难以为继。今宋朝先杀岳飞，而后求和，正中下怀。

绍兴议和，南宋称臣，岁输银帛各二十五万两（四）。两国划定以淮水为界，而寿春至陕西宝鸡之间的唐、邓诸州，悉为金国所有。

宋高宗赵构以此“议和”——大半个北中国换得十九年的偏安。只是这“安”并非和议换得，而是金人一时国力空虚，无力南侵。等到金国将首都从会宁府迁至燕京，大量征调壮丁、马匹、兵械，则再次大举南侵！这是后话。

秦桧派走何铸北国议和，剩下的就是如何处置岳飞的家人了。按照秦桧的想法，干脆一刀结果了事。无奈，事无先例，高宗也欲显示仁厚，只许秦桧将岳飞家人发配云南昭通。秦桧只得作罢，暗中却吩咐万俟卨速下毒手。

万俟卨得了秦桧指派，将李氏夫人等人分作两路，李夫人、岳云妻巩氏及儿子岳甫、岳雷一路，岳震、岳霆一路，各派两名解差押送。起程之日，万俟卨交代一名心腹跟着。这名心腹拿出八十两银子，与四个解差分了，说道：今万俟卨老爷有令，让我等行个三五百里，拣个僻静处，结果了岳家几口人性命。每人二十两银子。事成之后，回来万俟卨老爷还有重赏。否则，你家中老小，格杀勿论。

两个解差押着李夫人和巩氏、岳雷先行。李夫人遭此巨变，更有女儿银瓶投井身亡，一下子老了二十岁。如今，与儿子岳雷，流放两千里外，心里已知难逃此劫，不免凄苦异常。岳雷在狱中吃了不少苦刑，身上有病，两腿无力。每日行几十里，见天黑，就往路边客栈投宿。一连三日，也没走出二百里路。

这一日，住进店里，李夫人将头上仅剩的几件金饰一齐交给了解差，乞求道：两位军爷，垂怜俺母子两个有病在身，且慢驱赶。

解差甲道：夫人，不是俺哥儿俩催你，逼你，实在是上头严命。你想，此去昭通，两千余里，一日只行几十里，来回岂不要两个多月！到时不能复命，便是俺两家老小，恐怕也要拿到官府里去。

岳霆道：大哥，得方便处且方便，俺爹爹虽叫奸臣诬陷，其麾下将士何止千万？敢说路上，没有一个肯来帮我娘儿俩？此去湖州、汀州、郴州，均有俺爹旧部驻扎。

解差乙道：小官人，俺也知道你爹爹抱屈，无奈人在衙门，身不由己。咱们彼此方便才好。

岳雷与母亲及巩氏宿在一个房间，其时天寒地冻，屋里又没生火，仅一个铺。岳雷将母亲和嫂侄安顿睡下，自己只能和衣靠在床前。李夫人心疼，叫他凑合着到床上挤一挤，他却不肯。一夜过去，着了凉发起烧来。

两个解差却在自己房里商量。

甲说：万俟卨老爷的银子也收了，如何复命？

乙说：银子事小，那公子说的一点不差。岳元帅曾有数万部下，一旦碰上了，你我还能有命？

甲说：若不照办，咱两家老小又怎么办？

两人左也不是，右也不是。正蹉跎间，天已经大亮。又要催着李夫人和岳雷他们上路。只见岳雷病得厉害，没奈何，只好暂住客店，等岳雷病轻些再走。

岳震、岳霆兄弟由两个解差押送，比母亲和哥嫂晚行两天，临行到街上，还有不知名的商人给了些许银子，两兄弟把这些许银子给了解差，希望得到些照顾。两解差倒也爽快，既收了万俟卨老爷的银子，也收了两个小兄弟的银子，却在心里盘算着如何交差。先买了头毛驴给两人骑，自己反而跟在后边。一日行了百余里路。晚上又打开水给他们烫脚。谁料这却是刚起锅的开水，一下子把两兄弟的脚烫起一片大水泡。第二天，原来骑的毛驴也不见了，两人一走一拐，一天走了五十里。正好也住到岳雷和母亲住的客栈。

岳家六人相见，伤病过半，李夫人痛哭不已。四个解差喝酒作乐之余，来到岳家四人身边寻衅。用木棒在岳雷身上乱戳。岳震大喝一声：该死的奴才，本公子武艺虽不如父兄，但取你几个性命，却易如反掌。你再敢动我家人一下，索性将你立地打死！

四个解差不服，一齐来与岳震过招。岳震虽身戴木枷，仍身手不凡，一脚踢倒一个，两脚踢倒两个，两手合在一处，夺过大棒，照两解差头上身上抡起来。正在不可开交时，来了一伙人马，将四个解差绑了，又给四个岳家人开了枷。用两顶轿子乘了李夫人和巩氏，三匹大马乘了三兄弟，浩浩荡荡向昭通出发。原来，这是四川吴玠将军得知岳飞家属被贬昭通，恐怕路上小人陷害，派遣亲兵前来护送的。

李夫人、巩氏和岳家三位公子，在云南昭通期间，得到云南当地和百姓的照顾，使得他们能在十分困难的情况下，渡过难关，同时收集证据，为岳飞冤案平反昭雪，做充分的准备。

第四十二章 施全刺秦

施全虽然因为不愿重责岳飞父子，得罪了万俟卨等人，离开了大理寺，后来又在殿前做了一名侍卫，心中却一直想着如何才能救出岳飞等人。可是，由于自己身单力薄，狱中戒备森严，难以下手。后来，得知岳飞及岳云、张宪已经被害身亡，岳飞全家老少也被流放两千里外，心中甚是不平。思来想去，施全认为：一个人要想摆平这些事情，是很难的，最后，他想到了从陷害岳飞的奸贼秦桧身上找突破口。由此，一个刺杀秦桧的计划，在他心中逐渐形成。

秦桧不死，祸害难除。只有杀死秦桧，方解心头之恨！

这一天，正是岳飞五七忌日，隗顺从家出来，悄悄来到北山荒郊，路上正好遇着施全。施全也是闲得无聊，出来散步。两人本是同事，如今又志同道合，遂相约来到岳飞坟前。隗顺从篮子里拿出红烛香纸和供品，摆开在岳飞墓前。施全跪在岳飞坟前说道：岳太尉，你一片报国忠心，反惹下杀身大祸。老天不公啊！奸贼秦桧，为了一己私欲，不顾国家根本大计，出卖祖宗，丧权辱国，罪大恶极，死有余辜！我施全虽位卑职微，却知民族大义，定当为民除害，铲除奸贼！有朝一日，将秦氏狗头拎来祭你的英灵！

次日一早，正是施全值班，只好耐心守候着，眼看快要下班时，施全向同伴请了个假，说是自己老娘从乡下来看自己，回家给老娘做顿好饭吃，便溜出衙门。

秦桧每日从众安桥上经过，上下朝这里是必经之路。施全等在这里，躲藏在众安桥旁边。这天傍晚，秦桧正好从桥上路过。施全手里拿着半瓶酒，摇摇晃晃走到桥上，冲到秦桧的轿边，被一群卫兵拦住。施全大声呼喊：秦桧老贼！全国人民都想杀金贼，就你一人想着与金人求和！你好恶毒啊！杀死岳飞全家，你可得与金人同享富贵了！我今天叫你死个明白！

说着，就掏出短刀，朝秦桧的轿子猛扑过去。这时，众卫兵齐上来，阻挠施全。施全一连刺翻了几个卫兵，眼看就抓住了秦桧的脖子，但却被卫兵强行拦住，身上也挨了几刀、几棒。秦桧乘机在卫兵保护下逃跑了。施全被带到大理寺，处以极刑。

秦桧自从遇施全行刺逃回，吓得长年魂不附体，经常噩梦缠身。不是岳飞前来索命，就是施全又来行刺，要不就是岳云兄弟前来找碴儿，弄得他整日不得安宁。这样过了十多年，仍不见好，便有意要安排后事。

这天，秦桧让王氏唤来儿子秦熹，秦桧交代说：熹儿，你父我从来不信鬼神，可这半年，日日梦鬼，天天撞神。才知道陷害岳飞之事就要东窗事发了。诸神都来向我索命讨债，我命已在旦夕。我死之后，只怕和议破裂，累你母子两个。可将上疏表章快快写出，有五十三人不可不杀：赵鼎、胡铨、李光……话没说完，秦桧已经一命呜呼了。

王氏并不痛哭，而是指使秦熹赶快写奏章，将朝中反对议和的主战派人物，一一列表弹劾。写毕，才让秦熹封好奏章，并将秦桧的印章押上，而秦桧的尸体则密封起来，仍不发丧。等到朝廷允诺秦桧奏章，王氏才让秦熹戴孝入朝报丧。高宗皇帝追赠秦桧为申王，谥忠谳。

然而，秦桧的丧事，却办得稀里哗啦。没几个人真去帮忙。秦桧临死，还想推荐秦熹当宰相，高宗大怒，罢秦桧之官，将其削职为民，并诏回秦桧上疏弹劾的五十三位大臣，官复原职。

第四十三章　平反昭雪

绍兴三十二年，即1162年，五月，金人再次大肆进攻，国内反对议和之声日益高涨，年迈的宋高宗立侄儿赵玮为太子，六月，传位于太子，是为孝宗皇帝。赵构自称太上皇。

孝宗皇帝走马上任，即大刀阔斧：首先，任命主战派张俊为宰相，主持全国政治军事事务。其次，大张旗鼓地为岳飞平反冤案。

此时，岳飞的三儿子岳霖在襄州居住，岳霖的儿子岳珂已经二十岁。岳珂在父亲收集岳飞事迹的基础上，写出了《金陀粹编》三十卷，《金陀续编》二十八卷。将岳飞的盖世功勋和千古奇冤记载得完整翔实，淋漓尽致。临安府太学生程宏图，也从万俟卨旧物中搜检出高宗皇帝给岳飞的十七道御札。岳飞冤案，终于可以大白于天下了。于是，孝宗皇帝准备下诏，为岳飞平反昭雪。岳飞子孙入官，世袭先祖荣禄，并从云南昭通等地召回岳氏家人，岳飞夫人李娃和岳雷在归途中病故，于是命人召岳珂和程宏图入朝觐见。

岳珂和程宏图联名奏道：

臣太学生程宏图、臣岳珂，为先朝大臣岳飞冤死一事奏闻陛下：

古来治狱必真凭实据，岳少保军功卓著，忠义弥天，中外皆知。逆桧嫉贤妒才，一力和议，事金更胜于本朝，视少保为眼中钉、肉中刺，必欲为金人除之而后快。网罗罪名，矫诏圣旨。所谓

"吾与太祖俱以三十岁建节"，不过内官乌孙道听途说；所谓岳云与张宪私书，乃是子虚乌有，凭空捏造；谋据襄阳，欲夺兵柄，更是无稽之谈！臣查勘旧章，唯见岳少保每每乞还兵柄，辞归故里；多有赏赐，常欲不受。况岳少保之所谓"赐死"，更无上皇御书为证，反有逆桧置于黄橘中密书一份，为万俟卨所藏。矫旨之罪，有案可查。逆桧既杀忠良，复遣何铸往告金人，将中原十余州白送他人，把二帝冤仇尽抛脑后！

臣岳珂奏告，逆桧诬先祖父讳飞拥兵逗留、受御札十七而不进。今臣于万俟卨处查得上皇御札真迹，凡受札、进兵、应援、剿寇、受赏，俱可考证明白，无一日差讹。逆桧恶行，另有疏上。先祖冤屈，凡祖父，祖母，伯云、雷，父霖、姑银瓶等六人，先后丧生。家人亲属，及至先祖亲朋好友数十人 ，无一幸存！此冤此仇，唯天可鉴！此情此忧，唯至尊可晓。

孝宗皇帝听罢奏章，龙颜大怒，即日降旨，以程宏图复勘此案，但凡秦桧、万俟卨、张俊、罗汝楫、范同、乌孙等人的罪状一一查明，前后不过十多日时间。岳珂心知先祖冤案可获昭雪，遂告知岳氏亲人，通知岳震、岳霆。

这一天，岳珂和两个叔叔正在馆驿中休息，忽听门外人马喧嚷起来，走过去一看，果然是众武士拥着天使前来宣诏。

奉天承运，皇帝诏曰：

人主无私予夺，一归万世之公；天下有真是非，不待百年而定。故少保、武昌郡开国公岳飞，事上以忠，行师有律；精忠报国，节义传家。正当功业垂成，忽堕权奸毒手。幽魂久滞，忠节应旌。坐急绛侯之系，莫然内史之灰。逮国论之既彰，想英风之犹在。今特追赠岳飞为鄂王，赐谥忠武，配享太祖庙；妻李氏，封鄂国夫人。王祖考成，追赠太师、魏国公；王祖妣杨氏，追赠庆国夫人。王考岳和，追赠太师、随国公；妣姚氏，赠周国夫人。王长子岳云，追赠左武大夫、安边将军忠烈侯；妻巩氏，封忠烈夫人。王次子岳雷，追赠镇威将军，加侯爵。王三子岳霖，追赠朝敬大夫。阆州观察使、都统制张宪，勇敢忠直，屡立战功，遂罹奇祸，追赠宁远军节度使。王女银瓶，封贞节孝义仁烈仙女。为表忠贞，合门男女并有封荫。王孙岳珂，补提举江南东路茶盐公事，所没官田产屋宇等，俱令有司给还。前后受御笔手诏，并“精忠”旗一面，令左藏南库搜捡给还，以彰后世。鄂州军民请为岳飞建寺，委州府督造，赐额“忠烈”，临安府北山智果寺充王功德院，以“褒忠衍福禅寺”为额。枢密使韩世忠，大理寺丞薛仁辅、寺丞李若朴、何彦猷、宗正赵士褒、布衣刘允升、殿前侍卫施全，大理寺节级隗顺等，另有褒宠。天网恢恢，疏而不漏，忠奸直佞，自有明断；前世有孽，后世亦报。

秦桧、张俊、万俟卨、罗汝楫辈，横加不韪，滥及无辜，假伪乱真，以非易是，置国耻君仇于不顾，擅弄权柄，开门纳贿，凶险犹如崖渊，叵测尤胜蛇虿，原官俱行追夺，世代子孙不得入仕。秦桧改谥缪丑，其子秦熹，削夺官职，即时逐出京城，仍行大理寺定招，播告天下，广为传诵，垂成后世，以为儆戒，光天所复，咸沾湛露之仁；泰岳顶高，须竭纤埃之报。岳飞诸君，如其有知，可以无恨矣。钦此！

岳珂并岳震、岳霆，听宣已毕，喜极而泣，不知所措，钦差随从中一位内侍提醒道：快谢恩！岳家叔侄方才连呼万岁。泪痕未干，又有一班人，闹哄哄地跑过来，敲锣打鼓地将岳家人等，送回岳家老宅。旧宅仍在，物是人非。岳震、岳霆、岳珂触景生情，感慨万分。依着皇上意思，请隗顺儿子帮忙，在北山找到岳飞坟墓。皇帝下诏，按国葬仪式，为岳飞安葬，并将岳云也安葬于岳飞坟旁，在岳飞坟墓周围圈地建寺。寺成，孝宗亲书“褒忠衍福禅寺”金匾。这也就是历时近千年之杭州岳庙。地处西湖北岸，北依群山，南临西湖，依山傍水，气势恢宏。后世人又将秦桧、王氏、张俊、万俟卨四人铸成铁像，长跪于岳飞墓前。岳飞坟墓和寺院建成后，岳珂代表岳家后裔在岳飞坊前祭奠，泣读祭文：

看得秦桧亘古奇奸，欺君逆贼。结魍魉为父母，割地酬恩；剪貔虎为仇雠，弥天张网。以戮力捍边之良将，而坐以逗留；本赤心报国之忠臣，而诬为不轨。皇皇御札，敢于灭迹为奸；杳杳私书，竟是无中生有。“莫须有”三字，断案可凭；亲父子两冤，英雄堕泪。长城既坏，外敌生心；良将蒙难，中原气短。致使先帝返辕无日，兆民罹罪左衽之悲。谋危宗社，应伏诛夷；尽录同居，共行骈戮。万俟卨骨本狐媚，性更鸱张。腆颜而徇权相之私，青天不畏；攘臂以锻精忠之狱，白昼为昏。据千般议狱之状，周纳何深；按一家三命之条，极刑允当。张俊隙起忌功，祸成捏谤。以口舌兴戎，出话操戈稍别；然风波作恶，以刃与政何殊？虽三犯先殛于天，已登鬼籍；而五刑宜彰于后，明示王章。爰著丹书，永垂后祀。其余城社之奸，同正藁街之戮。既彰国法，永快人心。宣告已毕，仍将此文刊传，以昭幽愤。

岳珂读毕，连拜三拜，全场肃静，意犹未尽。岳珂那沉郁浑厚而又苍凉悲愤的声音在北山上空回荡，在钱塘江上回荡，在金人所侵之岳飞故里、中原大地上回荡……

第四十四章　故乡俎豆

历史是无情的。时势造就了岳飞这个英雄人物，却又由于各种力量和因素的交互作用，毁灭了这个英雄，特别是毁灭了他的理想。人民却是多情的，千百年来，西子湖畔的岳飞忠魂，得到了永久的尊崇和纪念。

孝宗为岳飞平反昭雪后，经过官方许可，全国各地相继兴建了一批岳飞庙宇，规模较大的杭州岳飞墓庙，气势磅礴，依山傍水，居高临下，占尽天下风水，其规制类似宫殿；鄂州一带岳飞纪念祠堂，更是随处可见。明代以后，中华民族再次复兴，纪念岳飞的庙宇更加普遍，特别是在岳飞家乡，中原一带，出现了一大批岳飞庙宇，其中规模宏大的有汤阴岳飞庙、朱仙镇岳飞庙。

汤阴是岳飞故乡，千百年来，汤阴人民因与岳飞同乡而自豪，在汤阴大地上，相继建成了一系列岳飞纪念建筑。

岳飞庙　位于汤阴县城西南隅，原名“精忠庙”，又称“宋岳忠武王庙”。始建于明景泰元年（1450 年）春，经成化、弘治、正德，以及明末、清代、民国年间，特别是 20 世纪 80 年代以来，多次修缮和扩建，形成今日规模和格局。占地 20000 余平方米，其西院为原来岳飞庙主体建筑，东侧为近年扩建的院落。2015 年，岳飞庙东边的小学搬迁后，又建成了岳飞纪念馆新馆。

其原有庙宇为六进院落，房屋 120 多间，外廓长方形，布局严谨，建筑整齐，殿堂雄伟，亭阁秀丽，古柏参天，碑碣林立。汤阴岳飞庙的主体建筑有：

精忠坊 又名棂星门，建于明正德七年（1512 年）。主体木结构，建筑形式为三间六柱五楼不出头式，斗拱形制为九踩四昂重翘式，集力学、美学、建筑学之大成，雄伟奇特，瑰丽壮观，屡经震灾水患，巍然屹立。精忠坊扇面壁间，分别嵌入五尺见方的“忠”“孝”石刻大字，系明代万历年间彰德府推官张应登所题。

山门 面阔三间，进深两间，青石朱户，古朴端庄。门两侧青龙蟠壁，雄狮威踞，大门上方高悬“精忠千古”金字巨匾。

施全祠 原名“尽忠报国”亭，后壁上镶嵌“尽忠报国”四个五尺见方的朱红大字，为明成化二年（1466 年），云南道监察御史孙珂所书。此祠位于山门对面，面阔三间，上悬“宋义烈将军施全祠”横匾，中央塑施全铜像，高六尺，戴兜鍪，着铠甲，举利剑，怒目握拳，对阶下跪着的秦桧等奸贼呈镇压之势。施全像左侧有隗顺塑像。施全祠两侧各有一耳房，有岳飞部卒牵马侍立塑像。

仪门 在山门内，三拱，中门两侧有抱鼓石。

肃瞻亭 在山门内东院中央，清雍正十二年（1734 年）汤阴知县杨世达建，六角攒尖式建筑，为前来拜谒者整衣冠而建，精巧秀丽，匠心独运。

觐光亭 在山门西院中央，清乾隆二年（1737 年）杨世达建，四角攒尖式，简而不陋，古朴大方，意在为游人提供饮茶赏景之处所。

御碑亭 在仪门内，系清高宗弘历于乾隆十五年（1750 年），巡视嵩山回京归途，路过汤阴岳飞庙所题诗碑敕建。元宝式建筑，构造别致，雍容华丽。原竖乾隆《经岳武穆祠》御碑于内，1915 年推翻帝制后，汤阴人民将御碑移至山门外东侧。

正殿 岳飞庙的主体建筑。硬山式，高 10 米，面阔五间，进深三间，巍峨庄严，气势恢宏。门楣上悬一排巨匾：“百战神威”

“故乡俎豆”“乃武乃文”“忠灵未泯”“乾坤正气”。中门楹联：“人生自古谁无死，第一功名不爱钱”。殿顶碧瓦镶嵌，辉煌绚丽。殿内雕梁画栋，甚为壮观。岳飞彩塑坐像，端居正中，高丈余，英武魁伟，栩栩如生。上方悬“还我河山”贴金巨匾。殿内，原来布满自20世纪80年代以来岳飞庙征集到的，全国名家歌颂岳飞的书画作品。近年，东西两壁改为反映岳飞史迹的大型珐琅壁画。

寝殿 俗称二殿，在正殿后，殿堂五间，雄伟壮丽，殿内原有暖阁，内置岳飞和李氏夫人塑像。后置岳母刺字组塑。现将塑像拆除，仅仅保留四壁上的岳飞及历代名家书法作品：后壁由东至西为岳飞书诸葛亮前后《出师表》；东西两壁为岳飞著名的《墨庄》《还我河山》《大江流日夜》《满江红》等真迹书法石刻；也有明清两代名家赞颂岳飞的诗文石刻，如朱元璋的《书如其人，纯正不曲》，另有海瑞、文天祥、王熙等人歌颂岳飞的书法石刻，供游人玩赏。

八公祠 位于正殿院东厢房，面阔九间，八公即岳飞被诬入狱和遇害前后，为岳飞辩诬鸣冤的韩世忠、何铸、薛仁辅、李若朴、何彦猷、赵士褎、刘允升、程宏图。设有各人塑像。曾辟为岳飞史迹陈列馆。

张宪祠 即正殿院前西厢房，面阔九间，为纪念岳飞爱将张宪所建。有张宪塑像。曾辟为岳飞史迹陈列馆。

岳云祠 位于寝殿前东厢房，面阔三间，祠内有岳云塑像。

四子祠 位于寝殿前西厢房，面阔三间，祠内有岳飞四个儿子岳雷、岳霖、岳霆、岳震塑像。

岳珂祠 位于正殿东北隅，祠内有岳飞之孙、岳霖之子岳珂塑像，四壁有岳珂著作简介图片。

孝娥祠 位于寝殿西北隅，面阔三间，前有三间拜厦，祠内有岳飞女儿银瓶蜡像。银瓶死后，被尊为孝娥。楹联为：“虎女甘随亲入地，娥眉不与贼同天。”此处为汤阴百姓香火最盛处。

三代祠 即岳飞家庙，位于寝殿东北隅，为一独立院落。面阔三间，进深两间，系供奉岳飞曾祖父母、祖父母、父母三代牌位的地方。另有东西厢房，东厢房为岳母祠，有岳母姚氏塑像，西厢房为岳飞少年学馆，有周同塑像。

岳飞事迹陈列馆 位于三代祠正南，为20世纪90年代新辟院落。东厢房为岳飞事迹陈列馆，内置岳飞彩塑、沙盘、古战场、古代兵器、宋代朝服等。分少年英雄、立志报国、恢复中原、功废一旦、千古奇冤、故乡俎豆六部分，详细介绍岳飞事迹。是国内最完整地介绍岳飞事迹的陈列馆。

碑林 汤阴岳飞庙一个最大特点，就是碑碣最多。俗语有“文王庙的柏树多，岳飞庙的碑碣多”。进入山门，到处可见碑碣林立，各处墙壁上镶嵌着无数古代碑碣。据统计，岳飞庙碑林存有古代碑碣190余块，当代名家碑刻100余块。形成了浓厚的文化氛围。较著名的有：乾隆诗御碑、王熙书《满江红》词碑、岳穆王诗序碑、敕建忠庙碑、精忠报国碑、重修岳忠武王庙记碑等。立碑人有董其昌、吴钟英、汪源、王越、陈以勤、曾用升、海瑞、朱元璋、爱新觉罗·弘历、胡宝泉、康基田等。当代著名书法家的碑刻有毛泽东书《满江红》等。

古柏 正殿庭院有古柏树数十株，躯干挺拔，枝叶苍翠。其中一株，干粗三围，相传为建庙初期所植，树龄已达近600年。树高丈余，树冠北枯南荣，别具风韵，暗合岳飞生前倾心南宋的志向，人们称为“精忠柏”。有诗赞曰：迄今故乡祠宇在，万树松风怒未平；大树无枝向北风，十年遗恨泣英雄。

奸党跪像 汤阴岳飞庙山门对面，施全祠前，并排五具铁跪像，他们是秦桧、王氏、万俟卨、张俊、王俊。始铸于明正德年间，“文革”中被毁，1980年重铸。跪像蓬头垢面，袒胸露脐，反缚双手，面目可憎。诗有："逆桧和议长屈膝，人人争赠两三砖。"

岳飞故里 位于汤阴县城东三十里，菜园镇程岗村。相传这里是岳飞诞生的地方，即小说《说岳全传》里所说的汤阴县永和乡孝悌里岳家庄。千百年来，历代官府和民众，就定期在此纪念岳飞。清乾隆五十四年（1789年），当地百姓曾集资加以修缮。20世纪末，又进行了大规模的修缮和扩建，形成今日规模。

从程岗村东大路进庄，一眼就能看到，村头有一个精巧的碑亭，亭内立有一通龙头大碑，上镌"宋岳武穆王故里"。再往前走，村庄西部，一座古色古香的牌楼映入眼帘，上面有"宋岳忠武王故里"大匾。牌楼西侧，有一处古老的庭院，大门上悬"宋岳武穆故宅"金匾。踏进仪门，迎面便是大殿，内有岳飞夫妇塑像。前有拜厦，殿中悬"故里香烟"古匾。大殿和拜殿内外，梁柱檩檐上均饰彩画。花卉草虫、人物故事皆备，画技娴熟，栩栩如生。

大殿东侧，有一座两层小阁楼，相传是岳飞父母的居室，据说岳母姚氏夫人就是在这里为岳飞背上刺"尽忠报国"四字的。此处现辟为三代祠，供奉岳飞曾祖父母、祖父母、父母牌位。

大殿西侧，有孝娥祠，内有银瓶塑像。

故宅东厢房为岳云殿，西厢房为四子殿。

故宅对面建有施全祠，内置施全塑像。祠前有秦桧、王氏、张俊、万俟卨、王俊五奸贼铁跪像。在施全监视之下，蓬头垢面，长跪于岳飞故里门前。

岳飞故里的布局设计，与县城的岳飞庙基本相同，唯规制缩小数倍而已。

21世纪初，家乡人民又对岳飞故里进行了大规模扩建，即在原庙东侧和北面，征地兴建了一处集旅游开发与岳飞青少年活动场景展示于一体的游乐中心。在原岳飞庙正北，建有岳飞青少年生活家院复原，内有岳飞出生场景，岳飞学文习武场景，岳飞家庭农耕生活场景，石碾、石磨、石磙等农具展示。

在原岳飞庙院东侧，新建了大型影壁，上镶嵌有冯玉祥将军题写的“民族英雄”巨幅大字。正中有“尽忠报国”殿，内有岳飞吟咏《满江红》塑像。正后有“岳母刺字”殿，内塑岳母刺字组塑。东西两墙壁上，镶嵌着数百幅歌颂岳飞的古今诗词碑刻。

岳飞先茔 位于汤阴县古贤镇南周流村西南隅，系汤阴岳氏祖坟，葬有岳飞曾祖父母、祖父母、父亲。青石砌冢，竖有碑碣。旧时传说有岳飞衣冠冢。

碑载，明正统十四年（1449 年），翰林院侍讲徐有贞奉旨前来祭祀。因当时有大鸟在坟茔上空盘旋飞翔，遂议建祠，上奏朝廷获准。敕令划茔地，建祠庙，禁牧樵。古时占地 60 余亩，四周筑有围墙，建有牌坊、仪门、拜殿、供台和住室等。并植松柏树与垂柳。

2013 年，岳飞诞辰 910 周年之际，岳氏后裔投资 500 万元，对岳飞先茔进行了全面整修和扩建。一是新建大型青石牌楼；二是重新砌三先祖墓冢，新修大殿和拜台；三是新建东西厢房各九间，布置岳飞史迹陈列展览。同时在牌坊前征地万余平方米，建成大型广场。修筑公路直通 302 省道。形成一处农业观光与祭祖旅游相结合的新景区。

岳忠武王故里碑 汤阴火车站月台上立有一指路碑，名曰“岳忠武王故里”，立于 1936 年抗日战争前夕。

1952 年 11 月 1 日，毛泽东主席视察河南返京途中，特地在汤阴下车，细看了这块碑，并向当时的汤阴县党政领导，询问汤阴人民生产、生活情况，以及岳飞庙保护有关情况。毛主席称赞岳飞是河南汤阴出的一个大人物。他说：群众既然很关心岳庙，就应保护。注意不要在里边开会，以保持古庙的静穆。并称许汤阴县政府保护岳庙是“给群众办了件好事”。为此，1976 年毛主席逝世后，县政府在“岳忠武王故里”碑旁，又立了“毛泽东主席视察岳飞故里纪念碑”。

岳飞铜像 坐落在汤阴县城中心的精忠广场上。岳飞身披战袍，头戴金盔，骑在战马上，左手握剑，右手勒缰，英俊刚毅，眺望远方。骏马低首嘶鸣，四蹄着地，剽悍勇猛，一副浑身憋足了劲头，欲奔沙场而不能的神态。铜像面北，战马足下是坎坷破碎的土地，北方的寒风撩起战袍。重现了岳飞在收复中原，直捣黄龙府，而终因投降派阻挠，正气不能伸张，壮志未酬的历史情景。

岳飞铜像安放在大理石基座上，通高12米，净高5.26米，重2.5吨，由四川美术学院郭其祥教授创作。是为纪念岳飞诞辰884周年，于1987年3月建立的。大理石基座西侧书“岳飞”二字，北面书“尽忠报国”四字，南面是岳飞手迹《满江红》词，东侧为书法家张海用隶书书写的岳飞传记及岳飞铜像立碑经过，碑文由汤阴国学大师张大猷撰稿，署名为汤阴县委、县政府。铜像四周花卉青松环护，有护栏保护，华灯映照。成为汤阴著名的地理标志和城市雕塑。

岳飞铜像碑文：

岳飞字鹏举（1103—1142），宋相州汤阴人，早岁从戎抗金，继而独任方面。智能善战，治军严整。矢志精忠，为官清廉。奇勋屡建，功冠当时。累官至湖北京西路节度使，授武胜定国军宣抚使，枢密副使。方将展其直捣黄龙、收复幽燕之宿愿，不幸为投降派以莫须有罪诬死。致使壮志未酬，英雄饮恨。有宋一史，大错铸成。千百年来，天下冤之。崇之为民族英雄，视之为爱国化身。为发扬爱国主义精神，恢宏优良民族传统，值向阳、精忠二路毕役，中共汤阴县委、县政府议决，于十字通衢立一高十米之岳飞锻铜巨像，以资瞻仰。一九八六年十月经始，一九八七年三月告竣。庶吾人于目睹岳飞跃马阵前之雄姿，想见其征尘满衣之劳瘁，尽忠报国

之决心焉。(张大猷撰文，张海隶书)

汤阴是岳飞的故乡，900年来，汤阴人民怀着对民族英雄无比崇敬的心情，开展了一系列声势浩大的岳飞纪念活动。让我们循着历史演进顺序，系统地向世人展现汤阴城乡岳飞庙会、乾隆皇帝祭岳、商震祭岳；汤阴城乡正月十五闹元宵，以及20世纪80年代以来的岳飞纪念活动、90年代岳飞诞辰纪念节，特别是2003年国人瞩目的岳飞诞辰900周年、2013年岳飞诞辰910周年家乡人民举办的盛大庆典。再现岳飞故里故乡俎豆的节日风采。

岳飞庙会　自明代景泰元年（1450年）汤阴始建岳飞庙以来，汤阴城乡便出现了一年两次的岳飞庙会：一是农历二月十五日，岳飞诞辰纪念日；一是腊月二十九日，岳飞遇难日。随着时间推移和社会经济的发展，岳飞庙会日渐扩大，时间也逐渐延长。至清代，已经发展到相当规模。据《乾隆汤阴县志》记载：忠武鄂王（岳飞）庙会何昉始乎？雍正十二年（1734年）甲寅，知县杨世达创立也。四方辐辏，贸易盈城，焕然巨观。然有会，必须有戏，非戏则会不闹，会不闹，则趋之者寡，而贸易亦因之少矣。戏因不可少也，然戏之费何出乎尔？知县唱四日，赁地者唱三日，各色铺户唱三日。县有牛马税可出，地则有赁地钱可供，铺户有买卖可敛，均不累乐从也！由于官方的倡导，使汤阴县城的岳飞庙会，从清代雍正年间开始，形成了自腊月中旬到春节，连绵十天的大型庙会。庙会上，“商贾辐辏以万计，焚祝昭告，称极盛焉”。

此后，每年两度的岳飞庙会，更加风行于汤阴城乡，并由县城扩展到与岳飞有关的程岗、周流、古贤等地。而后又波及五陵、旱塌河和宜沟赵屯。形成了农历二月十五日汤阴城乡人民纪念岳飞诞辰的一个盛大的传统节日。伴之而来的是汤阴城乡民间文娱活动的繁荣。至于每年腊月间的县城和集镇初一至十五为期半月的传统岳飞庙会，一是其原会临近春节，人们希望置办年货；二是好在会后有个喘息的机会，以便集中精力过好中国人民的传统节日——春节。

乾隆祭岳 清高宗乾隆皇帝，名爱新觉罗·弘历。对民族英雄岳飞十分敬仰。乾隆四年（1739 年）十一月曾作《武穆论》盛赞岳飞：

岳武穆以忠智出群之才，率师北驱，所战皆克。……夫如武穆之用兵驭将，勇敢无敌若韩信、彭越辈类皆能之。乃加之以文武兼备，仁智并施，精忠无贰，则虽古名将有所未逮焉。知有君，而不知有身；知有君命，而不知惜己命；知班师必为秦桧所构，而君命在身，不敢久握积重权于封疆之外。呜呼！以公之精诚，虽死于桧之手，而天下后世，仰望刚烈，实可与日月争光矣！

乾隆皇帝对中原汤阴的岳飞故里向往已久，无奈新登皇位，百业待举，无暇成行。直到乾隆十五年（1750 年）九月十八日，方有暇南巡，在此作《谕祭文》并《经武穆祠》七律诗一首，遣吏部右侍郎彭启丰致祭于汤阴岳飞庙。《谕祭文》曰：

惟尔公忠秉性，智勇超伦，研经旨于春秋，兼括孙吴之术；报师恩于朔望，常弯左右之弓。背刺精忠，跃马而江淮电扫；旗张岳字，举鞭而襄汉尘清；辛勤百战之功，方见焚香遮道；愤惋十年之绩，倾闻奉诏班师。夙志未酬，竟受一朝之诬陷。英风犹在，宜崇奕祀之明礼。朕遵典巡行，道经汤邑，缅威灵之赫濯，祠宇长新，饬笾豆之必芬，官司特遣。尚其昭鉴，来格来歆。

《经武穆祠》七律诗云：

翠柏红垣见葆祠，羔豚命祭复过之。
两言臣则师千古，百战兵威震一时。
道济长城谁自坏？临安一木幸犹支。
故乡俎豆夫何恨，恨是金牌太促期。

充分表达了乾隆皇帝对岳飞的高度评价和赞赏。后来，汤阴县府便在岳飞庙仪门内神道中轴线上建了座漂亮的御碑亭，将乾隆皇帝的七律诗碑安放了进去。辛亥革命后，推翻了帝制，汤阴人民将乾隆皇帝的御碑从亭内移出。御碑亭成了一处供游人瞻仰岳飞庙风光的美丽场景。

相传，当年乾隆来汤阴岳飞庙祭岳时，曾发生过一个小故事：乾隆皇帝的銮驾刚停到岳飞庙大门口，一阵秋风吹来，竟然将两扇厚重的大红庙门关闭了。这使得乾隆皇帝很不高兴，以为岳飞不欢迎他这位金人后裔清朝皇帝，遂挥毫写下《经武穆祠》七律一首。其中尾联“故乡俎豆夫何恨，恨是金牌太促期”就隐隐含着这种情绪。

乾隆皇帝在岳飞庙祭祀的同时，汤阴县城大街小巷，人来人往，奔走相告，热闹非常。只是碍于官兵把守，才不敢近前去凑热闹。可当乾隆皇帝一离开汤阴，人们便像潮水般地涌向岳飞庙，在地方官的指引下，沿着乾隆皇帝走过的道路，浏览岳庙，并听陪同皇帝游岳庙的官员和岳氏后裔介绍乾隆皇帝游岳飞庙的故事，广泛传播，使得许多乡间百姓也乘兴而来，重游岳庙，互相传递着乾隆游览岳飞庙的一些趣闻逸事。

商震祭岳　民国年间，国民党省级官员曾多次来汤阴祭祀岳飞。民国二十四年（1935 年），河南省绥靖主任刘峙曾前来汤阴岳飞庙主持祭祀。民国二十五年（1936 年）农历二月十五日，河南省主席，兼国民革命军第 32 集团军军长商震，在汤阴主持祭岳的活动最为隆重。在汤阴城乡以及中原地区人民心中，留下了极为深刻的印象。

1936 年“七七”事变前夕，正值国家民族危急关头，爱国将领商震新主豫政，欲借祭祀民族英雄岳飞活动，唤起广大民众的抗日爱国热情。为此，以“振兴国术”相号召，要求汤阴认真准备。

祭祀岳飞那天，进行武术表演，并动员县内一切传统民间文艺节目届时在县城大街串演。同时，请来两台大戏配合演出，烘托节日气氛。

商震还指示铁路部门，在岳飞生日前后两天，凡乘火车往返汤阴者，一律减收半价车票。如此一来，豫省内外各界人士，闻讯者乘兴赶赴汤阴，参加或参观祭岳盛典。汤阴城乡人民更是欢欣鼓舞。二月十五日这天，整个汤阴县城大街小巷，处处人山人海，拥挤不动。

是日晨，商震乘专车赶来汤阴县城。随行的有省教育厅厅长陈泮岭等人，陈遵商震之嘱，还从省城开封国术馆邀请来10多名武术高手，参加国术表演。

上午九时，祭岳大典正式开始。主祭人商震和参加祭典的陈泮岭、段国栋（汤阴县县长）、岳佐臣（岳飞第二十七世孙）等人登上祭坛。祭祀仪式遵照古制，供奉猪、牛、羊三牲祭品，上香焚箔，由商震宣读祭文，行三拜九叩大礼。

这一天，汤阴县城热闹异常。岳庙门南和公共运动场上，两台大戏对阵演出，各自拿出看家本事，精心表演，互相争夺观众，连演三天。城乡各种民间文娱活动，如高跷、背阁、抬阁、小车旱船、舞狮子、玩火龙等等，一齐出动，在大街小巷轮番串演；尤其是省城来的武术高手，与汤阴的武术班子，在舞台上的竞技打斗和太极拳、岳家拳、岳家枪表演，最为引人，博得成千上万名观众的阵阵喝彩。此外，省政府印制的宣传卡片广为散发，卡片正面印着岳飞肖像，背面印着岳飞生平。当时，人们以获得一张卡片，加以珍藏为极大荣耀。证明自己曾经亲临汤阴，一睹祭祀岳飞的盛大庆典。这种卡片在此后相当长的时间内，一直是人们荣誉收藏的珍品。

晚间，在公共运动场，大放烟火。街道上人群如流，围观者里三层，外三层，黑压压，人头攒动。数万人翘首仰望星空里的烟火盛景。所放烟火，争奇斗艳，异彩夺目。最令人难忘的是汤阴人自行设计制作的“炮打秦桧”，令人拍手称快，连连叫绝。整个县城的热闹景象，远远超过了历年的闹元宵盛况。成为汤阴历史上空前绝后的一次大型祭岳盛会。

闹元宵与祭岳 汤阴城乡地区，历史上就一直是个民间文娱活动比较兴盛的地方。各种民间娱乐活动均有各“社”主持。敬神有“香火”社，唱戏有“戏社”，跑帷子有“帷子社”，踩高跷有“高跷社”，背阁、抬阁有“高阁社”，玩火龙有“火龙社”，舞狮子有“狮子社”等。这些民间社团的组成和延续，使得汤阴城乡的民间娱乐活动经久不衰，世代沿袭，成为汤阴的一种传统习俗。

这些民间娱乐活动，一般集中在春节前后，清代官方倡导的为期 10 天的岳飞庙会。要求城乡社团积极参加演出，有力地推动了汤阴城乡民间艺术表演发展。加之民国年间刘峙、商震祭岳时，要求汤阴城乡多出“故事”，就更使当地的民间文娱活动得到长足发展和繁荣。在这些大规模的官方倡导活动之后，汤阴城乡人民，为保存这一优良传统和习俗，便渐渐地把各项民间文化娱乐活动，与春节吉庆，尤其是元宵节日喜庆活动，联系起来，并由单纯的民间“故事”（高跷、背阁、火龙等）串演，逐渐发展到建立综合的文化娱乐阵地——灯棚和灯棚街。在灯棚内和各项娱乐活动中，增加了许多直接和间接歌颂岳飞、鞭挞和讽刺秦桧卖国的节目和内容，如“岳飞大战朱仙镇”“炮打秦桧”“秦桧跪岳飞”“义收杨再兴”“精忠岳飞”“还我河山”等。民间娱乐活动与纪念岳飞的活动逐渐融为一体，演出时间也日益固定和相对集中在元宵节前后（正月十三至十六晚），形成了汤阴古城独具风格的闹元宵节日传统。

20 世纪 80 年代祭岳 进入 20 世纪 80 年代，汤阴人民为表达他们对民族英雄岳飞的纪念。在汤阴城乡掀起了大规模修缮岳飞庙、举办岳飞史迹展览及书画征集、兴建岳飞铜像、举办岳飞研究会等一系列别开生面的岳飞纪念活动。

1984 年 9 月，岳飞纪念馆在县委、县政府的领导和支持下，发起整修岳飞纪念建筑物社会赞助活动，立即得到社会各界的积极响应。汤阴人民怀着对民族英雄岳飞的敬仰之情，慷慨解囊，短期内收到全县人民群众捐款集资 35 万元。利用这笔资金，在三年内，对岳飞庙进行了全面整修；维修了古建筑，并全部彩绘；更换了琉璃构件，使其恢复原貌；落架大修了精忠坊，使之重展雄姿；恢复各殿祠人物塑像，增设文字图版，扩大陈列效果。与此同时，还恢复了周流岳氏先茔墓冢、墓碑、围墙；在程岗岳飞故宅重塑了岳飞、李氏夫人和孝娥塑像，增建了施全祠，增铸了秦桧、王氏等铁跪像，建造了“宋岳武穆故里碑”亭。这次捐款，不仅维修了一大批岳飞纪念物，更重要的是，在汤阴开展了声势浩大的敬英雄、爱英雄，为纪念英雄做贡献的思想教育活动，使全县人民与岳飞、岳飞庙之间的感情更加深厚。

1984 年秋，为纪念岳飞遇害 841 周年，汤阴岳飞纪念馆举办了“岳飞史迹展陈列”。函邀国内著名书画家来汤阴岳飞庙观光旅游，指导工作，惠赠书画作品。先后征集到楚图南、张爱萍、舒同、林散之、魏巍、李准、李剑晨等 300 多位国内知名人士书法作品 542 件，绘画作品 92 件。1986 年和 1987 年又应邀到北京、郑州、新加坡等地，举办“岳飞纪念馆书画精品展览”，新征集到书画作品 120 件，不仅极大地丰富了汤阴岳飞纪念馆馆藏，而且对提高岳飞和岳飞庙知名度，产生了积极影响。

1986 年，汤阴县委、县政府决定，投资 18 万元，在车站正东新建的精忠广场兴建一巨型岳飞铜像，作为汤阴的城市雕塑。1987 年 3 月，建成 12 米高的岳飞锻铜像。汤阴城乡万余人云集广场，怀着无比敬仰的心情，瞻仰了民族英雄岳飞雄姿。岳飞铜像，头戴金盔，身披铠甲，握剑凝神，遥望远方，仰天长啸，壮怀激烈。战马垂头并腿，显示出即将爆发而又受到抑制的内在力量与前进气势，形象地表现出民族英雄岳飞尽忠报国、驰骋疆场、忧国忧民、壮志未酬之精神风貌。岳飞铜像，由四川美术学院郭其祥教授设计，建像碑记由张大猷撰文，河南省书法协会主席张海亲笔书写成隶书。从此，岳飞铜像，成为汤阴的标志性建筑和城市雕塑。

1988 年 10 月 18 日至 23 日，汤阴岳飞纪念馆承办岳飞研究会第二届学术研讨会。来自全国 10 多个省份 90 余名专家学者欢聚汤阴，参加这次盛会。大会收到岳飞研究论文 50 余篇，其中汤阴 12 篇。岳飞研究会顾问、北京大学历史系教授邓广铭发来贺信，副会长王曾瑜（中国社会科学院历史研究所研究员、宋史专家）、周宝珠（河南大学历史系教授）、秘书长龚延明（杭州浙江大学历史系副教授）出席大会并作了学术报告。安阳市副市长岳同生、市委宣传部部长于晋民、汤阴县委书记陈子丰、县长刘继贤出席大会，并致辞祝贺。会议期间，还邀请有关专家对汤阴旅游开发与经济发展进行恳谈，与会者还到汤阴周流岳飞先茔、程岗岳飞故宅，以及临颍小商桥杨再兴墓、朱仙镇、开封等地考察岳飞遗迹。会议最后在郑州闭幕。会后由周宝珠、王曾瑜、龚延明等人主编出版了《岳飞研究》第二辑，收录文章 32 篇，其中有汤阴的 5 篇论文入选。人民日报、光明日报等 10 多家新闻媒体，对这次岳飞研究会进行了跟踪报道。

20 世纪 90 年代的祭岳　1992 年，汤阴岳飞故里列入国家旅游局推出的中国友好观光年专项旅游线——寻根朝敬之旅专项旅游线。为此，汤阴县于农历正月十五至二月十五，举办了为期一个月的“岳飞诞辰 889 周年纪念节”。

正月十五，元宵佳节，喜庆活动进入高潮。上午 9 时，汤阴县党政领导和应邀前来的省、市领导，召集万余名群众，聚集在岳飞铜像前，举行了隆重的朝敬活动，作为纪念节的开幕式。而后，汤阴城乡各界群众，组成 50 多支文娱表演团体，从岳飞铜像广场出发，在县城大街上，进行了丰富多彩的民间文娱节目表演，把整个纪念活动推向高潮。使这一年汤阴古城闹元宵，显得特别热闹。不仅吸引了汤阴城乡人民，鹤壁、安阳、新乡、濮阳的群众也纷纷前来参观，一睹古城汤阴朝敬岳飞、喜闹元宵的节日风采。此后一个月内，汤阴岳飞庙接待了 5 万余名朝敬游客，使岳飞庙很快进入了中国旅游热线。

这年农历二月十五日，是岳飞诞辰 889 周年纪念日。上午，汤阴城乡各界人民，再次在精忠广场岳飞铜像前集会，隆重纪念民族英雄岳飞诞辰 889 周年。岳飞铜像前搭起巨大舞台，省市计经委、文化、文物、旅游部门领导同志，和安阳市副市长方洪莲、汤阴县委书记陈子丰，以及台湾等地之岳飞后裔和国家、省市新闻媒体的记者，汤阴县四大班子领导，共同出席纪念活动。9 时，常务副县长金珉宣布纪念活动开始，在震天动地的鼓乐、鞭炮声中，宣读了贵宾名单，刘继贤县长发表了热情洋溢的讲话，并代表县政府接受了两名少先队员为修建岳飞庙而献出的捐款。而后，县城 52 个单位上千名群众和浚县等地 7 个群众团体，在精忠广场和县城大街上，进行了丰富多彩的文娱节目表演。其中的“岳飞大战朱仙镇”“枪挑小梁王”等节目备受欢迎。高跷、背阁、秧歌、旱船、彩车、军乐队轮番表演，把汤阴县城打扮得五颜六色、五彩缤纷，构成了岳飞纪念节的主旋律。

纪念大会之后，省市党政领导和岳飞后裔代表，步行来到岳飞庙，在大殿前，举行了台湾岳氏宗亲会为汤阴岳飞庙挂匾、立碑揭幕仪式，在岳飞庙东侧，举行了扩建岳飞庙史迹陈列馆奠基仪式。

下午，台湾、湖南等地岳飞后裔百余人，到周流岳飞先茔和程岗岳飞故里，进行祭祀和朝拜先祖活动。晚上，在县人民剧院，举办了岳飞诞辰 889 周年歌舞晚会。

这一天，汤阴县城、岳庙街和周流、程岗、古贤等村的古庙会，格外热闹。岳飞诞辰纪念节，给汤阴城乡平添了无穷的魅力。